"数字经济与大数据"系列教材

数字资产管理

宋培义 著

中国传媒大学 出版社

·北京·

图书在版编目（CIP）数据

数字资产管理 / 宋培义著 . -- 北京 : 中国传媒大学出版社 , 2025.5.
ISBN 978-7-5657-3911-8
Ⅰ.F20
中国国家版本馆 CIP 数据核字第 2025HU2895 号

"数字经济与大数据"系列教材

数字资产管理
SHUZI ZICHAN GUANLI

著　　者	宋培义	
策划编辑	裴向敏	
责任编辑	裴向敏	
责任印刷	李志鹏	
封面设计	闽江文化	
出版发行	中国信媒大学出版社	
社　　址	北京市朝阳区定福庄东街 1 号	**邮　编** 100024
电　　话	86-10-65450528　65450532	**传　真** 65779405
网　　址	http://cucp.cuc.edu.cn	
经　　销	全国新华书店	
印　　刷	唐山玺诚印务有限公司	
开　　本	787mm×1092mm　1/16	
印　　张	18.75	
字　　数	366 千字	
版　　次	2025 年 5 月第 1 版	
印　　次	2025 年 5 月第 1 次印刷	
书　　号	ISBN 978-7-5657-3911-8	**定　价** 75.00 元

本社法律顾问：北京嘉润律师事务所　郭建平

前 言

数字资产是指组织或企业拥有和控制的、版权明晰的、以数字化形式存储的、具有经济价值的各类数字化资源，包括视音频节目、图片、文稿、数据等。数字资产大多具有较高的历史价值、社会价值或商业价值。不同的组织或企业，其数字资产形式有所差异。对于广播电视媒体来讲，数字资产主要集中在大量数字化的音频、视频节目内容上。数字资产管理是指运用先进的技术手段、科学的理论和方法，对数字资产进行计划、组织、存储、控制和开发利用的管理活动和过程，其目的是统筹资产的利用效率，使之价值最大化。数字资产管理离不开数字资产管理系统。数字资产管理系统采用先进的技术手段，如计算机技术、网络技术、云计算、数据库技术、海量数据存储技术及智能媒体技术等，对数字资产进行数字化、网络化管理，提供从数字资产的创建、存储、管理、编目、检索、传输、发布到多种应用的整体解决方案。对于媒体组织来讲，数字资产管理系统是内容管理平台的基础，它可以实现媒体内容的网络传输、节目非线性编辑制作、媒体内容资产管理、硬盘播出、归档内容共享、内容产品二次开发、内容产品营销等的无缝衔接，搭建起了完整的节目内容整合及开发利用平台。

目前，我们的社会已经进入数字经济时代，数字经济的核心是数据、数字技术和数字化平台，包括内容产品、服务和链接的数字化以及互联网和数字技术支持的所有经济活动。随着消费者的需求不断变化和竞争对手的不断涌现，内容产品与服务的更新周期越来越短，这就要求媒体组织以最快的速度对市场和受众做出反应、以最快的速度制定新的战略并加以实施及进行后续的调整。竞争速度的压力使得媒体组织必须通过合作进行资源整合和版权开发，并运用大数据技术分析受众的需求，通过灵活、柔性的节目制作系统生产出满足不同平台需求的多样化创新内容产品。基于对广电等媒体行业一些问题的思考，作者认为，在媒体融合和数字经济环境下，数字资产作为生产要素应发挥其竞争力源泉的作用，国内迫切需要建立和完善针对数字资产管理的理论体系、研究方法及开发应用模式，以使学生掌握如何使新的互联网技术和数字资产转化为有效的生产力输出，并以此提高媒体组织或企业的绩效。本书的主要内容包括数字资产管理基础、数字资产管理的存储技术、数字内容资产的编目与检索、数字资产管理系统、数字资产管理的生态系统、基于数字资产管理的电视媒体流程整合、基于数字资产开发的内容产业价值链、数字资产的版权管理与保护、数字资产的价值评价方法、数字资产的价值管理及定价方法、数字内容产品交易平台、数据资产管理及开发、区块链技术与数字内容版权管理应用。

本书作者多年来一直从事数字媒体资产管理领域的科研与实践，先后出版了《数字媒体资产管理系统》（译著）、《数字媒体资产管理》、《数字媒体资产管理理论与应用》、《数字媒体资产管理及版权开发研究》等著作，还为本科生开设过三轮"数字资产管理"课程。因此，《数字资产管理》这本书是基于作者多年的研究积累和教学实践撰写而成。本书在撰写过程中，紧密结合国内外媒体行业在数字资产管理领域的发展实际，力求做到系统性、全面性、实用性、新颖性，尽可能反映数字资产管理发展的新成果。本书可作为工商管理、数字经济、管理科学与工程等专业的高年级本科生和研究生的参考教材，也适合从事数字资产管理与开发应用的相关人员参考。

本书的第 1~11 章全部，第 13 章的大部分由宋培义撰写；第 12 章，以及 13.3.3 和 13.3.4 两个板块由刘雨童撰写。此外，刘雨童还参与了全书部分图表的修改完善工作，宋昀珊帮助绘制了本书的部分框图。最后全书由宋培义统稿。本书涉及作者以往的一些研究成果，其中部分成果由作者与其他人合作完成，包括孙江华、曹树花、王慧中、刘妍妍、王立秀、黄昭文等，在此向他们表示感谢。本书在出版过程中还得到了中国传媒大学 2022 年校级委托教材建设项目的支持，在此一并表示感谢。

本书在撰写过程中，除了基于作者本人的研究成果，还借鉴了许多国内外的文献资料，在此向有关专家、学者表示衷心的感谢。由于作者水平有限，以及此门学科本身就具有内容新、领域广等特点，本书难免会存在一些纰漏和不足之处，敬请广大读者批评指正。

宋培义

2025 年 5 月

目　录

第1章　数字资产管理基础 / 1

 1.1　媒体与数字媒体 / 1

 1.2　数字资产管理的相关定义 / 3

 1.3　数字资产管理的元数据 / 8

 1.4　数字资产管理的基本业务流程和关键技术环节 / 10

 1.5　本章小结 / 13

 思考题 / 15

第2章　数字资产管理的存储技术 / 16

 2.1　数字资产的存储介质 / 16

 2.2　数字内容资产的存储格式 / 27

 2.3　数字资产的分级存储策略 / 35

 2.4　数字内容资产存储系统设计原则 / 40

 2.5　本章小结 / 41

 思考题 / 42

第3章　数字内容资产的编目与检索 / 43

 3.1　数字内容资产的编目技术 / 43

 3.2　数字内容资产的检索技术 / 53

3.3　本章小结 / 62

思考题 / 63

第 4 章　数字资产管理系统 / 64

4.1　数字资产管理系统与其他系统的交互 / 64

4.2　基于云平台的数字资产管理系统 / 71

4.3　数字资产管理系统在电视节目生产中的作用 / 74

4.4　数字资产管理系统的投资回报测算 / 80

4.5　本章小结 / 83

思考题 / 84

第 5 章　数字资产管理的生态系统 / 85

5.1　生态系统的基本问题 / 85

5.2　数字资产管理生态系统的结构与实现 / 87

5.3　数字资产管理生态系统的绩效评价 / 91

5.4　案例：娱乐时间电视网的数字资产管理生态系统 / 96

5.5　本章小结 / 98

思考题 / 99

第 6 章　基于数字资产管理的电视媒体流程整合 / 100

6.1　数字资产管理整合的经济性 / 100

6.2　数字资产内容服务的设计原理 / 105

6.3　基于数字资产管理的电视媒体业务流程 / 108

6.4　基于数字资产管理的电视媒体组织结构及竞争力分析 / 116

6.5　本章小结 / 120

思考题 / 121

第 7 章　基于数字资产开发的内容产业价值链 / 122

7.1　内容产业价值链分析 / 122

7.2　媒体组织的价值链活动及业务流程重构 / 126

7.3　基于数字资产开发的广播影视内容产业价值链 / 128

7.4 基于平台战略的互联网行业竞争 / 133

7.5 案例：短视频内容产业链分析 / 139

7.6 本章小结 / 143

思考题 / 144

第 8 章 数字资产的版权管理与保护 / 145

8.1 知识产权与著作权的相关概念 / 145

8.2 数字版权保护技术 / 151

8.3 数字版权管理与商业应用 / 158

8.4 爱奇艺的 DRM 系统应用案例 / 164

8.5 本章小结 / 167

思考题 / 168

第 9 章 数字资产的价值评价方法 / 170

9.1 数字资产的价值评价系统 / 170

9.2 数字资产价值的模糊综合评价方法 / 178

9.3 数字资产价值的层次分析评价法 / 182

9.4 本章小结 / 202

思考题 / 202

第 10 章 数字资产的价值管理及定价方法 / 203

10.1 数字资产的价值管理 / 203

10.2 数字内容产品的定价机理分析 / 208

10.3 数字内容产品定价的几种基本方法 / 211

10.4 基于顾客感知价值的定价方法 / 217

10.5 数字内容产品的定价策略原理 / 223

10.6 本章小结 / 229

思考题 / 230

第 11 章 数字内容产品交易平台 / 231

11.1 数字内容产品交易平台的双边市场结构和特征 / 231

11.2 数字内容产品交易平台的业务体系和功能结构 / 234

11.3 数字内容产品交易平台的定价策略和盈利模式 / 236

11.4 第三方交易平台与数字内容提供商之间的收入分配模式 / 240

11.5 本章小结 / 246

思考题 / 246

第 12 章　数据资产管理及开发 / 247

12.1 数据资产管理的相关概念 / 247

12.2 数据资产管理的基本框架 / 250

12.3 数据资产管理的活动职能 / 252

12.4 数据资产价值评估与定价 / 257

12.5 数据资产管理的商业开发 / 266

12.6 本章小结 / 267

思考题 / 269

第 13 章　区块链技术与数字内容版权管理应用 / 270

13.1 区块链技术基础 / 270

13.2 区块链的进化与类型 / 277

13.3 基于区块链技术的数字内容版权管理应用 / 279

13.4 本章小结 / 285

思考题 / 286

参考文献　/ 287

第1章 数字资产管理基础

一般而言,数字资产是指以电子数据形式存在,并且预期会给资产持有者带来经济利益或具有潜在经济价值的非货币性资产,主要包括数字内容资产和数据资产等。本章主要对数字资产管理的一些基本概念和定义进行阐述,包括媒体与数字媒体、有形资产与无形资产、内容与数字内容、数字内容资产、数据资产、数字资产管理系统、数字资产管理的元数据等;并在此基础上,阐述数字资产管理的基本业务流程和四个关键技术环节,以使我们对数字资产管理的总体框架有一个基本的认识。

1.1 媒体与数字媒体

1.1.1 媒体

现代的媒体是指信息表示和传播的载体,即人们用来传递信息与获取信息的工具、渠道、载体、中介物或技术手段。传统的四大媒体包括广播、电视、报纸、杂志。新媒体是指互联网、PC(个人计算机)、智能手机、平板电脑、智能电视等。

国际电话电报咨询委员会(Consultative Committee on International Telephone and Telegraph,CCITT)把媒体分成五类。

1.1.1.1 感觉媒体

感觉媒体是指直接作用于人的感觉器官,使人产生直接感觉的媒体。例如,引起听觉反应的声音、引起视觉反应的图像、引起嗅觉反应的气味、引起触觉反应的刺激等。使用各种传感器,可以使计算机获得这种感觉。

1.1.1.2 表示媒体

表示媒体是指传输感觉媒体的中介媒体,即用于数据交换的编码。例如,图像编码(JPEG、MPEG等)、文本编码(ASCII码、GB2312等)、声音编码等。

1.1.1.3 表现媒体

表现媒体是指进行信息输入和输出的媒体。例如,键盘、鼠标、扫描仪、话筒、摄像机等为输入媒体,显示器、打印机、喇叭等为输出媒体。

1.1.1.4 存储媒体

存储媒体是指用于存储表示媒体的物理介质。例如,硬盘、U盘、磁带、光盘、ROM(只读存储器)及RAM(随机存取存储器)等。

1.1.1.5 传输媒体

传输媒体是指传输表示媒体的物理介质。例如,电缆、光缆等。

媒体通常有两层含义:一是承载信息的物理载体,如书本、挂图、硬盘、光盘、磁带以及相关的播放设备等;二是信息的表现形式(或者说传播形式),如文字、声音、图像、动画等。

1.1.2 数字媒体

数字媒体(Digital Media)是指以二进制数的形式记录、存储、处理、传播、获取数据的信息载体。这些载体包括数字化的文字、图形、图像、声音、视频影像和动画等媒体内容。数字媒体兼具数字化特征和媒体特征。

数字媒体可以按以下方式划分。

1.1.2.1 按时间属性

按时间属性可以将数字媒体分为静止媒体和连续媒体。静止媒体是指内容不会随时间变化的数字媒体,如文本和图片;连续媒体是指内容随时间变化的数字媒体,如音频、视频、虚拟图像等。

1.1.2.2 按来源属性

按来源属性可以将数字媒体分为自然媒体和合成媒体。自然媒体是指客观世界存在的景物、声音等,经过专门的设备被数字化和编码处理之后得到的数字媒体,如数码相机拍摄的照片、数字摄像机拍摄的影像,以及数字电影等;合成媒体是指以计算机为工具,采用特定符号、语言或算法表示的,由计算机生成(合成)的文本、音乐、语音、图像和动画等,如用3D制图软件制作出来的动画角色。

1.1.2.3 按组成元素

按组成元素可以将数字媒体分为单一媒体和多媒体。单一媒体是指单一信息载体组成的载体，而多媒体是指多种信息载体的表现形式和传递方式。

数字媒体技术是以计算机技术和网络通信技术为主要手段，综合处理文字、声音、图形、图像等媒体信息，实现数字媒体的表示、记录、处理、存储、传输、显示、管理等各个环节，使抽象的信息变成可感知、可管理和可交互的一种软硬件技术。

1.2 数字资产管理的相关定义

1.2.1 有形资产与无形资产

资产（Asset）是指企业拥有或控制的能以货币计量的经济资源。媒体资产（Media Asset）是指媒体组织拥有或控制的经济资源，如设备、场地及媒体素材、节目、文稿等。媒体资产可分为有形资产与无形资产。从财务角度看，资产反映的是所有者的静态财富，它代表企业对资产拥有所有权。资产只具有产生利润的可能性，却不具备产生利润的必然性。

1.2.1.1 有形资产

有形资产是指具有实物形态，被所有者占有、使用并且可以为所有者带来经济效益的资产，包括媒体组织所拥有的办公场所、办公及生产设备、储备的资金等一切财产。例如，电视台的采、编、播技术设备（摄像机、编辑机、转播车等），网络通信设备，媒体资产管理系统设备（上载设备、存储设备、下载设备、检索设备等），打印机、复印机等常用办公设备。

1.2.1.2 无形资产

无形资产是指没有实物形态，但能被所有者占有、使用并带来经济效益的资产。媒体组织的无形资产主要包括它的知识产品、广告播映（刊登）权、专有技术、经营理念、管理经验、文化精神、组织形象、工作人员的肖像知名度等。总之，一切与内容产品生产经营有关，并能为其带来经济利益且不具备物质实体的资产都属于媒体的无形资产。

数字媒体资产属于无形资产，它们大都是脑力创造的成果。这些数字化的内容不仅可以在媒体组织内部重复使用，而且在版权规则的控制下，可以在经济全球化的大环境中流通，它们被重复利用的次数越多，流通的频率越高，所创造的价值就越大。

1.2.2 内容与数字内容

1.2.2.1 内容

美国电影与电视工程师学会（Society of Motion Picture and Television Engineers，SMPTE）和欧洲广播联盟（European Broadcasting Union，EBU）特别任务组在数字媒体背景下对"内容"的要素进行了定义：内容 = 素材 + 元数据。

素材是指以图片、图像、音频、视频、动画或者文本等多种形式存在的数字媒体信息，主要用于表现内容，通常以不同格式的数字文件形式存储。素材是内容的主体，是终端用户、观众、读者操作、使用和体验的对象。

元数据（Metadata）又被称为中介数据，指的是描述实际素材及其不同形式的信息，可以方便用户对内容进行查询检索和追踪保护等。

1.2.2.2 数字内容

数字内容是指通过数字技术进行编码的文字、图像、声音、动画等信息，被存储在光盘、硬盘、磁带等介质中，并通过互联网或数字终端传输和展示出来的资源的总和。

数字内容具有普遍存在性、类型多样性、使用共享性、检索便利性、价值时效性等特征。

数字内容可以按以下方式分类。

（1）按数字内容的基本表现形式

按数字内容的基本表现形式可以分为数据、文本、图像、音频、视频、软件、复合数字对象。

（2）按数字内容的生产方式

按数字内容的生产方式可以分为原生数字内容、非原生数字内容。

（3）按数字内容的结构

按数字内容的结构可以分为结构化数字内容、非结构化数字内容、半结构化数字内容。

建立一个能够实现数字内容资源统一调配、集中管理与多渠道分发的、便捷高效的数字内容管理系统，将极大地提升数字内容服务平台的质量，并带来巨大的社会价值、文化价值和经济价值。

1.2.2.3 数字内容与数字资产

目前的内容产业发展与数字化内容是紧密联系在一起的。数字内容产业是指将图像、文字、影像、语音等内容，运用数字化高新技术手段和信息处理技术进行整合运用的产品或服务，涉及移动内容、互联网服务、游戏、动画、影音、数字出版和数字化教育培训等多个领域，且基于数字技术的信息内容和服务产业边界正在逐渐增多和扩大。

体现数字内容产业价值的一个重要方面就是一条正在形成的以数字化内容为中心的新兴产业链。这条产业链的源头是具有自主知识产权的内容创作和知识生产，涉及文化、艺术、科技、教育课程、游戏娱乐等领域；下游则是为了内容存储、传递、转换和服务的技术开发和软硬件研制生产。这种以数字化形式存储的各种有价值的数字内容就是数字资产，所以数字资产正是这条产业链源头所需要的具有知识产权的海量内容资源。

1.2.3　数字资产及其管理

数字资产从类别上可以划分为三大类：一是数字内容资产，二是数据资产，三是数字货币。下面简要阐述这三类数字资产的基本概念。

1.2.3.1　数字内容资产

数字内容资产是指组织或企业拥有和控制的、版权明晰的、以数字化形式存储的、具有经济价值的各类内容资源，包括视音频节目、素材、图片、文稿、数据等。数字内容资产大多具有较高的历史价值、社会价值或商业价值。不同的组织或企业，其数字内容资产形式有所差异。对于报社或报业集团来讲，其所拥有的各种稿件、网页、图片、版面文件、背景资料信息等大量用于出版或服务的数字内容都是报业的数字内容资产；对于广播电视媒体来讲，数字内容资产除上述所提到的外，其他主要集中在大量数字化的音频、视频节目内容上。

数字内容资产管理是指运用先进的技术手段、科学的理论和方法，对数字内容资产进行计划、组织、存储、控制和开发利用的活动与过程。其目的是统筹资产的利用效率，使之价值最大化。也可以说，数字内容资产管理是通过软硬件和一种系统化的解决方案来高效地存储、组织、管理、检索和分发组织或企业的数字资产的；数字内容资产管理既是一种信息管理技术，又是一个业务流程，它为组织或企业创建了一个集中系统来组织和访问数字内容资产。

针对媒体行业，数字内容资产的核心应用主要集中在以下五个方面。

（1）数字内容资产仓库

数字内容资产仓库是指存储、组织、检索等数字媒体资产的企业解决方案。

（2）多渠道市场营销

多渠道市场营销是指挖掘多种数字内容资产，通过多种渠道面向社会的多个领域开展的市场营销。

（3）富媒体生产和发行

富媒体生产和发行是一个集创作、媒体生产（包括流媒体和非流媒体）并向合作和贸易伙伴及客户交付各种组合资产的过程。

（4）全球性访问

全球性访问是指数字内容资产可以通过互联网在全球范围内被访问和使用。

（5）版权的管理和保护

版权的管理和保护是确保数字内容资产安全的关键。

这里特别说明，数字内容资产是本书的主要研究对象。

1.2.3.2　数据资产

基于互联网产生的各类交易数据、行为数据等，作为一种新的基本生产要素在市场中流动，其已成为一种资产类别，即数据资产（或数据资产化）。例如，电商平台等企业拥有的各类商业数据资源构成了数据资产。

（1）数据要素的影响

数据成为要素后，会带来两方面的重要影响。

①客户历程和体验可以全面打通乃至预测优化，如基于体验、服务、客户契动等的大量时序数据，客户满意度有可能不需要调查就能够预测。全面体验是大趋势，未来企业要关注的不仅限于客户体验、用户体验，还有员工体验、多重体验等。

②企业的运营方式也发生了改变，通过云平台用人工智能处理大数据已成为越来越多企业的常态，数据需要互联互通，企业也会更多地采用开放式的数据运营技术。同时，企业的战略和业务架构需要放在一起讨论，企业围绕数据这个核心资源，针对数据如何流动和价值转化等核心问题，去重新设计业务流程。

（2）数据要素的应用

数据资产管理要以价值创造思维为导向，即将数据资产作为与实物资产、知识资产、人才资产处于同等地位的，能为企业不断创造价值的核心资产。在遵循成本与效率原则的前提下，数据资产管理聚焦企业核心市场、核心业务与核心资源，协同开展数据资产盘点、确权、价值评估和运营流通等工作。数据要素的应用有以下三个方面。

①以有效提高企业运营效率、降低经营成本为目标，应用信息技术提升管理中的信息透明度，改进业务流程，如ERP（企业资源计划）、CRM（客户关系管理）、MES

（制造执行系统）等。例如，贝壳找房将租房、买卖房业务数据化，并通过一些策略保障其准确性，然后通过将这些数据资产化，融资上市，有了更多数据资产，贝壳找房就可以拓展更多的业务，如开展装修业务等，由此形成杠杆效应。

②应用信息技术使产品和服务数字化，实现直接与最终用户保持在线连接，让数据、产业和服务融为一个整体。例如，将冰箱实现数字化联网，做远程维修、为食品供应商提供精准的产品和服务、为用户提供食品保质期自动提醒等功能。

③人与组织、组织与组织之间的关系从物理世界迁移到数字世界。例如，元宇宙是人类运用数字技术构建的，由现实世界映射或超越现实世界，可与现实世界交互的虚拟世界，是具备新型社会体系的数字生活空间。

1.2.3.3　特殊的数字资产——数字货币

数字经济的发展离不开数字货币，如原生数字资产比特币、以太坊或 Libra、JPM Coin 等私人/机构加密货币，与此相对应的是主权国家央行发行的法定数字货币。

数字货币被认为是一种基于节点网络和数字加密算法的虚拟货币。欧洲银行业管理局将虚拟货币定义为：价值的数字化表示，不由央行或当局发行，也不与法币挂钩，但由于被公众所接受，因此，可作为支付手段，也可以电子形式转移、存储或交易。

像比特币、以太坊这类数字货币是一种不受管制的、数字化的货币，通常由开发者发行和管理，被特定虚拟社区的成员所接受和使用。这类数字货币的核心特征主要体现在三个方面。

①由于来自某些开放的算法，数字货币没有发行主体，因此没有任何人或机构能够控制它的发行。

②由于算法解的数量确定，数字货币的总量固定，这从根本上消除了虚拟货币滥发导致通货膨胀的可能。

③由于交易过程需要网络中的各个节点的认可，因此数字货币的交易过程足够安全。

不同于比特币等虚拟货币，央行数字货币（DCEP — Digital Currency Electronic Payment）由国家发行，是数字人民币，其价格直接和人民币挂钩，它是一种电子化、面向一定人群或者机构的现金替代品或补充品。所以央行数字货币具有本位币的所有特征和职能，且被法律所认可。因其背后有国家信用支撑，所以它与比特币等虚拟货币有本质上的不同。数字人民币采用的是中心化管理模式及"央行—商业银行"的双层运营体系，即由央行负责向指定的运营机构发行数字人民币，指定的运营机构或商业银行负责向公众提供数字人民币的兑换以及流通服务。

1.2.4 数字资产管理系统

数字资产管理系统是一个对各种数字内容（如视音频资料、图片、文本文件、图表、数据等）进行管理的总体解决方案，它能满足数字资产拥有者收集、保存、查找、编辑、发布各种内容的需要，为数字资产的使用者提供访问内容的便捷方法，以便高效保存和利用数字资产。

媒体机构的数字资产管理系统不仅是制作、编排、播出、管理的综合体，而且是内容销售、视频点播、信息服务、分类广告导购、交互游戏等增值业务的平台。通过云平台、智能化的数字资产管理系统，大型媒体组织可用"6C+P"来规范数字资产管理的内涵：以海量存储的数字内容整合（Consolidation），适应业务与管理精细化运营的连续性（Continuity），实现数字媒体资源计划管理和控制（Control），满足版权规则和媒体行业法规（Copyright），适应内容与数据的有序开发和快速增长（Content），降低媒体运营成本（Cost），实现建立提高劳动生产率的综合业务服务平台（Platform）的总目标。

1.3 数字资产管理的元数据

元数据（Metadata）是指"数据的数据"，是对数据的标识。我们通常用一组属性或元素来描述特定的资源。这些属性或元素就是该资源的元数据。例如，图书馆的书目就是一种元数据。书目包含作者、题名、出版日期、主题、存放架号等属性。每本指定的书籍，都会在书目中标注上述属性值，这些属性值就是该书的"元数据"。

数字资产管理中的元数据是一种编码体系，用来描述数字化信息资源。我们知道，与文本信息不同，像影视节目和素材这样的视音频信息属于非结构化信息，很难用一般的数据库结构来加以管理，必须通过建立这些影视节目和素材的元数据来实现对素材的全面管理。在数字内容资产管理系统中，数字资产的概念包括两部分：数字内容和元数据。数字内容就是节目或素材，如某个MPEG-2（运动图像专家组）格式的视频文件。元数据是节目内容的描述信息，如节目标题、作者、栏目标签、版权信息、版本控制、比特率、格式等信息。例如，对于记者来说，他所写的稿件如果要配视频的话，就必须知道所需视频的拍摄时间、拍摄地点、被采访者姓名等信息；而对于编辑来说，他可能需要知道记者的姓名、视频的长度和标题等。

数字资产管理系统会把元数据存储于某种类型的数据库中，这种数据库将支持对数字资产进行多种有效的检索和查询操作。而数字内容存储于该数据库之外，并且其存储位置在其生命周期内可以不断变化。数字节目内容一般会存储于硬盘阵列，以支持网络系统的高速实时视频流，也可以迁移到离线存储设备中做长期存档。

元数据是数字资产再利用的基础，其质量、数量、单一性、描述内容、可检索性和可获得性都是决定一个数字资产管理系统成败的关键。对于数字资产管理系统的设计和开发者来说，必须遵循统一的元数据标准，才能保证各个系统之间的互联互通，才能顺利实现数字资产的共享和交换。国际上许多组织和机构一直致力于元数据的标准化工作，并提出了一些相关标准。例如，由英国广播公司（BBC）媒体数据组开发的标准媒体交换框架（Standard Media Exchange Framework，SMEF），由电影与电视工程师学会（Society of Motion Picture and Television Engineers，SMPTE）开发的 SMPTE 元数据字典，由多个组织参加制定的都柏林核心元数据（Dublin Core Metadata Initiative，DCMI），以及由国际标准化组织 ISO/IEC 下的 MPEG 委员会提出的 MPEG-7 标准等，都有关于元数据的描述方案。

对于媒体内容来说，如果某个内容没有元数据的信息，就代表这个内容只是一个数据，并不是资料，没有人可以把它从海量存储中找出来并加以利用。如果一家公司拥有一个图像，那么它需要保留关于这个图像的元数据信息，如谁是拍摄者、要付什么类型的版权费、有什么使用权利和关于复制的条例等；另外，元数据还包括拍摄制作的资料，如胶片素材的种类、光圈数、主题等。如果没有这些信息，就无法回答这个图像的使用权和版权等问题。因此在数字资产管理领域，元数据的概念十分重要，如果没有标准化元数据的能力，内容的摄取、管理、保存、利用和货币化是不可能实现的。

总而言之，元数据从最初的数字资产采集阶段到最后把节目内容转交到用户的发布阶段都非常重要。人们需要将元数据的信息数据库封装好并随着数字资产的移动一起迁移。因此，元数据系统必须有高度的灵活性，应该把任何将来可能用到的元数据类别附加到内容上，在需要的时候可以随时取出。因为在内容生命周期的每个阶段所需要的元数据信息可能会有所不同，所以元数据对内容的获取、加工、存储、管理和开发利用具有十分重要的意义。

1.4 数字资产管理的基本业务流程和关键技术环节

数字资产管理离不开数字资产管理系统的支撑，数字资产管理系统是一个对各种数字内容资产（如视音频资料、图片、文本文件、图表等）进行管理的总体解决方案，它满足数字资产拥有者收集、保存、查找、编辑、发布各种内容的需要，为数字资产的使用者提供访问内容的便捷方法。

数字资产管理系统既是一个技术系统，又是一个工程系统，更是一个管理系统。图1-1是数字资产管理系统的基本结构框架，主要包括输入/上载、存储、加工/处理、管理、输出/下载几部分。

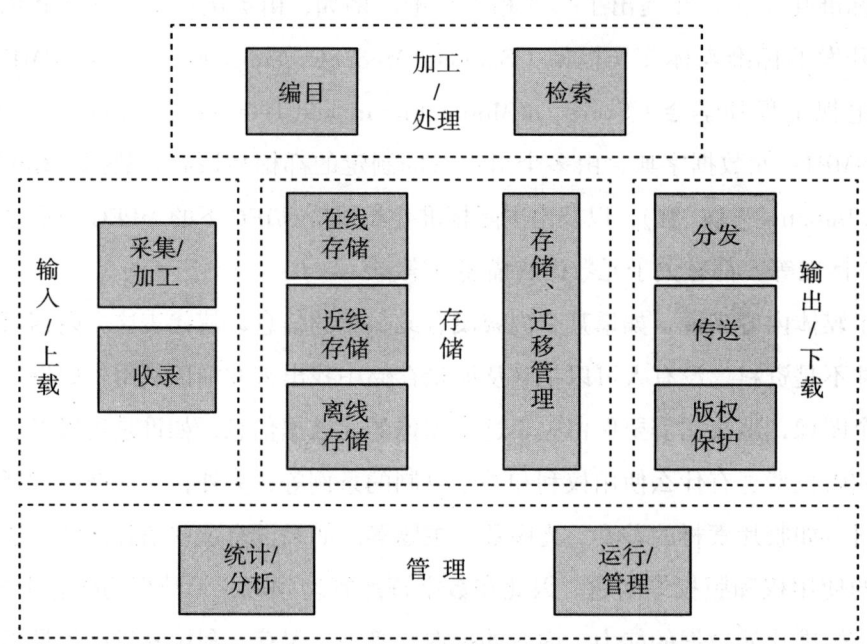

图1-1 数字资产管理系统的基本结构框架

1.4.1 基本业务流程

在数字资产管理系统中，节目和素材通过媒体资产上载、工作站上载，生成时间上精确同步的高码流文件和相应的低码流文件（采集上载方式灵活，可同时抽取生成节目的关键帧）。经过质量等方面的审查后，高质量的数字化节目文件被存储到硬盘阵列中，同时节目的相关信息（包括一些原始编目信息）将自动被写入数据库。编目工作站完成对采集上载的节目的文字描述信息、节目详细编目信息的标引和录入。需要对编目信息进行审核。审核通过后，该节目即可被用户检索、下载使用。

系统根据事先设定的迁移策略，自动将高码流文件迁移到数据流磁带库中。当用户需要使用某一节目时，如果该节目在硬盘阵列中，用户就可以直接下载；如果该节目已经被上载到磁带库中，系统将自动完成从磁带库到硬盘阵列的迁移，并提供给用户使用。

用户可以有多种查询方法。用户在检索过程中，在Web端可以立刻浏览文字、图片、MPEG-4低码流视频，MPEG-2高码流节目的输出需要从磁带库或从硬盘阵列缓冲池下载。系统也支持片段下载输出，用户可直接在MPEG-4低码流上标记出需要下载片段的入点、出点，提交下载申请。下载申请经审批通过后，系统会通过存储管理软件完成节目的自动迁移；下载工作站可将节目片段输出至非线性编辑工作站或磁带。

1.4.2 关键技术环节

从技术角度来看，虽然数字资产管理所涉及的环节很多，但对于媒体组织来说，大体可将数字资产管理划分为生产、存储、交换、发布与营销四个关键环节。

1.4.2.1 生产环节

生产环节主要是负责媒体资料的采集、编辑、分类、数据挖掘等一系列内容的生产工作。在生产过程中，数字资产管理系统必须与媒体组织的控制和制作工具，如电视台的非线性编辑系统、演播室自动控制系统、新闻工作室系统等进行高度集成。应用界面必须与记者、编辑工作系统的桌面环境实现无缝整合。在这种环境中，虽然各类媒体内容条目在数字资产管理系统中得到管理，但它们也必须能够和其他系统的内容对象如新闻工作室系统的节目条目等进行链接，这意味着数字资产管理系统必须能够进行跨系统的查找操作。为了使生产流程通畅，必须将特殊的演播室服务器、非线性编辑系统与其他广播电视设备通过接口、消息或文件交换进行集成。数字资产管理系统必须能对在线、近线和离线的内容进行综合管理和利用。

在后期制作过程中，创建好的内容将被转化为节目以供传输，从而形成了内容项目的最终版本，这个版本还要被导入数字资产管理系统。制作完成节目以后这个版本可以被整体重用，或者其中的片段被用于新的项目制作。同时，在这个阶段所创建的元数据也必须传送到数字资产管理系统中。

1.4.2.2 存储环节

存储环节旨在确保数字资产的有效存储和高效利用。此环节不仅需要满足海量数据的存储需求，还要确保高效的检索功能，包括选择合适的存储策略、存储设备等，以保障数据存取的速度与便捷性。

尽管芯片技术的不断发展减少了在线存储的成本，但在内容资产丰富的媒体组织中使所有内容都采用硬盘存储也是不现实的。以中小规模（大约10万小时）的视音频资料为例，若采用 4 Mb/s 的广播格式存储，则需要 180 TB（太字节）。如果视音频资料要以较高的比特率存储（如 25 Mb/s），必须额外附加 1.125 PB（拍字节），另外还应该提供 68 TB 供浏览用的 MPEG-1 格式。如果采用超高清 8K 存储，视频每一帧的数据量将达到 187.5 MB，以每秒 30 帧计算，则每小时的存储容量将达到 20.25 TB。因此，为了满足用户存取时间上的需求，存储系统一般采用在线存储、近线存储及离线存储等多级存储结构。

在线存储：数字内容通常被存储在附带计算机文件服务器的硬盘阵列子系统中。在线存储为用户实时浏览低码流媒体资料提供存储空间，同时为存取高码流数据提供缓冲空间。

近线存储：媒体内容被存储在支持单一或者多种磁带机的自动数据流磁带库中，在磁带机性能和网络带宽允许的范围内被加以使用。近线存储是为了解决在线存储容量不足的问题，其内容访问比较方便，且不需要花费太多的时间。

离线存储：媒体内容保存在库存的数据流磁带架上，需要人工维护。使用时通常需要人工加载到自动磁带机中。

现在的数据流磁带技术在使用寿命、可靠性、存储容量和数据传输速度上都是传统音视频磁带无法比拟的，完全可以满足大容量、高精度计算机数据的存储和长期归档保存的需求。

1.4.2.3 交换环节

交换环节构架在内部网络的基础之上，主要负责数字资产的交换和共享，包括各个运行部门间内容资源的交换和共享、对数据访问的网络支撑等。

所谓媒体内容的交换和共享，在多媒体设备的网络化系统中，实际上就是数据文件的交换和共享，因此数据文件格式的规范和统一是根本。在大型媒体组织中，可以在各个业务子系统内部采用特定的数据文件格式；也可以在各个子系统之间的信息交换接口处，实时转换成统一的标准文件格式；还可以要求各个子系统内部及相互间的交换，都采用统一的标准文件格式。例如，以码流为基础的不同格式媒体流的一致性管理，包括流处理的同步机制与管理迁移的一致性等内容。

在一个完整的媒体组织网络系统中（如电视台），各种类型的内容在各子系统之间、各种设备之间存在不同的交换和共享关系。为了避免这些关系变得复杂而纷乱，我们可以引入"信息总线"的概念：对系统中的各种需要交换和共享的信息本身（如数据压缩格式、文件格式等），以及这些信息的传输接口实行标准化和规范化，使系统中的各种设备和操作在获取、处理、输出信息时，都必须遵循这些标准和规则。这样，一方面，可以简化信息转化关系，提高信息处理效率，保障信息的一致性、完整性和可复用性；另一方面，可以较好地解决在系统设备和功能扩充、系统对不同厂家产品的兼容性等方面目前存在或将来会出现的种种问题，使各子系统之间的信息共享和交换接口变得简单明了。

媒体组织要高效率地生产出更多内容产品，需要优化内容生产的工作流程，使各个交换环节变得通畅。这样媒体组织才能实现内部内容资源的高度共享，使内容和信息来源得以扩展，增加原有内容的复用率，降低内容的采集成本，从而提高内容产品的生产效率和质量，提升内容生产的管理水平。

1.4.2.4 发布与营销环节

面向多种设备和交付渠道，我们致力于提供安全可靠的数字内容许可发布、销售与供给服务。涵盖数据传输、下载、节目制作、播出以及多种网络和电视平台，包括Web网络、有线、卫星、地面电视和无线网络等领域的综合服务平台。例如，可以通过电视台的频道平台实现节目播出；也可以通过自己的视频网站实现信息和视音频内容的发布；还可以与快手、抖音等短视频平台合作，在短视频平台播放短视频节目或发布新闻摘要。此外，媒体组织还应该通过数字资产库挖掘多种数字资产，并通过多种渠道面向社会的多个领域开展市场营销，创造更多商业价值。

总之，建立先进的数字资产管理系统并开展数字资产管理，目的是实现：先进的技术平台＋数字内容资产＋有效的管理和运营模式＝不断创造出的价值。因此，数字资产管理强调在完善内容供应链与产品价值链的基础上，通过促进内容产品和素材在组织内部小环流与面向外部市场大环流，建立传统广播电视业务、互联网视音频服务业务、数据交互业务、移动业务等现代媒体综合业务的数字资产管理服务支撑平台，从而使数字资产管理的价值体现于内容产品流通、资本循环和媒体贸易中，并使其产生直接的经济效益。

1.5 本章小结

本章主要对一些相关概念进行了梳理和定义，以便我们明确这些概念的含义和它们之间的区别。

（1）媒体与数字媒体的定义。媒体是指信息表示和传播的载体，是人们用来传递信息与获取信息的工具、渠道、载体、中介物或技术手段。媒体可以分成感觉媒体、表示媒体、表现媒体、存储媒体、传输媒体五类。数字媒体是指以二进制数的形式记录、存储、处理、传播、获取过程的信息载体。这些载体包括数字化文字、图形、图像、声音、视频影像和动画等媒体内容。数字媒体按时间属性可以分为静止媒体和连续媒体，按来源属性可以分为自然媒体和合成媒体，按组成元素可以分为单一媒体和多媒体。

（2）数字资产的相关定义。数字资产是无形资产，无形资产是指没有实物形态，但能被所有者占有、使用并带来经济效益的资产。媒体行业生产的内容就是一种无形资产，这里的内容＝素材＋元数据。数字内容是指通过数字技术进行编码的文字、图像、声音、动画等信息，被存储在光盘、硬盘等介质上，通过互联网或数字终端传输、展示出来的资源的总和。数字内容与数字资产的关系简单概括为：以数字化形式存储的各种有价值的版权明确的数字内容就是数字资产。

数据资产也是数字资产，这类资产是指基于互联网产生的各种交易数据、行为数据等，企业可以将这类数据视为一种新的基本生产要素使它们在市场中流动。例如，对于电商来讲，其所拥有的各类商业数据就构成了数字资产。

（3）数字资产管理的定义。数字资产管理是指运用先进的技术手段、科学的理论和方法，对数字资产进行计划、组织、存储、控制和开发利用的管理活动和过程，目的是统筹资产的利用效率，使之价值最大化。实现数字资产管理离不开数字资产管理系统，这是一个对各种数字内容进行管理的总体解决方案，它满足数字资产拥有者收集、保存、查找、编辑、发布各种内容的需要，为数字资产的使用者提供访问内容的便捷方法。

（4）数字资产管理的元数据。我们通常用一组属性或元素来描述特定的资源，这些属性或元素就是该资源的元数据。数字资产管理中的元数据是一种编码体系，用来描述数字化信息资源，如节目标题、作者、栏目标签、版权信息、版本控制、比特率、格式等信息。元数据是数字资产再利用的基础，元数据的质量、数量、单一性、描述内容、可检索性和可获得性都是决定一个数字资产管理系统成功与否的关键。

（5）数字资产管理的关键技术环节包括生产、存储、交换、发布与营销。生产环节主要负责媒体资料的采集、编辑、分类、数据挖掘等一系列内容的生产工作；存储环节主要解决数字资产的有效存储和高效利用问题，如通过选择合适的存储策略、存储设备等来支持海量数据的存储；交换环节主要负责数字资产的交换和共享，包括组织内部以及内部与外部之间的内容资源交换和共享、对数据访问的网络支撑等；发布与营销环节主要负责面向多种设备和交付渠道，安全可靠地对数字内容进行许可发布、销售与供给等。

思考题

1. 数字内容主要分为哪三类？请结合实例说明每一类数字内容的具体形式和特点。

2. 数字内容资产管理的定义是什么？请结合具体场景阐述数字内容资产的几个主要应用方面。

3. 说明为什么元数据在数字资产管理中具有重要作用。

4. 传统广播电视媒体如何应对网络媒体（如视频网站、短视频平台等）的挑战？选择一个具有代表性的商业短视频平台和一个头部传统媒体的短视频平台进行比较研究。

5. 处在数字化、云计算、大数据、人工智能、数字经济时代，思考你的未来发展规划是什么。

第 2 章 数字资产管理的存储技术

存储技术是数字资产管理系统的核心技术。数字资产的多级存储管理技术使每个资源管理器都可支持多级存储体系模式，给用户提供更多存储介质的选择，不仅可以把数字媒体内容存储在硬盘上，还支持存储在二级的光盘库、磁带库中。资源管理器内置的存储集合功能可以根据用户已有的存储介质及存储内容的访问速度、期限等需要制定灵活的存储管理策略，而且一个存储集合可以跨多个资源管理器，实现对不同优先级别内容制定不同存储策略。通过将存储管理软件进行集成，数字资产管理者可以清晰地了解每类数字内容的迁移途径和演变历史，这也极大地简化了用户在存储方面的维护工作。因此，存储体系的总体解决方案决定了数字资产的管理效率、存储的安全性、存取速率和系统的经济性。

本章从数字资产的存储介质、存储格式及分级存储策略等几个方面，阐述视音频内容的存储特性、存储要求及其模式。

2.1 数字资产的存储介质

目前，应用的存储介质有硬盘阵列、数据流磁带、光盘塔等。传统的视音频资料以磁带方式存储，但有很多弊端，难以满足现代媒体发展的要求。本节将对硬盘的 RAID（Redundant Arrays of Independent Disks，独立硬盘的冗余阵列）模式、光盘存储模式、数据流磁带存储模式进行分析比较，提出不同存储模式的特点以及适合存储的对象。

2.1.1 硬盘存储模式

硬盘主要用于计算机数据、程序的存储，硬盘的存储容量取决于盘片数与面密度。而随着独立硬盘冗余阵列 RAID 技术的应用，硬盘的存储容量进一步扩大。RAID 是一种多硬盘管理技术，向主机环境提供了成本适中、数据可靠性高的高性能存储方案。RAID 技术是在计算机 SCSI（小型计算机系统接口）技术的基础上发展起来的，可以将若干个硬盘、控制器组成一个大容量、快速响应、高可靠性的存储子系统，大幅提高了数据传输速率，扩大了存储容量，同时其利用纠错技术提高了存储的可靠性。硬盘虽然具有读写速度快、存储容量大的特点，但随着存储信息量的增加，其造价也随之攀升。相反，在少量信息存储情况下，它具有很大优势。在广播电视领域，硬盘可用于非线性编辑设备、硬盘自动播出系统以及数字视频制播一体网，也可用于数字内容的存储。

美国加州伯克利大学的一位研究人员在 1987 年发表的名为《硬盘阵列研究》的论文中首次对 RAID 进行了系统阐述。他指出 RAID 是由多个硬盘组成的硬盘阵列，其通过在多个硬盘上同时存储和读取数据大幅提高存储系统的数据吞吐量。RAID 模式大都有较为完备的相互校验/恢复的措施，从而提高了 RAID 系统的容错度和稳定性。硬盘阵列针对不同应用使用的不同技术，被称为 RAID level（数据分割技术的实现），不同的级别提供不同的性能、可靠性、价格的组合，每一级别代表一种技术。RAID 主要可分为如下几种模式。

2.1.1.1 RAID 0（没有奇偶校验的条带）模式

这是最简单的 RAID 模式，没有数据冗余功能，由多个硬盘并发协同工作完成数据的读写，数据被均匀分布在各个硬盘上。一般情况下，使用的硬盘越多，读写的速度越快。

RAID 0 模式硬盘分段的方法：在硬盘阵列子系统中，数据以系统规定的"段"（segment）为单位依次写入多个硬盘，因此这种模式具有很高的数据传输速率。数据段 0 写入硬盘 A，数据段 1 写入硬盘 B，数据段 2 写入硬盘 C 等，以此类推，当数据写完最后一个硬盘时，它就重新从盘 A 的下一可用段开始写入，写数据的全过程按此重复直至数据写完，如图 2-1 所示。这种模式的数据传输是顺序进行的，但多个读（或写）操作可以相互重叠进行；数据送入盘驱动器的速度要远大于写入物理盘的速度，因此只要根据这个特点编制出控制软件，就能实现上述数据同时写盘的操作。

RAID 0 模式的优点是读写速度快，价格便宜；缺点是没有容错功能，安全性相对较差，因为 RAID 0（又被称为延展技术）是通过 RAID 控制器把多个硬盘当成一个容量更大、速度更快的硬盘来使用的，所以任何一个硬盘出问题都可能造成整个阵列的数据丢失。

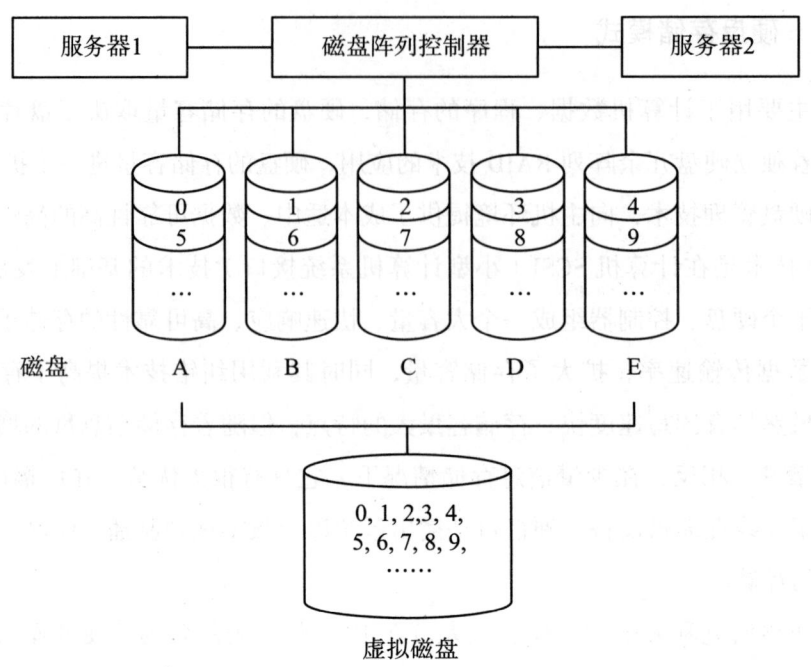

图 2-1　RAID 0 模式的工作原理

2.1.1.2　RAID 1（镜像磁盘）模式

RAID 1 实际上是镜像技术的实现，被称为硬盘镜像（双盘结构）。其工作原理是把相同的数据备份存放在两个硬盘中，当其中任何一个硬盘的数据出现问题，可以马上从另一个硬盘中进行数据恢复，如图 2-2 所示。

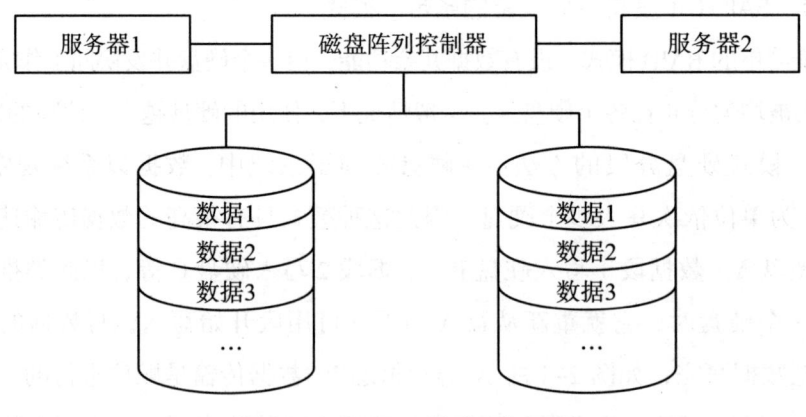

图 2-2　RAID 1 模式工作原理

RAID 1 具有高的输入/输出速率，数据安全性高，100% 的数据冗余，这种数据冗余换来的是强有力的数据容错能力。在 RAID 1 模式中可以平衡读请求负荷，如当多个用户同时请求得到数据时，可以将读数据的请求分散到两个硬盘中去，使读负荷平均分布在两个硬盘上。但硬盘镜像不能改善写数据的性能。RAID 1 可用于高速访问和完全冗余数据，如应用于数据库和文件服务器等，以及需要备份关键数据的场合。不过 RAID 1 对系统的性能提高很小，但系统的成本大大提高，因为系统的实际有效硬盘空间仅为所有硬盘空间的一半。

RAID 10（也被称为 RAID 1+0）是先创建两个独立的 RAID 1，再将这两个独立的 RAID 1 组成一个 RAID 0，如图 2-3 所示。这是一种具有高可靠性与高效硬盘的结构，无非是一个带区结构加一个镜像结构，因为两种结构各有优缺点，所以可以相互补充，达到既高效又高速的目的。

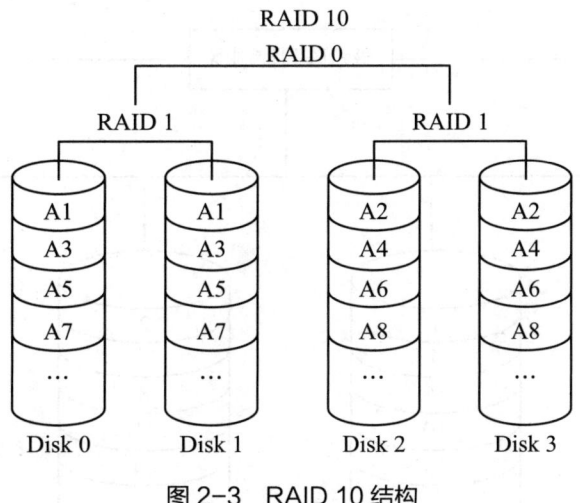

图 2-3　RAID 10 结构

RAID 01（也被称为 RAID 0+1）是先创建两个独立的 RAID 0，再将这两个独立的 RAID 0 组成一个 RAID 1，如图 2-4 所示。RAID 01 这种架构的安全性低于 RAID 10，

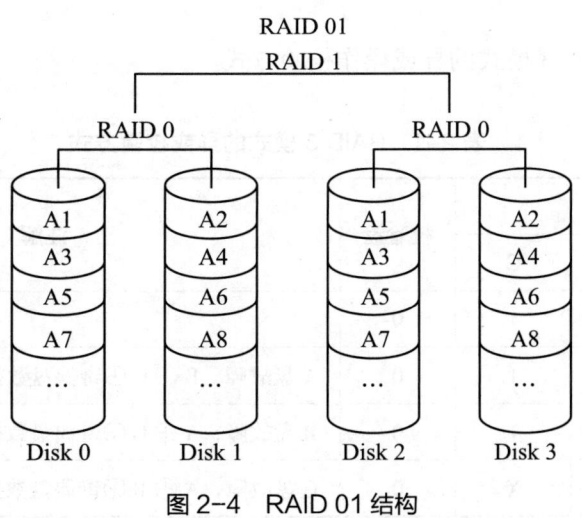

图 2-4　RAID 01 结构

但两者的读写速度相同,使用的硬盘数量也相同,因此,RAID 10 比 RAID 01 的架构更为先进。

2.1.1.3 RAID 3(带奇偶验证码的并行传送模式)模式

RAID 3 是把数据分成多个"块",按照一定的容错算法(采用异或逻辑运算),将它们存放在 N+1 个硬盘中,实际数据占用的有效空间为 N 个硬盘的空间总和,而第 N+1 个硬盘上存储的数据是校验容错信息。当这 N+1 个硬盘中的某一个硬盘出现故障时,可以根据其他 N 个硬盘中的数据恢复原始数据,包括专门的奇偶校验盘的数据,如图 2-5 所示。

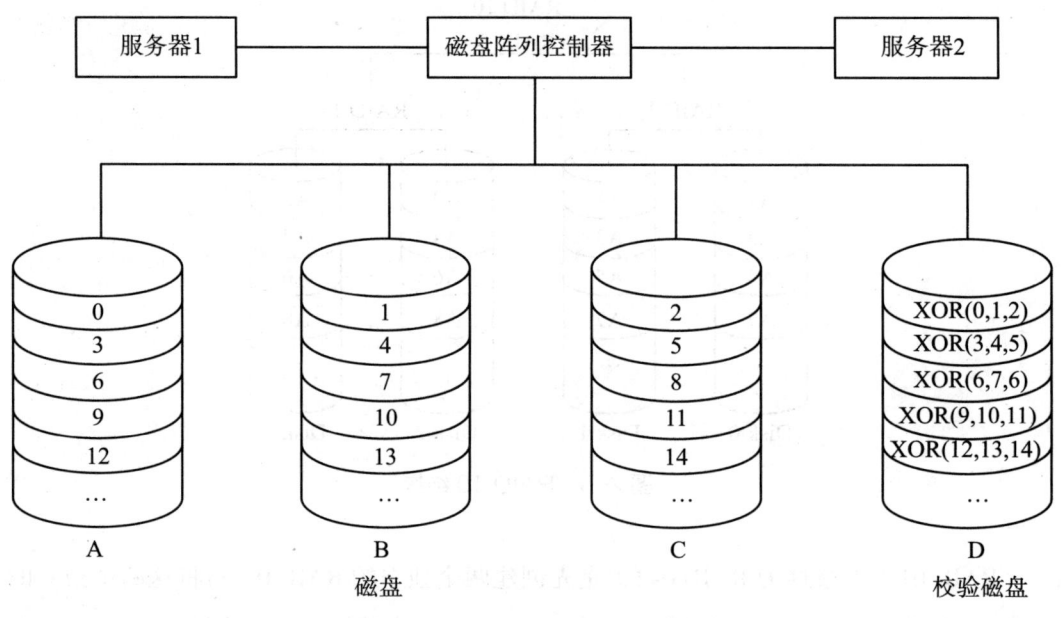

图 2-5 RAID 3 模式工作原理

表 2-1 是 RAID 3 模式的异或操作校验方式。

表 2-1 RAID 3 模式的异或校验方式

硬盘			校验盘	注解
A	B	C		
1	0	1	0	
X	0	1	0	A 盘故障,B ⊕ C ⊕ 奇偶盘数据 = A 盘原先的数据 1
1	X	1	0	B 盘故障,A ⊕ C ⊕ 奇偶盘数据 = B 盘原先的数据 0
1	0	X	0	C 盘故障,A ⊕ B ⊕ 奇偶盘数据 = C 盘原先的数据 1

RAID 3 一般至少需要 3 块硬盘：2 块用于存放数据，1 块作为专门的奇偶校验盘。由于在一个硬盘阵列中，多硬盘同时出现故障的概率很小，因此，一般情况下，使用 RAID 3 的安全性是可以得到保障的。但与 RAID 0 相比，RAID 3 在读写速度方面相对较慢。

2.1.1.4　RAID 5（存储解决方案）模式

RAID 5 和 RAID 3 的原理类似，硬盘的有效使用空间也是一样的，只是其算法以及数据分块方式有所不同，它主要针对专门的奇偶校验盘所带来的瓶颈而产生解决方案。RAID 5 利用分布式奇偶校验运算法则，把数据和校验数据分布在硬盘子系统的所有硬盘中，而不是使用专用的校验盘（N+1），如图 2-6 所示。

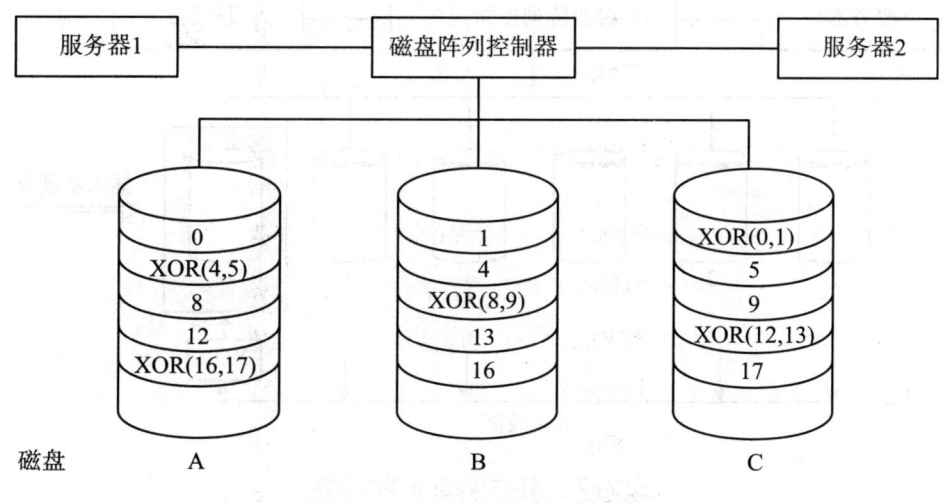

图 2-6　RAID 5 模式工作原理

在 RAID 5 硬盘子系统中，故障硬盘通过无故障硬盘上存放的纠错（奇偶）码信息来重建数据。RAID 5 的工作模式是读出正常盘上的数据（包括奇偶信息部分），并计算出故障盘丢失的数据，然后将数据写入新替换的盘，如图 2-7 所示。不过，校验信息是在写入过程中被计算出来的，所以会对写入性能有所影响。当一个硬盘出现故障，可以从其他硬盘中的数据块分离出校验信息从而恢复数据。由于分布式校验本身的属性，因此恢复数据会比其他形式复杂一些。RAID 5 也可以通过更改硬盘容量的大小来满足不同应用的需要，并且需要硬件 RAID 控制器。

此外，备份盘可以预先连在系统上，备份盘的地址不一定和故障盘的地址相同。备份盘在硬盘故障时随时可用，这种硬盘的被备份通常被称为"热备份"，如图 2-8 所示。

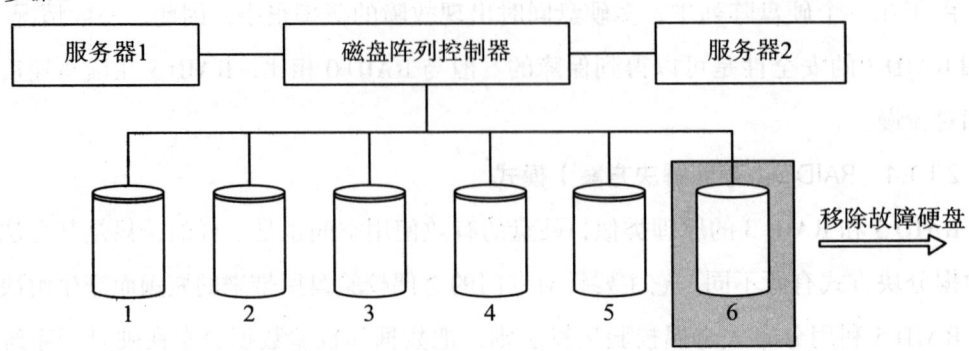

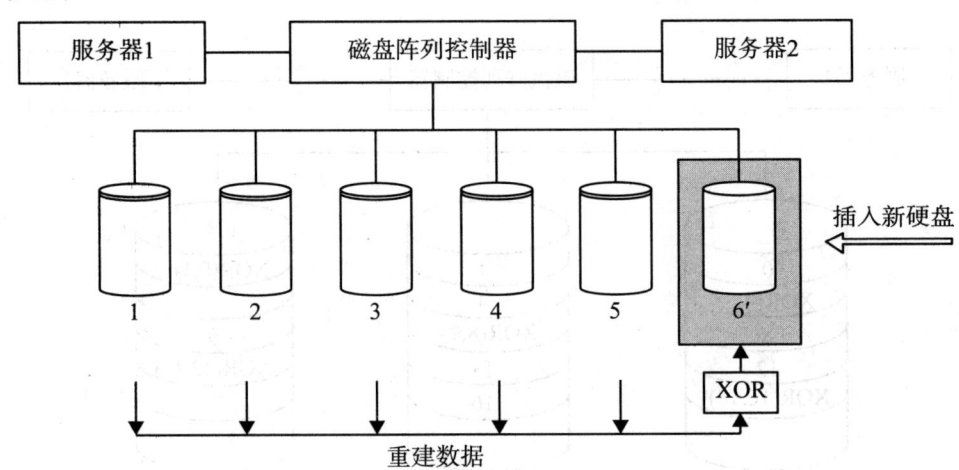

图 2-7　替换故障盘并重建数据

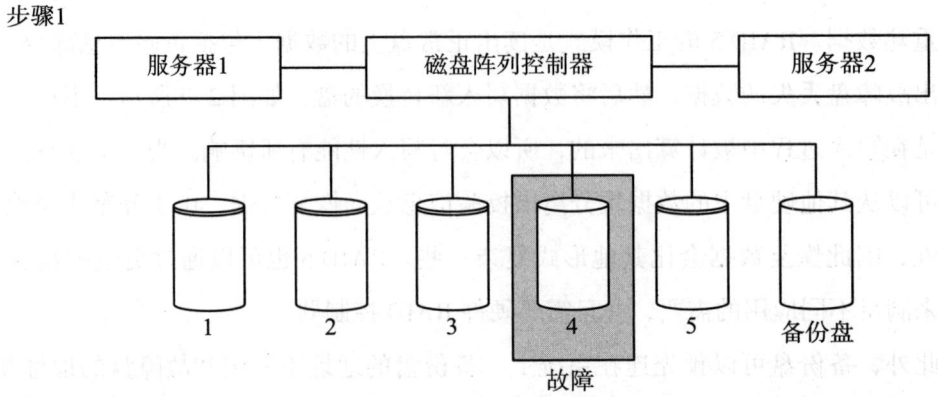

图 2-8　备份盘预先连在系统的模式（1）

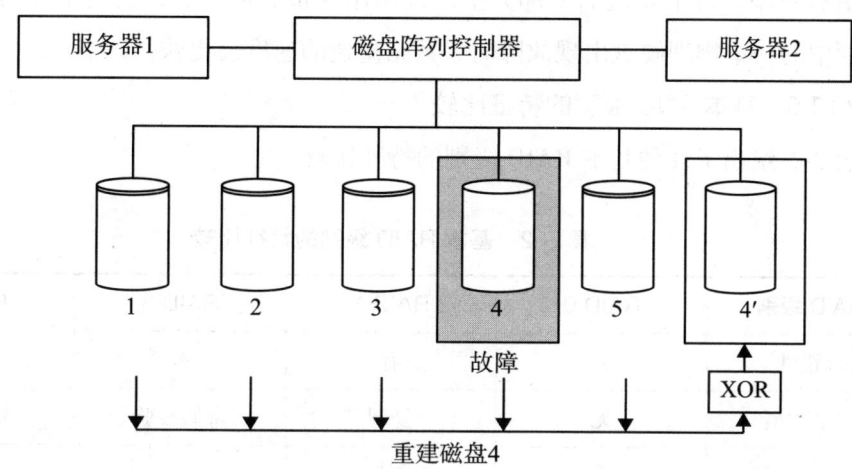

图 2-8　备份盘预先连在系统的模式（2）

2.1.1.5　RAID 其他系列

RAID 2（带汉明码校验阵列）：将数据条块化地分布于不同的硬盘中，条块单位为位或字节，并使用"加重平均纠错码"的编码技术来提供错误检查及修复。这种编码技术需要多个硬盘存放检查及恢复信息，因此该技术的实施较为复杂，在商业环境中很少使用。

RAID 4（带奇偶校验码的独立硬盘结构）：将数据条块化并分布于不同的硬盘中，条块单位为块或记录。这种编码技术使用一块硬盘作为奇偶校验盘，每一次写操作都需要访问奇偶校验盘，操作较烦琐，因此在商业环境中很少使用。

RAID 6（带两种分布存储的奇偶校验码的独立硬盘结构）：在硬盘阵列中，若同时出现两个硬盘失效时，它可以保证阵列仍能够继续工作，不会发生数据丢失。它是对 RAID 5 的扩展，主要用于要求数据绝对不能出错的场合。

RAID 7（存储计算机操作系统）：优化的高速数据传送硬盘结构，其所有的 I/O 传送均是同步进行的，可以分别控制，这样既提高了系统的并行性，又提高了系统访问数据的速度。

RAID 53（高效数据传送硬盘结构）：这种结构实现了 RAID 3 和带区结构的统一，因此它的速度比较快，也有容错功能，但价格很高，不易于实现。

RAID 5E（高级别硬盘存储）：这种结构是在 RAID 5 级别基础上进行的改进，与 RAID 5 类似，数据的校验信息均匀分布在各个硬盘中，但在每个硬盘中都保留了一部分未使用的空间。这部分空间没有进行条带化，最多允许两块物理硬盘出现故障。

RAID 5EE（代替 RAID5+HotSpare 盘的解决办法）：与 RAID 5E 相比，它的数据

分布更有效率，每个硬盘的一部分空间被用作分布的热备盘，它们是阵列的一部分，当阵列中的一个物理硬盘出现故障时，数据重建的速度会更快。

2.1.1.6 基本 RAID 级别的特征比较

表 2-2 给出了几种基本 RAID 级别的特征比较。

表 2-2 基本 RAID 级别的特征比较

RAID 级别	RAID 0	RAID 1	RAID 3	RAID 5
容错性	无	有	有	有
冗余类型	无	复制	奇偶校验	奇偶校验
热备份选择	无	有	有	有
硬盘要求	一个或多个	偶数个	至少三个	至少三个
有效硬盘容量	全部硬盘容量	硬盘容量 50%	硬盘容量 n-1/n	硬盘容量 n-1/n

对于这几种基本的 RAID 级别，在数字资产的存储应用中，RAID 3 比较适合大文件类型且安全性要求较高的应用，如视频编辑、硬盘播出机、大型数据库等；而 RAID 5 适合较小文件的应用，如文字、图片、小型数据库等。选择 RAID 级别有三个主要考虑因素：可用性（数据冗余）、性能和成本。如果不要求可用性，可选择 RAID 0 以获得最佳性能。如果可用性和性能是重要的，而成本不是一个主要因素，则根据硬盘数量选择 RAID 1。如果可用性、性能和成本同样重要，则根据一般的数据传输和硬盘的数量选择 RAID 3 或 RAID 5。

2.1.2 光盘存储模式

DVD（数字化视频光盘）是大容量存储设备，特点是寿命长、性能稳定、技术成熟。DVD 光盘以随机存取方式记录和读取数据，突出优点是能够快速装载，通常光盘库的自动装载系统可以在数秒内将盘片装入驱动器。此外，它还具有较好的交换特性，便于与计算机系统连接，同时也适合网络传输。DVD 数据的存储格式为 MPEG-2，能满足广播级视音频信号的要求。DVD 的几何尺寸与普通 CD 相同，但其容量却是普通 CD 的 8~15 倍。单层单面 DVD 的存储容量是 4.7 GB，可存放 132 分钟的 MPEG-2 标准影片。这意味着标准长度的电影和数字音频可以记录在一张 DVD 光盘上，而采用双层双面技术的 DVD 存储容量达 17 GB，能连续播放 8 小时广播级节目。DVD 可分为只读（DVD-ROM）、一次性写入（DVD-R）和可重写（DVD-RAM）

三种。

（1）只读DVD。DVD-ROM的技术比较成熟，可应用于电视媒体领域，主要用来建立光盘库，用于自动播出或长期保存电视节目资料。这种方式不仅具有容量优势，而且克服了传统录像带的缺点，并且它在保存图像清晰度、音响保真度、数据传输率、纠错能力及用户交互功能等方面优于传统录像带。

（2）一次性写入DVD。一次性写入就是用户将所要备份的数据一次性写入DVD内。该类DVD单层标称容量为4.7 GB，双层标称容量为8.5 GB。DVD-R主要用于DVD节目的编辑、检验和小批量发行，不适宜电视节目的制作和大量存储。

（3）可重写DVD。DVD-RAM采用相变介质记录方式，它的记录和读出完全采用光学技术，利用激光使记录介质在结晶态和非结晶态之间的可逆相变结构中实现信息的记录和擦除。与磁光技术相比，相变光盘存储技术具有记录密度高、记录成本低、介质寿命长、驱动器结构简单、读出信号信噪比高、不受外界磁场环境影响等特点。DVD-RAM可反复多次存取，数据率从4~15 Mbps可选，适用于大容量节目的长期保存，并允许多人同时对其进行查询和读/写操作，不会由于多次检索和读/写操作造成视音频质量的损失和劣化。

从应用角度看，DVD-RAM光盘具有广阔的市场前景，代表了高速大容量存储设备的发展方向，价格也比较适中，适合于电视媒体大量视音频素材的长期存储。但它受到单片容量和传输速率的限制：单面单层容量只有4.7 GB，单面双层为9.4 GB，而且传输速率较为有限。

2.1.3 数据流磁带存储模式

数据流磁带是按分类方法区别于启停方式的一种磁带记录格式，它将数据连续写在磁带上，在每个数据块间插入记录间隙，使磁带机在数据块间不启停，从而简化了磁带的结构。磁带由磁带传动机构和磁头等组成，能驱动磁带相对磁头运动，磁带用磁头进行电磁转换，在磁带机上顺序记录或读出数据。数据流磁带在使用上不同于硬盘或视频磁带，数据流磁带是一种基于字节流方式传输的设备，传输速率和运行是稳恒的。由于外部视频设备或网络传输设备对数据传输速率的需求可能比磁带高，网络传输也可能是断续的，因此，为了与输出速率适配，通常需要将磁带上的数据复制到硬盘上，然后由硬盘将数据输出到实际需要数据的外部设备上。虽然从原理上讲，数据流磁带必须在全部数据复制到硬盘之后才能开始真正地输出数据，但是很多时候可以在部分数据转移到硬盘之后它就开始输出数据，从而减少等待时间。

磁带存储具有不同于主流在线存储介质的几大特性。

（1）存储密度高。现在的数据流磁带产品上涂布的是纳米级磁性颗粒，不仅磁颗粒变小，而且物理性能更加稳定。正因为单位面积的颗粒变多，存储数据的容量变大，与硬盘相比，容量的瓶颈几乎为零。

（2）具有成本优势。磁带与硬盘相比，其扩容成本更低。一个磁带驱动器可以对应大量磁带产品，当用户需要扩展容量时，磁带方案只需考虑存储介质的成本，但硬盘无法做到这点。在日常使用的功耗上，不仅硬盘存储的成本远远超过磁带，而且磁带的寿命超过30年，远多于硬盘的10年。

（3）长久保存的稳定性。磁带记录的稳定性已经得到验证，并且磁带存储已经被证明每读写10 000 PB数据量后才有可能出现一次故障；WORM磁带（一次写入，多次读取）具有数据无法被覆写也无法被修改的特性，在重要的数据保存场景中得到用户的青睐。

（4）加密磁带能够确保未经授权的人无法读取磁带上的数据；磁带系统有能力在硬件层面上对数据进行加密，可以在没有应用程序或者处理开销的情况下实现加密，这对需要从一个位置移动到另一个位置的磁带来说尤为关键。

目前，富士胶片（中国）可以提供数据流磁带、对象归档软件组成的磁带存储软硬件整体方案。其中，LTO9数据流磁带采用富士胶片钡铁氧体BaFe专利技术，优化后数据存储单位密度达到了单盘18 TB、压缩后45 TB的容量空间；在传输速率方面分别在压缩前和压缩后达到了400 MB/s和1 000 MB/s的高速数据传输，具有很高的便利性。

从发展角度看，数据流磁带对光盘的发展保持优势具有重要意义。目前光盘库的容量都偏小、扩展能力不足，最大存储容量的光盘库也只有几十个TB，而数据流磁带库的存储容量可达几十个PB，数百个PB，甚至更大。从成本角度看，类似存储容量光盘库和管理软件的采购成本接近硬盘阵列，很难满足大规模数据存储应用低成本的要求。根据数字资产规模的不同，数字化存储往往需要数百个TB，甚至PB级的容量。目前，数据流磁带向着更大容量、更快速度、更小空间、更高可靠性以及智能化的方向发展，因此数据流磁带库已成为影视处理中心、媒体资料库必备的、不可替代的存储设备。

随着数字内容处理量的剧增，磁带存储从小型磁带库向大型磁带库发展。大型磁带库中的机械与自动化系统实现了带盒安装和拆卸自动化，大幅缩短了磁带的平均搬运时间。盒带的端面贴有条形码，能自动记录磁带运行情况。磁带控制装置内备有若干大容量数据缓存，它与通道、磁带间的数据传送以非同步方式进行。磁带库系统可以实现连续备份、自动搜索磁带，也可以在驱动管理软件控制下实现智能恢复、实时监控和统计，整个数据存储备份过程完全摆脱了人工干涉。在网络系统中，磁带库通过 SAN（Storage Area Network，存储区域网络）系统可形成网络存储系统，用户可以轻松进行远程数据访问、数据存储备份操作，或通过磁带镜像技术实现多磁带库备份。

综上所述，数字资产管理较为理想的存储模式：数据流磁带（或 DVD 光盘塔）可作为近线存储介质，硬盘阵列可作为在线存储介质，数据流磁带可作为离线存储介质。

2.2 数字内容资产的存储格式

当数字资产管理系统所存储的内容以视音频节目和素材为主时，那么选择好数据的存储格式和压缩方式对系统的存储成本、管理费用以及后期使用等都非常重要。在存储格式选择时应权衡质量和压缩效率。存储格式（压缩格式）选择应遵循的主要原则有：信号质量必须能够满足编辑和再利用的要求；在保证信号质量的前提下，尽量提高压缩效率，降低存储和数据传输成本；压缩格式要具有良好的兼容性和开放性，确保在与其他格式进行转换时损失较小，以适应媒体其他业务需求；存储格式应具有较长的生命周期。

2.2.1 压缩编码技术

2.2.1.1 数据压缩的概念

多媒体产生的数据量庞大，如一张彩色相片的数据量可达 100 MB 以上，视频影像和声音由于连续播放，数据量更加庞大，这就需要较大的容量和带宽存储。但硬件技术所能提供的存储资源和网络带宽与实际要求相差甚远，这给多媒体信息的存储和传输带来了很大困难。压缩是解决这一问题的有效途径。

数据的压缩程度及其比例取决于数据本身的冗余度。信息量与数据量的关系一般表示为：信息量 = 数据量 – 冗余量。数据压缩是指在不丢失有用信息的前提下，缩减数据量以减少存储空间，提高数据传输、存储和处理效率。实际上，视音频信息中某些特性的丢失，接收者是很难察觉到的。如那些处于人们听觉和视觉分辨力以下的视音频信号，若在编码时舍去这种信号，虽然在恢复原信号时会有一定的失真，但并不能为人们所感知。

2.2.1.2 数据压缩的分类

数据压缩处理一般是由两个过程组成的：一是编码过程，即将原始数据经过编码进行压缩，以便于存储与处理；二是解码过程，此过程对编码数据进行解码，将其还原为可以使用的数据。根据解码后的数据与原始数据是否完全一致，可将数据压缩方法划分为无损压缩和有损压缩。

（1）无损压缩。无损压缩去掉或减少了数据中的冗余，但这些冗余值是可以重新插入数据的，即无损压缩过程是可逆的，解压后的数据与原始数据完全一致，如文本数据的压缩一般采用无损压缩，它能保证完全恢复原始数据。无损压缩的缺点是压缩比率较小，一般在 2∶1 到 5∶1 之间。无损压缩算法包括游程编码、哈夫曼编码、算术编码、香农编码、LZW 编码（字串表编码）等。

比如游程编码，图 2-9 展示了它的基本工作原理。在游程编码中，跟随在码后的标记（只需要一次）和其出现的次数代替了序列。因为游程编码模式有一个最小步长，所以只有重复次数超过最小步长要求的部分才会被编码。图 2-9 用感叹号来表示已经被编码的码序列标记。很明显，此时只有重复超过三个词的码才适合用游程编码法。

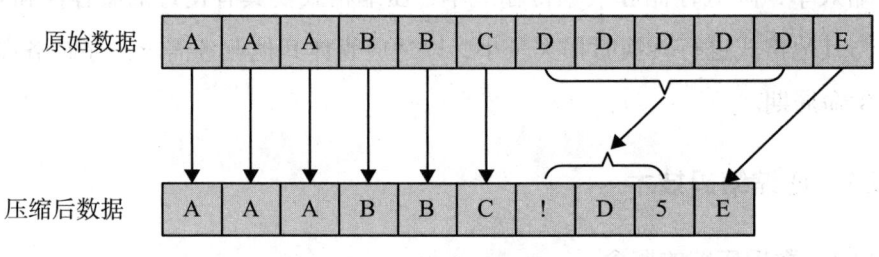

图 2-9 游程编码的例子

（2）有损压缩。有损压缩法又被称为熵压缩法。熵被定义为平均信息量，而损失的信息是不能再恢复的，这种压缩法是不可逆的。有损压缩允许一定程度的失真，解压后的数据与原始数据不完全一致，适用于重构信号不一定非要与原始信号完全相同的场合，可用于对图像、声音等数据的压缩。对这些数据的压缩，压缩比可高达 100∶1 以上，但人在主观感受上仍不会对原始信息产生误解，不影响信息的表达。有损压缩算法包括 PCM 编码、预测编码（DPCM 编码、ADPCM 编码、帧间预测编码）、变换编码（离散余弦变换、K-L 变换、小波变换）、混合编码（JPEG、MPEG、H.261）等。

比如小波变换，用这种方法进行图像编码的基本思路是把图像进行多分辨率分解，分解成不同空间、不同频率的子图像，然后对子图像进行系数编码。其主要特点是通过变换能够充分突出问题某些方面的特征，能对时间（空间）频率进行局部化分析，通过伸缩平移运算对信号（函数）逐步进行多尺度细化，最终达到高频处时间细分，低频处频率细分，能自动适应时频信号分析的要求，从而可聚焦到信号的任意细节，解决了 Fourier 变换的问题。利用小波变换技术对图像、视频及声音进行压缩可以取得非常好的效果。小波变换压缩的速度很快，而且其还原的影像质量更高。对比来看，MPEG 的最高压缩比率约为 200∶1；而小波变换压缩算法对动态影像的压缩比率为 480∶1，对静止影像的压缩比率可达到 300∶1 以上。

2.2.1.3 对称压缩与不对称压缩

对称压缩是指压缩与解压缩的算法基本相同，是相互可逆的。压缩和解压缩的过程以同样的步骤和速率进行，适合视频会议这一类对称的应用。基本过程：发送方将实况视频信号用某种算法加以压缩，然后通过通信介质进行传输；接收端收到信号后，再使用同样的算法按逆运算进行解压缩，使图像解码后重现出来。

不对称压缩是指压缩与解压缩的算法不同，因此压缩和解压缩的速率可能很不一样。VCD（影音光碟）的制作与播放是典型的不对称压缩例子。例如，将一部电影压缩到 VCD 盘片上可能需要花费十几个小时或更多时间，而在播放 VCD 时，为保证视频的流畅，其解压缩的速度很快。

2.2.1.4 影响数据压缩的因素

影响数据压缩的因素有压缩比、图像质量、压缩与解压缩速度、硬软件的实现方法等。

（1）压缩比。指压缩前后文件大小之比，压缩比越高越好。

（2）图像质量。指还原后的图像与原图像对比的差别，差别越小越好。

（3）压缩与解压缩速度。这是压缩系统两项重要的性能指标，速度与压缩方法和压缩编码的算法有关，一般压缩比解压缩计算量大，因此压缩会比解压缩的过程慢。

（4）硬软件的实现方法。压缩的实现需要硬件和软件支持，一般来说，硬件压缩速度较快，但一些复杂算法需要软件的支持。

2.2.2 主要压缩标准分析

与熵编码方法不同，源编码法利用人类感官（如眼睛、耳朵等）对某些特性的不敏感性，对信息进行有损压缩。与原始信号相比，源编码法的压缩质量有所下降，因此这种方法虽然有信息丢失，却可以保持较高的压缩率。例如，在全部声音内容中，可以删除人耳无法听到的那部分音频信号，或者对视频信号的色彩部分信号（而不是亮度信号）进行二次抽样，这源自人类视觉对明暗程度比对的色彩更加敏感。更具体的例子是插值和转换编码，如把数据转换到另外一种更适合压缩的数学域。大多数压缩标准采用混合编码技术，如结合熵编码和源编码的 JPEG、MPEG-1、MPEG-2、MPEG-4、H.261 等。根据不同的标准和目的应采用不同的压缩技术。

国际标准化组织 ISO 和国际电话电报咨询委员会 CCITT 制定了三类用于多媒体图像压缩的标准。第一类是静态图像的 JPEG 国际标准，支持有损压缩，压缩比可用参数调整，在压缩比达到 25∶1 时，压缩后还原的图像与原始图像相比较，人们很难区分其中的差别。第二类是动态图像的 MPEG 国际标准，其根据对数字影像质量要求的不同采用不同的标准，包括 MPEG-1、MPEG-2、MEFG-4 等。第三类是视频编码标准，有 H.261、H.263、H.264 等。

对于连续媒体，压缩方案有时候也会利用连续数据流中的空间冗余信息和发生在相邻信息单元中的临时关系。在这种情况下不是对整个对象编码，而是对来自帧之前或之后的表示相同信息单元的相关信息编码，即只有对象发生变化和被改动的相关信息单元才被编码。例如，对于视频来说，有些帧并不是完整的，只有这个帧与其他一到两个帧的不同之处才被编码。因此，为了完全解码这样的帧，所有与其相关的帧都要被计算在内，而且要预先解码。MPEG 标准就是应用这种技术。

在网络化制播环境中，视音频文件的编码、转码、解码是造成图像质量损伤的主要原因。对各个业务板块的视音频文件压缩编码格式进行科学规划，可以减少重复编解码、转码环节，减少图像质量损伤情况。视音频资料需要的是高质量、兼容性好的压缩算法。根据用途不同，数字资产管理系统中的视音频文件一般有高、低两种码率。高码率文件常用的压缩编码格式主要有 DV、DVCPRO、MPEG-2 I、MPEG-2 IBP、H.264 等，低码率文件常用的压缩编码格式主要有 MPEG-4 等。低码率文件一般用于视音频内容检索、浏览、粗编。当低码率文件用于远程节目传输、新媒体发布时，就需要考虑各压缩编码格式对图像质量的影响。

2.2.2.1　M-JPEG 和 MPEG-2 标准

（1）M-JPEG 标准。M-JPEG（Motion-Join Photographic Experts Group）是运动静止图像（或逐帧）压缩技术，广泛应用于非线性编辑领域，可精确到帧编辑和多层图像处理，把运动的视频序列作为连续的静止图像来处理。这种压缩方式可单独完整压缩每一帧，在编辑过程中也可随机存储每一帧，进行精确到帧的编辑。此外，

M-JPEG 的压缩和解压缩是对称的，可由相同的硬件和软件实现。但 M-JPEG 只对帧内的空间冗余进行压缩，不对帧间的时间冗余进行压缩，故压缩效率比较低。

M-JPEG 可以压缩图像传输的带宽要求，从而在有限的网络资源支持下，将更丰富和清晰的画面以字节信号线的形式迅速传送至播放端，并被良好完整地还原出来。因此，M-JPGE 一般被用于公共场所或者企业的录像监控和远程监控，也经常被用于家庭或者短距离的无线侦测等场合。

（2）MPEG-2 标准。MPEG-2 标准是一个直接与数字电视广播有关的高质量图像和声音编码标准。MPEG-2 能为视音频信息在很大的分辨率和比特率范围内提供有效编码。考虑到更高画面分辨率的要求，MPEG-2 定义了高于 100 Mb/s 的数据率，该标准也考虑了 HDTV。MPEG-2 还提供了适合交互多媒体服务的特性，如交互电视的随机访问、技巧模式（如快进、快退、慢放等）、多轨音频等。

MPEG-2 标准是专为数字电视传输和分配等高质量视音频应用而制定的，其优势体现为适应性。在开始制定 MPEG-2 的时候，有大量广播电视设备供应商参与，MPEG-2 被设计成能满足多种应用需要的标准。在其特性上体现出两大特点：一是运动补偿带来的高压缩比；二是根据不同的需求，通过参数的调节做到码率可变。从 MPEG-2 标准文件的内容中可以看出，MPEG-2 针对性最强的应用是存储和传输，因为 MPEG-2 详细定义了压缩数据在存储和传输中的句法结构，并且定义了对 MPEG-2 压缩数据的解码过程。

MPEG-2 数据流可直接进入电视节目的制作、播出、存储、分配、传输环节，是标准视频数据压缩编码格式。MPEG-2 能够满足高质量、大容量存储的要求，在使用户得到广播级图像质量的前提下，PAL 制 4∶2∶2 可实现 20∶1 的压缩，数据率为 1 Mb/s，1 小时的电视节目仅占 3.6 GB 的存储空间。

（3）M-JPEG 和 MPEG-2 的比较。在同样的视频质量下，压缩算法的输出码率直接决定其性能的优劣，或者说，在输出码率相同的条件下，图像质量的优劣反映了压缩算法的性能。在压缩效率方面，M-JPEG 采用帧内编码算法，而 MPEG-2 采用帧内与帧间结合的编码算法，因此 MPEG-2 的压缩效率比较高。在低码率的时候，MPEG-2 比 M-JPEG 的压缩比高很多并保持较好的图像质量；而在要求图像质量很好的时候（如演播室节目编辑和后期制作），MPEG-2 与 M-JPEG 的输出码率差别不是很大。

电视媒体业务的多样性，通常要求一个压缩标准能提供多种码率。比如，节目传播环节，在传播不同类型的节目时，所需带宽是不同的，体育节目要比新闻节目的码率高,而新闻节目又要比电影节目高。再比如,考虑到进行过程中复制次数的不同,节目制作环节和节目传播环节所需的码率也不同,传播环节可以使用低码率。压缩算法中的可变码率 VBR(Variable Bit Rate)特性对电视媒体有效利用资源有非常重要的作用。MPEG-2 可以通过改变 GOP(Group of Pictures)结构和 DCT(Discrete Cosine Transform)及 Huffman 编码的参数等手段来调整输出的码率。M-JPEG 虽然没有帧间编码,但是可以通过改变 DCT 及 Huffman 编码参数调节压缩比。M-JPEG 和 MPEG-2 的分析比较见表 2-3。

表 2-3 M-JPEG 和 MPEG-2 的分析比较

特性	M-JPEG	MPEG-2
帧间压缩	无	有
自适应量化	无	有
码率选择	有	有
VBR 编码	有	有
分辨率选择	有	有
色度格式	一般是 4:2:2	4:2:2 或 4:2:0
分辨率	可变	可变

通过以上的比较我们可以看出,MPEG-2 标准在压缩性能上比 M-JPEG 标准具有更优越的地方。虽然在电视媒体中,基于 M-JPEG 和 MPEG-2 压缩标准的设备都在被使用,但数字资产管理系统的视音频编码必须支持 MPEG-2 格式。

2.2.2.2 MPEG-4 标准

MPEG-4 标准的正式名称为视音频对象编码,是为了播放流式媒体的高质量视频而专门设计的。它可以利用很窄的带宽,通过帧重建技术压缩和传输数据,用最少的数据获得最佳的图像质量。它比 MPEG-2(注重编码和压缩方面)的应用范围更加广泛。

MPEG-4 标准建立了一种能被多媒体传输、存储、检索等应用领域普遍采用的统一数据格式。MPEG-4 标准具有十分重要的视音频应用功能。

(1)支持基于内容的交互使用,包括多媒体访问工具,基于内容的操作和比特流的编辑、混合、合成数据编码和优化的临时随机暂存。

(2)通过提高多路数据流的编码效率而优化压缩。

（3）在不同环境下（从高速专业网络到低带宽、易出错的无线通信）支持广义的使用，但是也考虑了内容对象和基于内容的可扩展性。

该标准包括基于对象的编码、基于模型的编码等编码技术，支持基于内容的交互式和基于对象的分级等功能，具有相当好的灵活性和可扩展性。它给画面主体分配较多带宽，具有很高的信噪比；它强调基于对象操作交互式的访问等。MPEG-4 的目标是支持各种带宽应用（5 K～100 Mbps），因此非常适合网络节目传输。

MPEG-4 的定位为窄带网络（Internet、移动网络等），提供视音频服务。MPEG-4 音频编码的优越之处在于，它不仅支持自然声音，而且支持合成声音。MPEG-4 的音频部分将音频的合成编码与自然声音的编码相结合，并支持音频的对象特征，从而保证了低码率下的音频质量。MPEG-4 能在极低的码率下（500 Kb/s～800 Kb/s），提供较高质量的桌面视音频。

MPEG-4 主要解决了实时编码和帧精度编辑两大难题。在实时编码方面，利用优化的编码算法、多通道压缩卡及高性能主机可以做到与高码率数据流帧帧对应的同时编码，甚至倍速编码。结合非线性编辑软件，不仅可以做到 MPEG-4 的帧精确编辑，同时可以实现与有卡编辑同样复杂的编辑功能。

在广电媒体的数字资产管理系统中，MPEG-4 低码流格式的节目和素材用于多用户查询和浏览。

表 2-4 列出了几种可用于桌面编辑和浏览的编码格式。

表 2-4 可用于桌面编辑和浏览的编码格式

压缩方式	压缩特点	适用范围
M-JPEG	支持无损压缩或者非常低的压缩比，支持场方式，帧内压缩，压缩效率低	适于编辑
MPEG-2-I 帧	帧内压缩，压缩效率低，IMX 支持二倍速采集	适于编辑
MPEG-2-IBP	帧间压缩，压缩效率高	适于播出、存储和传输、编辑
MPEG-1	可变码率帧间压缩，可变画面大小，压缩效率高，VHS 质量	适于软编和网络浏览
MPEG-4	压缩优化针对低码率，是面向对象的内容描述	适于软编和网络浏览

一般情况下，800 Kbps 的 MPEG-4 与 1.5 Mbps 的 MPEG-1、3.5 Mbps 的 MPEG-2-IBP420、4.5 Mbps 的 MPEG-2-422、6 Mbps 的 M-JPEG 图像质量相当。

实际上，在广电媒体的数字资产管理系统中，可以采用不同的视音频数据存储格式以适应不同业务和应用的需要。用于交流共享的高画质的并且需要长期保存的节目资料可以使用 MPEG-2-I 帧、MPEG-2-IBP 帧文件格式存储，同时可建立一个镜像的低码流 MPEG-1、MPEG-4 格式文件，或 ASF（高级串流格式）/GZ（压缩格式）和 JPEG 格式文件，用于节目资料下载粗编、浏览、检索。这就需要在视音频采集过程中一次生成多种格式的文件，一般要支持至少高低两种码流的实时编码技术，生成的高低两种码流的素材要做到帧帧对应。

2.2.2.3 H.26X 系列标准

H.26X 系列标准由国际电信联盟（International Telecommunication Union，ITU）主导制定，侧重于网络传输。该系列包括 H.261、H.262、H.263、H.263+、H.263++、H.264 等标准，以下介绍其中几种。

（1）H.261。H.261 是一个视频编码标准，属于视频编解码器。H.261 标准主要采用运动补偿的帧间预测、DCT 变换、自适应量化、熵编码等压缩技术。只有 I 帧和 P 帧，没有 B 帧，运动估计精度精确到像素级，支持两种图像扫描格式：QCIF 和 CIF。

JPEG 是为静态图片设定的，MPEG-2 是为数字电视信号设定的，H.261 是为 ISDN 视频会议系统设定的。

（2）H.263。H.263 标准以 H.261 为基础，以混合编码为核心，基本原理框图和 H.261 十分相似，原始数据与码流组织也相似。H.263 吸收了 MPEG 等其他国际标准中有效、合理的部分，如半像素精度的运动估计、PB 帧预测等，使其性能优于 H.261。

H.263 使用的位率可小于 64 Kb/s，且传输比特率可不固定（变码率）。H.263 支持多种分辨率，如 SQCIF、QCIF、CIF、4CIF、16CIF 等。

（3）H.264。H.264 格式又被称为高级视频编码（Advanced Video Coding，AVC），是一种被广泛使用的高精度视频的录制、压缩和发布格式。H.264 因其是蓝光光盘的一种编解码标准而著名，所有蓝光光盘播放器都必须能解码 H.264。它也被广泛用于网络流媒体播放。

H.264 最具价值的部分是其更高的数据压缩比，其解码算法更复杂。在同等的图像质量条件下，H.264 的数据压缩比能比 MPEG-2 高 2~3 倍，比 MPEG-4 高 1.5~2 倍。

经过 H.264 压缩的视频数据，在网络传输过程中所需要的带宽更少，也更加经济。在 MPEG-2 需要 6 Mbps 的传输速率时，H.264 只需要 1~2 Mbps 的传输速率，应用范围包括手机、iChat AV 视频会议、HD（高清）广播、HD DVD 等。

2.3 数字资产的分级存储策略

2.3.1 分级存储的概念

电视媒体早期积累和不断产生的各类节目，包括新闻节目、纪录片、专题片、文艺节目、体育节目、电影、电视剧和有价值的素材等，都必须长期保存，这对数字媒体资产的存储容量要求非常大。假设某电视台目前有 200 000 小时的各种视音频资料需要长期保存和管理，高码率采集的一部分素材需要经常被使用。用 MPEG-2 专业级质量的压缩方式进行数字化存储（30 Mbit/s），其系统存储容量最小要求为：200 000 × 3 600 × 30/（8 × 1024）约 2 640 000 Gbyte。若低码率采用 MPEG-4 压缩格式（400 Kbit/s），其系统存储容量最小要求为：200 000 × 3 600 × 400/（8 × 1 024 × 1 024）约 34 400 Gbyte。这么大的容量若全部采用硬盘设备存储，不仅成本太高，而且不安全。解决上述问题的方法就是采用"分级存储"策略，包括在线存储、离线存储、近线存储和混合存储。

2.3.1.1 在线存储

在线存储是指存储设备永久连接计算机系统，并随时保持可实时快速访问的状态。在线存储设备一般为硬盘阵列。在线存储的成本较高，其存储容量受到一定限制，但响应速度快、读写速率高、传输码率大、文件易于检索。一般用于存储热数据，适合频繁访问、数据量相对较小的应用。例如，存储查询时供浏览的低码流文件、关键帧及其相关数据。在线存储还作为素材、成片上载、下载存储缓冲区等。

2.3.1.2 离线存储

离线存储是指存储设备或存储介质平时没有装在计算机系统中，在存取数据时需要将存储设备或存储介质临时性装载或连接到计算机系统中，数据访问完成后可以脱开连接。离线存储一般是指将视音频素材或信息记录在数据流磁带存储介质中，然后将磁带存放在磁带库内，利用编目和条码技术来人工识别需要内容的存储方式。这种存储方式的优点是存储容量大、存储成本低廉；缺点是无法快速随机检索，由离线到在线的存储介质的装载过程较长。所以离线存储一般用来存储不常使用的媒体内容以及数据量极大的节目和素材备份。

2.3.1.3 近线存储

近线存储介于在线存储和离线存储之间，既可以做到较大的存储容量，又可以获得较快的存取速度。近线存储采用自动化数据流磁带库或光盘塔，其结合相应的存管理软件，通过机械手与在线设备发生频繁数据交换，由此构成近线存储系统。近线存储设备一般适合中等访问频度、数据量较大的应用，具体可作为节目和素材的最终永久存储空间。

2.3.1.4 混合存储

混合存储是以上三种存储模式的混合使用，这是多数信息企业内的流行做法。多种存储模式的混合使用，可以取得高性价比的存储结果。高性能存储使用RAID硬盘阵列在线存储，大容量存储采用近线存储系统，多种模式相结合，大大提高了存储效率和存储管理水平。对于拥有视音频内容企业来说，混合存储尤为重要。

在使用不同存储方式时，很重要的一点是要使所选择的组件、网络和所结合的架构没有控制、带宽或其他方面的瓶颈，能够在统一的系统环境中集成并解决对存储子系统的不同需求。各种存储方案在传输速率方面的兼容性是非常重要的，因此必须提供措施以保证过载时不会发生数据丢失。

2.3.2 分级存储的网络结构原理

数字内容资产采用分级存储策略，不仅满足了应用需求，降低了总的存储成本，而且便于管理和保护各类视音频内容。一个优秀的数据流磁带库存储管理系统可以实现快速反应，避免人工操作带来的延时、错误，极大地提高了整个数字内容资产存储系统的效率和管理水平。

2.3.2.1 数据迁移原理

数据迁移是指将数据从一个系统或存储设备移动到另一个系统或存储设备的过程。在分级存储系统中，可通过存储管理软件中可设定的各种迁移策略将离线存储、近线存储和在线存储设备管理起来，即数据迁移规则是可以人为控制的，通常根据数据的访问频率、保留时间、容量、性能要求等因素来确定最佳存储策略。对用户而言，整个分级存储系统类似于一个无限大的硬盘，数据存储和迁移均由后台服务软件控制。系统迁移可以充分利用空闲时段，集中处理，以提高系统网络带宽的利用效率。数据迁移原理如图2-10所示。在分级存储结构中，数据流磁带库等成本较低的存储资源用来存放访问频率较低的数字内容，而硬盘阵列等成本高、响应速度快的设备用来存储经常要访问的数字内容。

通常，制作完成并使用过的节目应进行近线长期保存。近线存储采用数据流磁带库和迁移服务器的方式对目标节目进行数据迁移工作，迁移服务器完成在线存储和近线存储之间的数据交换工作。当在线存储体中的数据达到一定数量时，需要将一些短

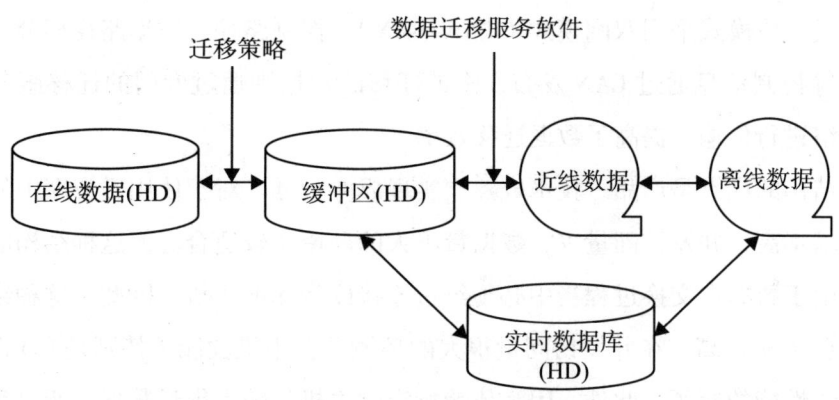

图 2-10 数据迁移原理

期内不被使用，或者需要保留存档的重要数据迁移到近线存储体中保存起来。一旦用户需要调用近线存储体中的素材时，数据迁移服务器会根据用户指令将目标素材回迁至在线存储系统中。迁移管理采用视音频归档管理软件，包括以下功能模块：SAN 文件共享管理、LAN-free 分布式数据迁移、存储任务调度、策略管理、独立磁带机设备控制、系统管理 GUI、离线介质管理等。

2.3.2.2 以主机为中心的存储结构原理

这种结构是将磁带库直接连接到一台主机/服务器上。该主机上的存储管理软件负责视音频内容在硬盘和磁带库间移动，如图 2-11 所示。例如，LAN-free 分布式数

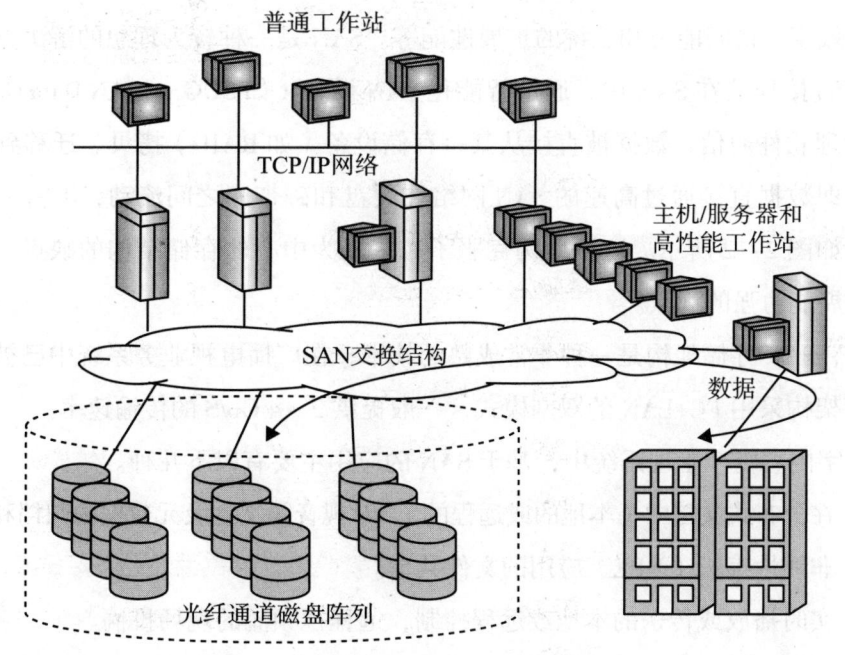

图 2-11 以主机为中心的存储结构原理

据迁移模式。该模式采用双网模式（LAN+SAN），控制路径与数据路径相分离，数据迁移指令等控制信息通过 LAN 发布，而被迁移的数据则通过专门的迁移服务器基于 SAN 的网络进行传输，提高了数据迁移效率。

这种结构的优点是产品、技术成熟，实现成本较低。对于使用磁带库中的资料的时效性要求不高、并发访问量少、数据量不大的环境比较适合。但这种结构的缺点也很明显：由于数据在交换过程当中必须经过连接磁带库的主机，因此，这种结构对主机的性能要求非常高。在并发访问量很大的环境下，主机性能（特别是 I/O 性能）将是整个系统性能的瓶颈。此外，因为依赖特定的主机传输大容量数据，所以系统的扩展能力也比较差。因此，这种结构难以满足大型影视类媒体资料处理中心的需求。

2.3.2.3　以 SAN 为中心的存储结构原理

SAN（Storage Area Network，存储区域网络）是一种专门的高速存储网络，是独立于 TCP/IP 网络之外的专用网络，其中大的数据可在不同种类的服务器和存储系统中高速传输。SAN 的基础结构是基于标准的光纤通道多层网络体系结构，支持多种传输协议，具有可转换的光纤通道网络和为各种连接距离优化的服务类型。企业级 SAN 的体系结构很适合在线交易，如大型数据库、视频应用和流数据中的大容量数据传输等。

数字内容资产管理系统中的各种设备是通过计算机网络连接起来的，主要应用以光纤通道（FC）为主的存储区域网络（SAN）和高速以太网技术，它们直接关系到系统的工作效率、访问能力和系统的扩展性能等。SAN 是一种较为理想的解决方案。它将磁带库直接挂接在 SAN 中，通过智能化 SAN 设备（如 SDG—SAN Data Gateway）与存储管理软件通信，数据被直接从某一存储设备（如 RAID）拷贝、迁移到另一存储设备，即数据直接通过高速的 SAN 网络在硬盘和磁带库之间流动，不占用任何主机资源，如图 2-12 所示。这种结构克服了以主机为中心的存储结构的缺点，具有高性能、扩展能力强的优点。

目前，SAN 存储架构是一种非常成熟的技术，在广播电视业务系统中已被广泛采用。SAN 架构采用 FC+LAN 的双网模式，一般提供 2~4 Gb/S 的传输速率。

在数字内容资产管理系统中，基于 SAN 的应用主要有以下几种。

（1）在分布式文档中（本地的或远程的），对视音频文件及元数据的归档和访问。

（2）非线性编辑（NLE）应用的文件共享。

（3）实时播放或传送的本地或远程控制，远程视频流的现场投稿。

（4）节目交换。

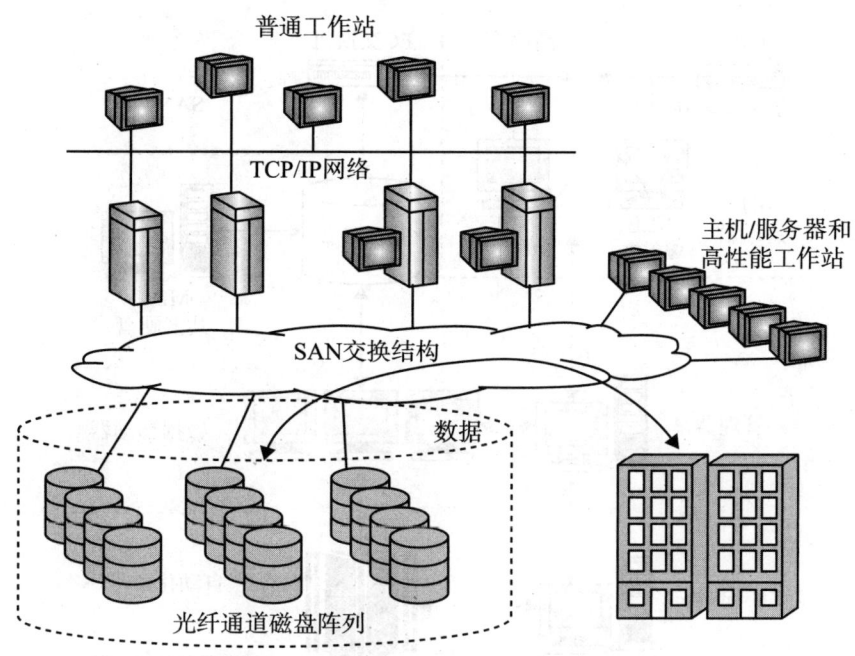

图 2-12　以 SAN 为中心的存储结构原理

（5）视频传送的视频点播或电子商务解决方案。

为了在数字内容生产环境中使用 SAN，必须将生产、编辑、播放和归档等功能有效整合起来。因此，在数字内容生产中采用 SAN，不仅能够满足分布式视音频生产的需求（如必须能够实时传输海量数据），而且能在保证系统高有效性的同时，保证及时传输数据。

2.3.2.4　存档化数据迁移管理原理

针对广播电视行业数据存储迁移管理在分级存储管理中的应用，存档化数据迁移管理系统可以克服分级存储管理应用中存在的一些不足，实现对存储数据的"文件"级别的可控，实现相关文件的关联并将其存储到指定设备上。由于存档系统的数据与控制路径是分离的，因此，动态增加数据带宽的目标可以轻易实现。另外，存档系统还支持广泛的应用平台、元数据的再定义、高码率文件的部分恢复、自动化的迁移策略。存档化数据迁移管理原理如图 2-13 所示。

存档化数据迁移管理的特点如下。

（1）精确管理，实现了以文件为单位的管理。迁移过程可以控制文件，使素材预约、文件关联、对象化等问题都可以方便地得到解决。

（2）管理主机与数据迁移主机分离。这样可以使工作专门化，表面上看需要更多机器，但是对于大型系统而言，可以减少相互干扰，有利于系统扩充。

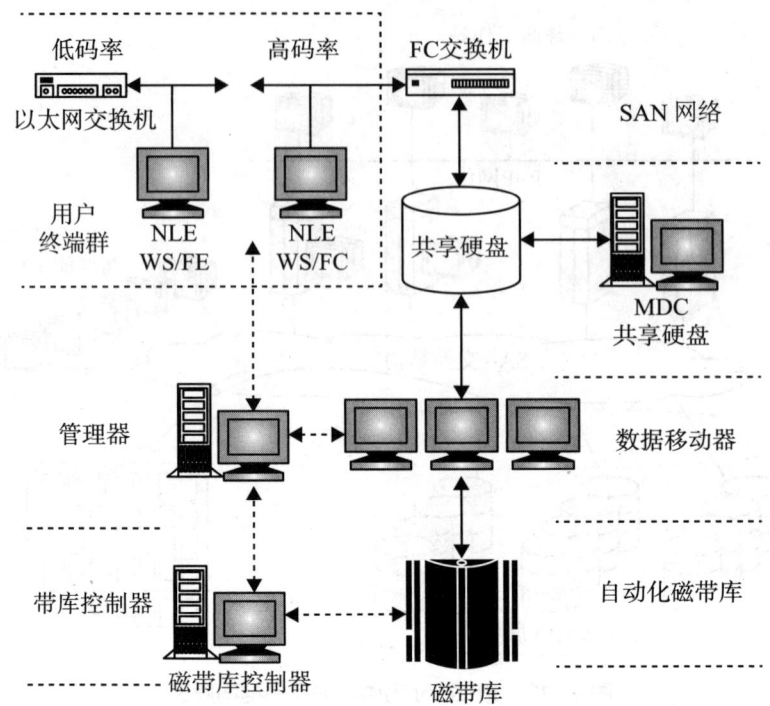

图 2-13 存档化数据迁移管理原理

（3）管理命令路径与数据迁移路径分离，从而减少网络阻塞，充分发挥 SAN 的作用。

（4）可以设置优先级。由于待处理的迁移任务都在管理器中排队，因此人们可以根据任务的优先级调整次序，以便为一些紧迫的任务提供即时服务。

（5）便于扩充迁移带宽。影响迁移带宽的因素是磁带机的数量和数据移动器的数量，由于各个部分之间的功能较为单一，因此系统增加磁带机和数据移动器的数量是非常方便的。

（6）可用性好、管理简便。设置冗余的数据移动器，可以避免故障导致的系统瘫痪；在管理方式上更符合电视制播与数字内容资产管理的需求。

2.4 数字内容资产存储系统设计原则

近年来，人们已经设计出许多方案用来构建、组织和访问物理存储设备（硬盘空间和相关的存储媒体）。可靠性和安全性是数字内容资产管理系统首要关注的问题。除了可靠性和安全性，这些存储系统在网络环境下的访问时间、带宽和吞吐量也至关重要。此外，我们还要考虑技术上的先进性、可扩展性和开放性等多种需求。

在设计数字内容资产的存储系统时，要重点考虑下面一些基本原则。

（1）实用性。存储系统硬件平台的设计必须能够满足数字内容资产管理系统对数据存储的所有要求，能够为媒体组织业务系统中的所有媒体数据和元数据的妥善保存提供保障。

（2）先进性。存储系统在设计思想、系统架构、采用技术、选用产品与平台上均应具有一定的先进性、前瞻性，并在保证技术先进性的同时，要选择技术成熟、商家信用好的产品，确保系统的成熟健壮。

（3）可扩展性。设计存储系统时，既要满足目前媒体组织业务的需求，又必须充分满足未来业务发展后增长的系统需求，存储系统的结构要易于实现规模扩展。

（4）安全性。存储系统作为整个数字资产管理系统的支撑平台，意义十分重大，在设计时必须确保其安全稳定，对于核心设备，需要其采用高可用技术并提供一定程度上的容错能力。

（5）可管理性。存储系统涉及的设备众多，为了便于管理人员对其进行维护，需要其提供相应的技术手段协助网管对设备、资源、任务、数据等进行全面管理。

（6）开放性。存储系统应尽可能采用开放性的技术和产品，为今后系统的升级扩展保留足够的选择余地。

2.5 本章小结

本章结合视音频媒体资料的特性，分析数字资产的存储技术，并对相关技术方法进行了比较，主要内容概括如下。

（1）数字资产的存储介质包括硬盘存储、光盘存储、数据流磁带存储。不同的存储介质适用场合不同：可选用 DVD 光盘塔或数据流磁带作为近线存储介质，选用硬盘阵列作为在线存储介质，选用数据流磁带作为离线存储介质。

（2）压缩编码技术可以选择 M-JPEG、MPEG-2、MPEG-4、H.26X 等系列标准。在数字资产管理系统中，视音频数据可以采用不同的存储格式（压缩标准）以适应不同业务和应用的需要，具体可查阅广播电视行业对视音频压缩编码及文件格式的应用建议。数据存储格式的选择对系统的存储成本、管理费用以及后期使用等（如节目质量）会产生重要影响。

（3）数字资产的海量数据存储一般采用分级存储策略，即在线存储、近线存储和离线存储。采用分级存储策略不仅能满足应用的需求、降低总的存储成本，而且便于管理和保护各种视音频资料。数字资产存储系统设计的基本原则包括实用性、先进性、可扩展性、安全性、可管理性、开放性等。

思考题

1. 硬盘阵列 RAID 是一种什么样的技术？简述 RAID0—RAID5 的基本工作原理。

2. 举例说明什么是有损压缩、什么是无损压缩？说明 MPEG-1、MPEG-2、MPEG-4 的特点和应用场景的差别。

3. 数字内容资产为什么要采用分级存储策略？结合某一媒体组织的数字资产管理系统，说明其分级存储的具体实现方法。

4. 阐述以 SAN 为中心的网络存储结构原理。

第 3 章　数字内容资产的编目与检索

编目是指对信息资源的形式及内容特征进行分析、选择和记录，然后将这些描述信息按照一定的规则有序组织起来。检索是系统窗口，是节目资源再利用的重要环节。本章重点阐述数字内容资产的编目及检索的有关技术。

3.1 数字内容资产的编目技术

数字内容资产的编目是一个对视音频对象整理和提炼的过程，编目的标引、著录实质是对非结构化资源进行结构化描述，将其中有价值的画面和资料的相关信息整理成独立的文件，便于检索和再利用。因此，可以说编目是数字内容资产应用的基础和关键，各类视音频节目和素材资料的入库必须经过科学严格的编目，否则对于海量存储系统来说，后果可能是永远也找不到该资料。编目系统往往是系统管理运行中占用资源较多的一个环节，该环节设计的好坏，将直接影响系统的整体运行效率。

3.1.1 编目标准

MARC（Machine Readable Catalogue，机器可读目录）是发展最悠久、最成熟的计算机能够识别和阅读的目录，也是为描述、存储、交换、处理及检索信息资源而精密设计的标准。MARC 数据是详细的，字段数定义了上千条，工作量较大。从实用角度来看，读者真正可以使用和习惯使用的字段只有若干条。MARC 编目也是严谨的，专业性要求高，所以一般人员无法参与编目工作。

一般类资料编目可借鉴的标准主要有 UNIMARC 标准和 CNMARC 标准。UNIMARC（Universal Machine-Readable Catalogue，通用机读目录）于 1976 年在 USMARC 的基础上由国际图书馆联合会制定，目的是能够适应不同文种和文献类型间数据交换的需要。CNMARC 是我国依据 UNIMARC 制定的中国机读目录格式，主要用于国内图书情报部门和其他国家书目机构之间的信息交换与检索。

上述两个标准对文献资料的一般特征做出了详细而系统的描述，但其元数据不太适应数字资源的建设。视音频媒体资料有自身的特殊属性，有些经常为人们所关注或检索的信息并不能从 UNIMARC 和 CNMARC 中已定义的记录字段反映出来。基于此，经国家广电总局相关部门的合作研究和制定，广电总局于 2004 年 10 月 13 日发布了广播电视行业标准《广播电视音像资料编目规范 第 1 部分：电视资料》（GY/T 202.1—2004），并于 2004 年 11 月 1 日实施。该标准规定了电视资料编目的著录项目（元数据）、著录项目的使用规则和数据表达方式。该标准适用于电视节目采编、制作、播出、存储、交换、共享等环节的音像资料的编目。2007 年 2 月 17 日，国家广电总局发布了《广播电视音像资料编目规范 第 2 部分：广播资料》（GY/T 202.2—2007）。2016 年 2 月 24 日，国家广电总局又发布了修改的《广播电视音像资料编目规范 第 2 部分：音频资料》（GY/T 202.2—2016），该标准规定了广播电视节目音频资料编目的著录项目（元数据）及其使用规则和数据表达方式。其适用于广播电视节目采编、制作、播出、存储、交换、共享等环节的音频资料编目。

我国编目规范中使用的元数据标准为都柏林核心（Doulin Core，DC）元数据集。DC 元数据是 1998 年 9 月因特网工程专题组正式接受并发布的网络资源描述方式的标准，适合于电子资源的编目。其主要特点是简洁易用，标引人员不需要过多专业培训，可扩展性较强，允许对 15 个元素及其修饰词进行扩展，有利于揭示各种类型电子资源的内容和其他特性。DC 元数据的 15 个元素分别为题名、主题、描述、创建者、其他责任者、出版者、版权、语种、日期、类型、格式、标识符、时空覆盖范围、来源、关联等。这些元素的作用就是描述视音频的外部特征，它们也被称为元数据项。

国家广电总局在《广播电视音像资料编目规范 第 1 部分：电视资料》（GY/T 202.1—2004）中规定，视音频资料的元数据总体上分为四个层次，从上到下分别为节目层、片段层、场景层和镜头层。上位层可包含多个下位层。每个层次分别包含相应的元素类，在元素类下面是各层对象的具体编目元数据。图 3-1 给出了视音频资料元数据的层次结构及元数据。

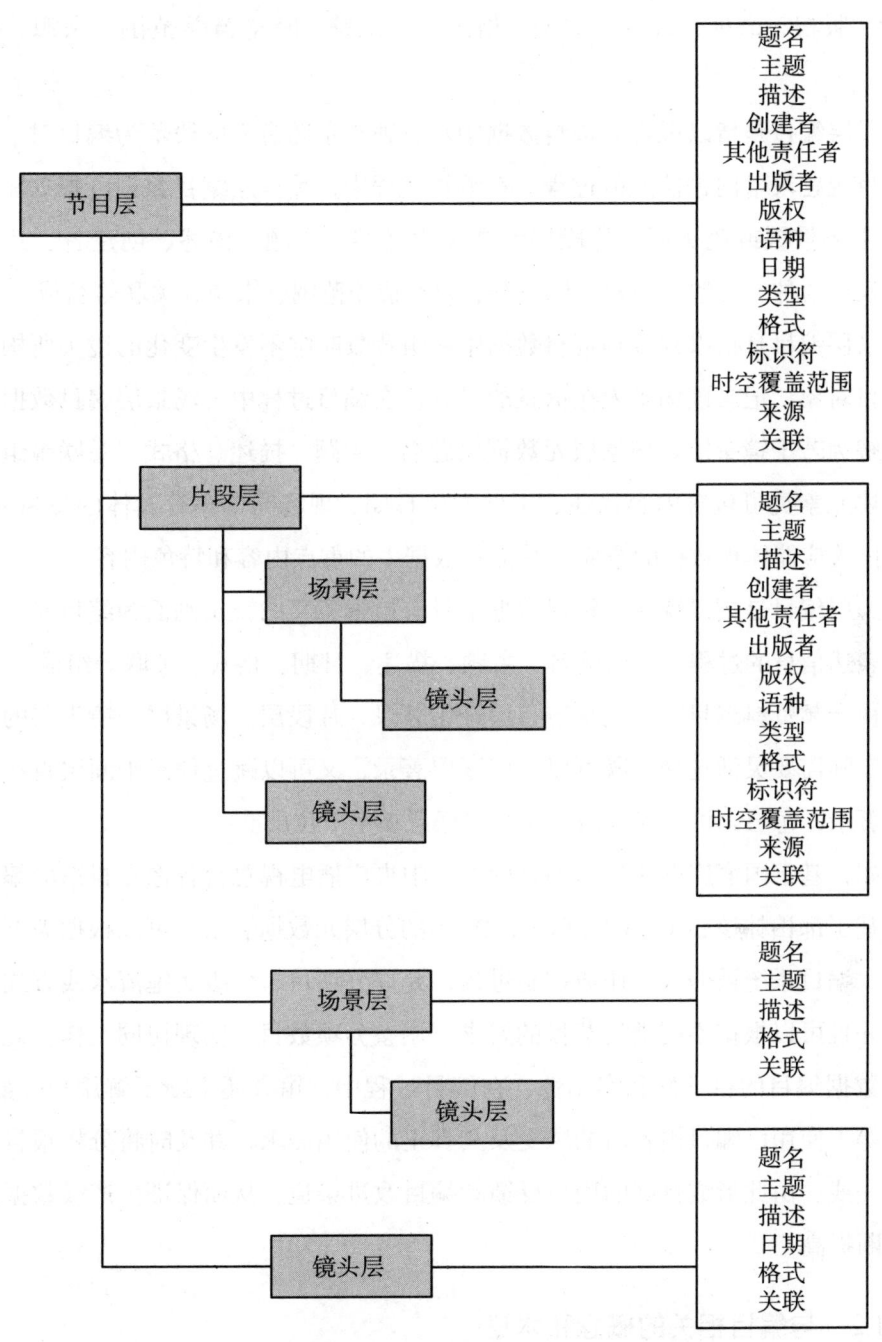

图 3-1 视音频资料元数据的层次结构及元数据

节目层编目指以一个完整的节目或素材作为编目对象,全面记录视音频资料元数据内在信息的过程。它是编目过程中最大的数据单元,也是视音频资料元数据编目的基本单元。一个节目层数据按层次顺序可分解为若干个片段、场景或镜头,各层均由多个元数据组成。节目层元数据由题名、主题、描述、创建者、其他责任者、出版者、版权、语种、日期、类型、格式、标识符、时空覆盖范围、来源、关联等组成。

片段层编目是指以视音频资料数据中具有独立主题意义的段落为编目对象，全面记录节目主题段落内在信息的过程。在编目过程中，片段层编目数据可根据需要，分解为若干场景层或镜头层。片段层元数据由题名、主题、描述、创建者、其他责任者、版权、语种、类型、格式、标识符、时空覆盖范围、来源、关联等组成。

场景层编目是指以视音频资料数据中一组背景时空不发生变化的镜头所构成的场景为编目对象，记录该场景内在信息的过程。在编目过程中，场景层编目数据可根据需要分解为若干镜头层。场景层元数据由题名、主题、描述、格式、关联等组成。例如，描述元素类可包含内容描述、事件发生日期、现场同期声等具体的编目元数据，而内容描述应能体现数据的全貌，并提示数据中的重点内容和特色内容。

镜头层编目是指以视音频资料数据中具有检索意义的镜头画面为编目对象，记录镜头所表达信息的过程。它由题名、主题、描述、日期、格式、关联等组成。

对视音频资料编目时，应从节目层开始著录，片段层、场景层、镜头层的著录可以根据实际需要灵活选择，既可以严格逐层著录，又可以跳过任意中间层直接进行下位层的著录，每层都可以根据需要切分出任意多个下位层。

例如，基于国家广电总局的编目标准，中央广播电视总台音像资料馆的编目系统实现了基于都柏林核心（Doulin Core，DC）的分层元数据著录，可以根据需要进行裁剪适配。编目系统被嵌入工作流控制过程，允许分项目、分级实施流水线方式的编目工作，并且可以根据不同类型节目的要求，调整分项数目，实现协同工作。此外，为了提高数据编目的科学性和实用性，在编目过程中，馆方还不断了解用户（如编导、制片人等）使用已编目内容后的感受及其真正的使用需求，并及时将分析报告送达编目生产一线，由此形成良好的用户反馈和编目改进渠道，从而保证生产线数据编目质量的不断提高。

3.1.2 与编目相关的概念和术语

数字资产管理系统中的编目主要是对各类视音频节目和素材资源进行描述信息的著录工作，其过程相当于为存储的数据资料创建文字描述索引，供后续的资料再利用。

当编目对象具有多层次结构时，我们可以根据每个层次的特点采用不同的描述项（或属性）来清晰、完整和准确地描述与揭示编目对象的内容特征和形式特征，这就是分层编目。分层编目的另一层意义在于,对编目对象进行逐步分析和标引,对不同类型和有再利用价值的对象按照不同的层次深度来分析和标引。

分层编目方式比较灵活,可以满足不同层次的编目需求。一方面可以根据各单位的业务能力来确定编目标引深度。对人力物力资源非常有限的单位,它们可以只做第一层次的编目,这样也可以基本满足检索的需要。对实力较强的单位,可以进行非常细致的编目标引工作,提高资源再利用的效率,减少制作成本。另一方面,可以根据不同的节目类型确定不同的编目标引深度。例如,新闻中可能会包含比较多的具有再利用价值的镜头,在对新闻类节目进行标引时就可以深入镜头层。综艺类或游戏类节目的场景、镜头可能并没有太大价值,在标引时就可以只进行完整视频层的标引。这种灵活的处理方式,可以大大提高编目的效率,避免不必要的劳动。

此外,不同层面的内容在编目中需要的专业技能差别很大。有些内容如题名、语种、责任项等较为简单;有些内容则需要经过一定的归纳总结,如内容简介、主题词、分类等;还有一些内容则非常专业,如拍摄手法等。在对这些不同层次的内容进行编目时,对编目人员的要求相差甚远。采用流水线方式对视音频节目资料进行流程化编目可以充分利用现有资源,提高编目效率及数据质量,是一个很好的解决方案。

与编目相关的术语和定义如下。

(1)著录、标引。著录、标引是指对视音频资料的内容和形式特征进行分析、归纳和记录的过程。

(2)著录项。著录项是用于揭示视音频资料内容和形式特征的记录项目。

(3)元数据。元数据是用于描述数据的数据,指对视音频资料的描述信息。

(4)素材。素材是指具有使用价值的、可用于制作节目的视音频资料。

(5)节目。节目是指具有独立主题意义的、已经制作完成的完整视音频资料。

(6)片段。片段是节目或素材中一段连续的视音频,由一个以上相互关联的场景构成。

(7)场景。场景是指节目或素材中背景或场景不变的一段连续视音频,由时间或空间上相关的一个或多个镜头组成。

(8)镜头。镜头指同一摄影机一次摄录的连续画面。

3.1.3 编目系统的业务流程

编目系统的基本业务流程如图 3-2 所示。

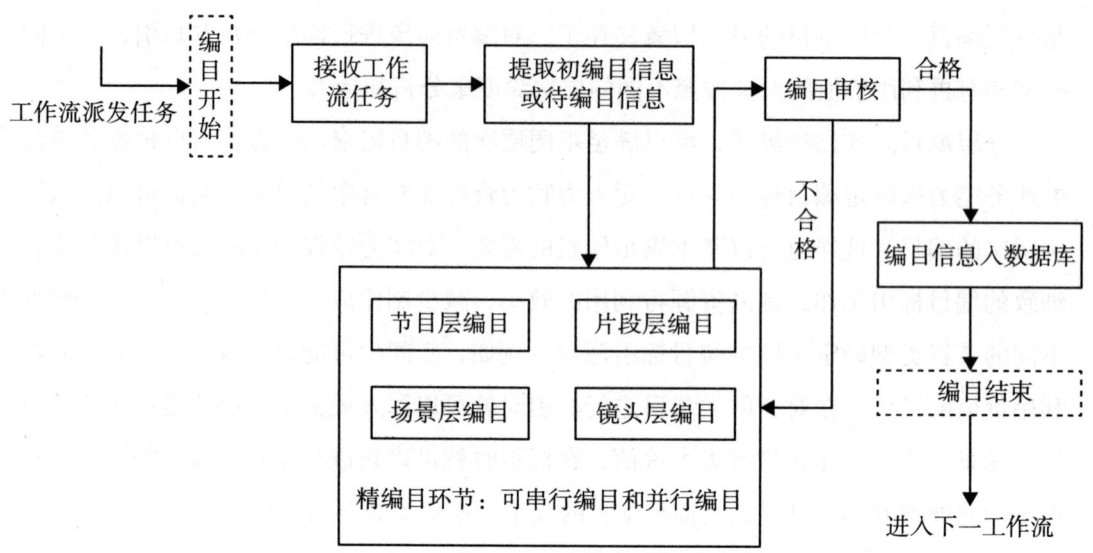

图 3-2 编目系统的基本业务流程

编目系统的具体业务流程如下。

（1）编目节点接收工作流派发的任务。

（2）提取初编目信息或待编目信息，进入精编目环节。

（3）精编目环节包括节目层编目、片段层编目、场景层编目、镜头层编目，四个环节可串行编目，也可并行编目。

（4）精编目环节编目完成后进入编目审核，若编目不合格，进入精编目环节进行修改；若编目合格，则编目信息可进入数据库。

（5）编目工作结束，进入下一工作流。

一次编目完成从导入的数据或者 EDL（电子数据交换）表中提取相关信息。二次编目对一次编目后的信息进行加工、处理，对素材进行分类，增加主题词、详细说明等。正常编目工作完成之后，编目系统提供对已编目资料进行多次编目的功能，丰富并完善编目信息。

3.1.4 对编目系统的描述

3.1.4.1 编目系统的基本原则

（1）高效性原则。编目系统应该提供媒体资料的高效管理功能，在编目加工过程中，系统应该具有很强的数据处理能力。

（2）易用性原则。编目系统应该提供友好的用户界面，具备直观易用的人机交互界面和与上下文有关的在线帮助功能。各类节目的编目软件均应该有相应的自动化辅助标引手段。编目工作界面能够方便地与内部和外部信息系统相连，为标引著录工作提供各种信息工具。

（3）开放性原则。所有软件、硬件都应遵循业界的相关标准，支持开放的标准接口，使整个系统成为一个统一的整体，不致产生运行和信息交流的障碍。

（4）高可靠性原则。数字资产管理系统应该采用标准或通用的软硬件技术、产品、服务和集成解决方案，无论是数据库、存储设备，还是开发运行平台都应采用高性能、高可靠性的技术和设备平台，以最大限度地保证编目系统的高可靠性。使用成熟的技术有利于系统开发、调试和安装，还能保证管理系统的各项功能、性能指标达到较高水准。系统应该具有良好的容错性能，在灾难事件发生时，保证系统不间断运行。

3.1.4.2 编目系统应具备的主要功能

（1）编目过程要符合国家广电编目标准，支持按节目层、片段层、场景层、镜头层进行数据切分；支持在综合产品分类的基础上，结合数字资产检索的特点，对数字资产的属性进行详细著录。

（2）编目系统要能够浏览低码流的视音频数据对象，同时可以方便快速地浏览和帧精度定位；能够对关键帧进行浏览和编辑，并实现自动或手动进行节目或节目片段的关键帧分析及提取。

（3）编目系统可以采用各种灵活的字段结构及编目输入界面，能够灵活方便地处理各种复杂的编目元数据，如受控词处理、重复字段处理、绑定关系处理、分类树处理等。

（4）支持根据业务需要自定义编目类、编目属性、分类、编目界面等；支持根据资源编目工作的实际需求自定义著录项，在著录时可根据著录要求切换使用，对相同的内容信息可以通过编目数据模板快速复用。

（5）编目系统要支持工作流程管理、运行和配置，要能够实现多结点、多用户的协调流水线方式的编目，以提高编目效率。

（6）在整个编目流水线上，应具备审核机制，并对任何未通过审核的编目元数据建立返工机制。

（7）编目系统要能配置各种编目参数，包括流程配置，同时能够提供对不同流程编目功能的定义及功能权限的限制。

（8）编目系统要能够方便地对整个或单个编目流程进行数据统计和分析，对编目流程、在编条目进行工作量统计计算，以便管理人员进行工作量统计和流程管理。

3.1.4.3 编目工作站

编目工作站的客户端软件，主要用于对编目数据库的初级节目内容的编目文件进行详细的编目处理，并将生成的编目数据上传到检索数据库服务器中，完成数据入库的工作。编目工作站的主要工作包括以下几点。

（1）与编目数据库服务器建立通信联系。

（2）根据编目数据库服务器发送的相关编目信息生成编目输入界面。

（3）进行相关信息输入。

（4）可以直接浏览 MPEG-4 格式的数字化视音频资料。

（5）根据需要对当前视音频资料进行转码。

（6）将处理后的数据发送到编目数据库服务器并进行签章认证。

（7）对检索数据库的编目内容进行修改和编辑等。

3.1.4.4 编目数据库服务器

编目数据库服务器主要用于创建和维护编目数据库和用户身份数据库。建立一个结构严谨、数据完整的编目数据库对数字资产管理系统的后期运行至关重要。然而数据特征各异，以及随时间变化、应用要求改变等因素，建立编目数据库结构的难度加大。通常在构建编目数据库结构时系统应采用分层结构，精选编目标准字段子集，并通过字段映射的方式建立个性化的编目数据库结构。采用这样的结构具有以下优点。

（1）结构简单，用户可以根据需要"创建"个性化编目数据库结构。

（2）由于该结构属于编目标准的子集，因此与编目标准完全兼容，数据交换容易。

（3）采用字段映射方式，当标准发生变化时只改变字段映射表即可，数据维护简单。

（4）编目易于理解，界面友好，不仅可以动态生成，还可以进行动态修改。

（5）用户可以根据需要创建不同的编目数据库来存储不同特征的数据，并定制相应的编目界面。

编目数据库服务器的主要工作包括以下几个方面。

（1）创建编目数据库结构。

（2）建立编目数据库配置数据（包括工作区配置、视音频资料存储路径配置、合法的客户端身份配置等）。

（3）与编目客户端以及检索服务器建立通信联系。

（4）验证及处理编目客户端的请求（包括编目请求和数据上载请求等）。

（5）监测编目工作站的工作状态。

（6）加载编目数据。

（7）创建及维护用户列表（用户的身份及权限的配置）。

3.1.5 编目工作方式

数字资产管理系统的数据编目通常同时支持手动和自动两种方式。

3.1.5.1 手工编目

由于视音频节目描述信息相对较多，因而资料标引工作比较烦琐。一般的编目数据库结构具备几十个甚至上百个字段。这些字段的内容有些具有非常简单的物理特征，有些则需要具有高度专业知识的编目人员才能完成标引。因此，采用层次化编目可以充分利用现有的资源，实现数据质量的控制和管理。针对视音频资料的数据，元数据可以按图 3-1 分为不同的层次。

需要说明的是，不同的视音频资料在编目过程中需要处理的方式并不相同，用户可以根据自身需要进行多层次编目。例如，某些对用户不太重要的资料只进行到片段层的编目即可满足检索要求，而某些非常重要的资料可以继续进行场景层甚至镜头层的标引描述，各个层次在编目过程中并不独立。采用这种编目方式具有以下优点。

（1）编目结构和工作流程清晰。

（2）资源使用效率较高，专业编目人员可以只从事高层次编目工作，避免资源浪费。

（3）数据处理层层把关，编目质量较为容易控制。

（4）编目责任明确，工作管理较为方便。

此外，在层次化编目基础上，系统同时引入编目签章和审核签章的功能，用于控制编目流程与编目质量，每个编目人员根据自身的签章权限，可以对已经完成的内容进行签章确认。这样的管理方式使数据能够得到层层检查，大大降低了出现错误的可能。

3.1.5.2 智能编目

对于编目系统来说，如果大量工作都采用人工输入，效率和质量上则都难以保证，引入智能编目技术是一种有效的解决方案。智能编目技术主要用于基本编目数据的提取，如关键帧提取可在采集时利用软件画面比较技术，实时或后台自动提取切换镜头转换帧。视音频资料的智能编目技术核心在于视频分析和音频分析，如图 3-3 所示。

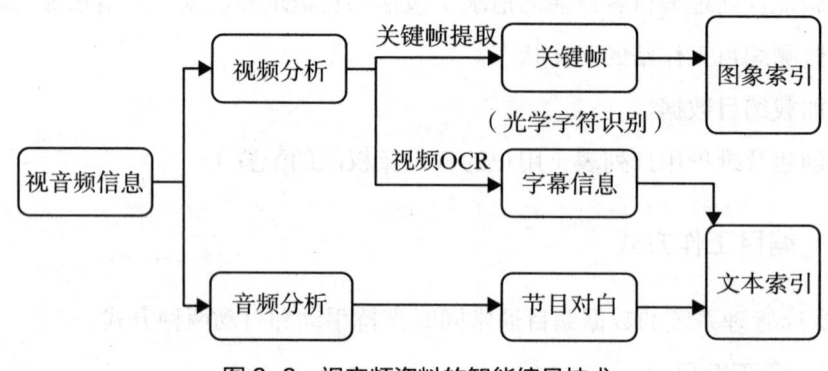

图 3-3　视音频资料的智能编目技术

一段视频的典型结构如图 3-4 所示。一般来说，一段视频由一些描述独立故事单元的场景构成；一个场景由一些语义相关镜头组成；而每个镜头则由一些连续的帧构成，它可由一个或多个关键帧表示。

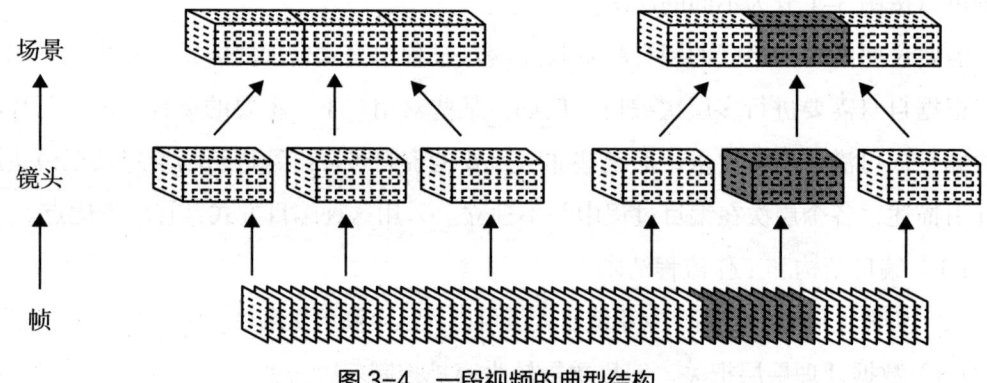

图 3-4　一段视频的典型结构

文本索引使用关键词作为标识句子、段落、文档的指针，同样在视频流信息中，关键帧起着与关键词类似的作用。人们常用关键帧来标识场景、故事等高层语义单元。比帧高级一些的视频基本单元是镜头，通常视频流中的镜头由在时间上连续的视频帧组成，它代表一个场景在时间和空间上连续的变化，对应着摄影机的一次记录启停操作。镜头之间可存在多种类型的过渡方式，最常见的是切变（cut），表现为在相邻帧之间发生突变性的镜头转换。此外，还存在一些较复杂的过渡方式，如渐变，即通过基于镜头的方法，为每个镜头选取一个关键帧，如将每个镜头的第一帧选作关键帧。这种方法的运算量小，非常适合内容活动性小或保持不变的镜头，但对不断运动的镜头，该方法抽取的关键帧无法有效表达其主要内容。

数字资产管理系统可从素材元数据中提取相关标签。标签是实现个性化内容检索与推荐业务的基础。素材入库后支持通过智能处理（语音识别、字幕识别、融合推理等），提取出该素材的有效标签。标签的类型包括场景（如会议）、事件（如国庆阅兵）、物体（如树木）、动作（如敬礼）、情绪（如愤怒）、环境（如草原）、人物（如男人）、表情（如微笑）等；在浏览时，人们应能够查看素材的标签信息。提取的标签应作为该素材的元数据信息在基本元数据信息中可见。系统应支持对提取出来的标签进行修改，支持相同属性的标签用同样颜色展示以便区分，支持对标签进行自定义排序等。

目前，数字资产管理系统中的智能编目模块，利用 AI 引擎，采用多模态的智能识别技术对汇聚的视音频素材进行标签提取、语音文字转写、OCR 识别等，最终生成结构化标签信息，并通过过滤无用和重复标签，自动完成编目著录描述。在此基础上，人工编目可对智能编目的内容进行审核和校对，修改描述不准确的标签，由此完成内容资产的编目工作。利用智能编目技术能降低编目成本、提高编目速度和质量。智能编目的业务流程如图 3-5 所示。

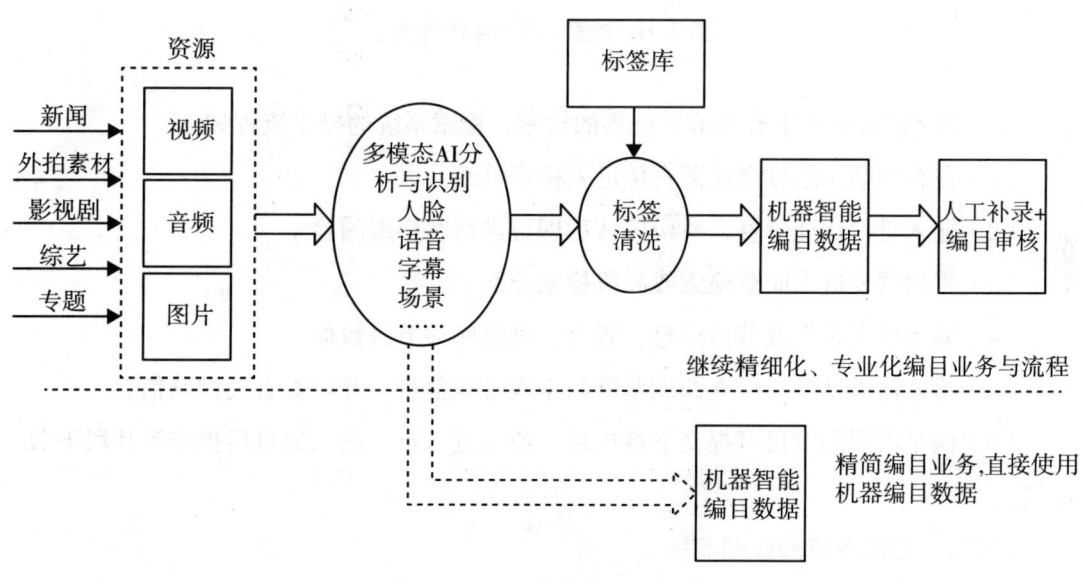

图 3-5 智能编目的业务流程

3.2 数字内容资产的检索技术

编目是数字资产管理系统的基础，而检索是系统的窗口，是数字资产再利用的关键。随着数字内容资产的日益积累，如何在海量视音频资料中快速检索出所需要的内容就显得至关重要。传统的基于文本信息（关键词）的检索方法是建构在关系型数据库基础之上的，是结构化方法。因为其描述能力有限、主观性强、需要采用手工标注，所以已经不能满足海量数字内容资产检索的需求。因此，基于内容的视频分析和检索技术成为应用热点。

3.2.1 检索系统的流程

3.2.1.1 检索系统的操作流程

检索系统的操作流程如图3-6所示。

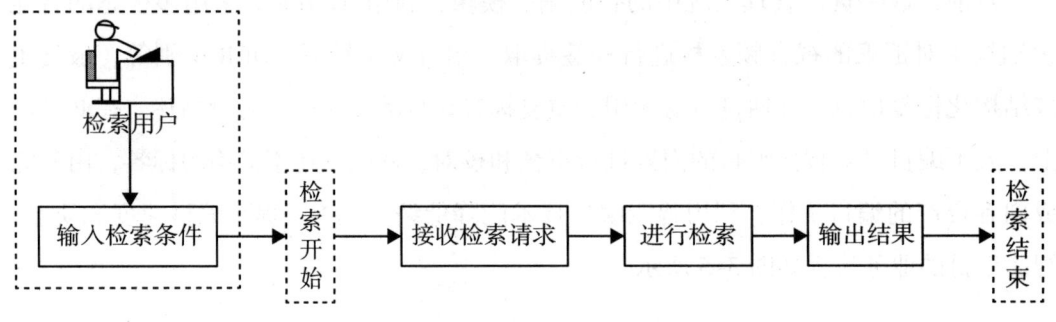

图3-6 检索系统的操作流程

对于数字内容资产中有关节目资料的检索，检索系统的操作流程如下。

（1）在客户端，通过浏览器直接进入检索页面。

（2）输入身份认证信息，身份确认后即可进行客户端的检索。

（3）根据需要进入简单检索或高级检索界面。

（4）输入检索条件或节目信息，查询、浏览库存节目数据。

（5）检索命中结果后可立即浏览低码率视音频信息，并可查看关键帧信息。

（6）满足需要的节目可提交下载申请，或设置入点、出点信息后提交该片段下载申请。

3.2.1.2 检索系统的数据流程

检索系统的数据流程如图3-7所示，该流程说明如下。

①在用户端发出检索指令，指令通过HTTP（超文本传输协议）/TCP（传输控制协议）被传递给Web服务器。

②Web服务器将非静态页面代码（如JSP代码等）传递给应用服务器解析。

③应用服务器通过查询数据库检索出用户需要的结果。

④应用服务器把查询结果转化为HTML文件传递回Web服务器。

⑤Web服务器将结果通过HTTP/TCP协议传递给用户。

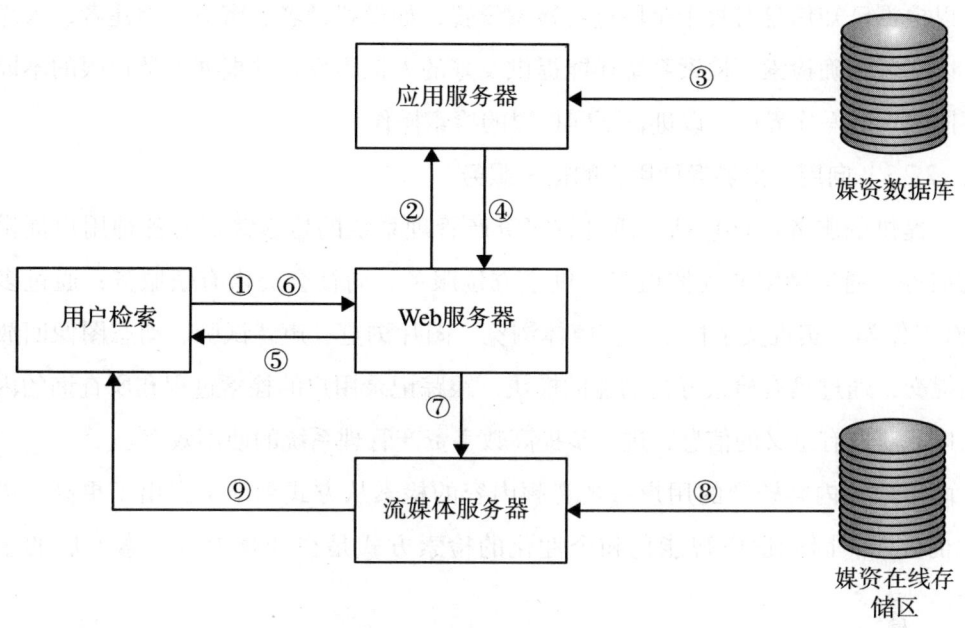

图 3-7 检索系统的数据流程

⑥用户如果想浏览查询结果中对应的流媒体数据,可通过 HTTP/TCP 协议发出查看指令传递给 Web 服务器。

⑦Web 服务器将 URL(统一资源定位符)文件定位传递给流媒体服务器。

⑧流媒体服务器从数字内容资产在线存储区中找到相应的流媒体文件。

⑨流媒体服务器通过 RTP(实时传送协议)/UDP(用户数据报协议)将流媒体文件数据传递给用户,用户就可以边下载边浏览流媒体数据了。

3.2.2　检索系统的功能要求

节目或素材检索是数字资产管理系统中最主要的应用,数字资产的价值体现在内容检索和利用上。检索系统应能够实现以下功能目标。

3.2.2.1　快速整合检索能力

检索系统应提供支持跨库检索的查询手段,并可以将结果集进行统一处理和展示。

3.2.2.2　支持混合检索并提供友好的查询界面

检索系统能提供全文检索、分类检索、高级检索等集成多种检索方法的混合检索模式,并可以和内容管理平台结合。例如,高级检索可以对系统中数字内容的各个编目字段进行组合检索,通过精确的组合检索条件达到快速定位查询内容的目的。用户可以根据已知信息对每个字段进行检索设置，如设置题名、密级、创建者、入库者等，以实现精确检索。检索系统还能提供友好的人机界面，并根据人员权限的不同展现不同级别的操作界面，以进行不同权限的检索操作。

3.2.2.3 向用户提供多种用途的检索服务

所提供的服务应该包括：通过数字资产管理系统的检索终端向各种用户提供不同的服务；通过网络向媒体组织提供全方位服务，向社会提供有偿服务；通过多媒体PC工作站，实现文字检索、多媒体浏览、图片浏览、声音试听、动态图像回放和检索提交；通过具有检索分析功能的模块，跟踪记录用户的检索过程和所查询的内容等，以此获取有意义的信息，进一步提高数字资产管理系统的使用效率。

由于数字内容资产的用户对视音频内容的检索从方式到结果提出了更高、更多样化的要求，因此适应智能化和个性化的检索方式是视音频内容检索发展的主要目标。

3.2.3 检索方式

3.2.3.1 视频检索

用户的视音频检索需求不同于对文字资料的检索需求，因为从本质上来说视音频数据是非结构化的流，就像一本没有目录和章节的书籍一样，用户要从中找到某些内容，显然是非常不方便的。例如，如果我们想从NBA篮球比赛录像中筛选出某个球员的三分球片段，就只能采用快进或拖拽这种传统的视频浏览方式。其缺点一是非常耗时，二是可能因为视觉疲劳或拖拽不到位而漏掉目标。所以这种方式已经远远不能满足人们对视音频内容访问的需求，需要对视音频流进行有效组织和结构化，建立适合检索和浏览的目录。实现高效检索的关键是对视频的特征数据建立索引，并用特定格式将这些索引信息存在特征数据库中。可以作为索引的信息很多，如镜头边界的起点和终点，关键帧的颜色、形状、纹理等特征，运动信息，从视频的伴音中通过语音识别技术得到的文本信息，视频中的标题信息、人脸等。用户在检索时，通过系统为用户提供的检索接口，输入文本关键词，其他一些精确的信息（如某个镜头的运用、某种特殊的拍摄手法等），或指定运动类型、提供样本图像，这样就可在视频数据库中检索自己感兴趣的内容。

视频检索的基本方式有下述三种。

（1）基于镜头快速检索浏览。这种方式采用自动镜头边界检测技术，检测组成视频流的每个物理边界，然后基于镜头将视频内容组织起来，从而实现基于镜头的快速浏览，进而达成视频浏览从线性到非线性的本质转变。自动镜头边界检测技术分为基于像素的、基于统计的、基于变换的、基于特征的和基于直方图的五种检测方式。

（2）基于关键帧检索。需要将视频流按照层次进行描述和组织，从高层到低层划分为视频（video）、场景（scene）、镜头组（group）、镜头（shot）和关键帧（key frame）。层次树建立之后，可以采用基于关键帧的检索。

（3）基于视频摘要检索。对电视连续剧这样的视频，镜头和关键帧数量很多，人们通常只注意其语义而不是镜头和关键帧。这时为了使用户能够更好地访问或浏览视频数据库，需要在语义层上建立对视频的表示，即建立视频摘要。视频摘要建立后，可以采用基于视频摘要的检索。

3.2.3.2 智能检索

目前，数字资产管理系统借助搜索引擎、大数据、AI（人工智能）等诸多技术，可以实现多样化检索手段，如分类、关键词、文本内容、关联检索等全文检索服务，同时提供标签检索、以图搜视频、个性化排序等智能检索服务。智能检索的方式主要有以下几种。

（1）标签检索，采用标签精确匹配，比全文检索更精确，效果更好。

（2）按图搜索，以照片搜人物（基于人脸的搜索），或以图片搜索相似内容（基于图片内容的相似性搜索）。

（3）以音搜索，以声音搜索相关视频内容。

（4）个性化排序，基于用户画像结果进行检索的个性化排序，符合用户画像的内容资源优先排在前面。这种方法虽然使检索的结果集相同，但给不同用户的排序却不相同，以此满足不同编采人员快速找到所需资源的需要。

（5）内容推荐，依据内容相似、用户偏好推荐内容资源。例如，通过资源元数据，分析资源内容的相似性，进行内容相似性推荐；通过用户行为分析用户爱好，推荐符合用户爱好的资源；通过人物关系、事件关系图谱等，进行资源关系型推荐。

3.2.4 基于内容的视频检索技术

3.2.4.1 基于内容的视频检索特点

对于一个给定多媒体对象的大型集合来说，选择满足某些指定准则的子集是信息检索的中心问题。在传统的视频信息检索手段中，最常用的方法是采用文本信息来标引媒体对象，并在标引的文本信息和媒体对象之间建立某种关联；然后将标引信息存入某种传统的关系数据库，通过这种关系数据库对标引信息进行有效管理和检索操作，从而达到检索视频信息的目的。从逻辑上讲，这种方法主要突出文本注释信息，对重要的实际数据却没有给予足够考虑，从而会导致下面两个问题。

（1）对给定的对象，如何定义标引属性集，即把什么内容放进标引信息库？各种视频对象，由于其所含信息的丰富性，很难为它们提供一个共同的属性结构。同时，由于解释的多义性，标引信息很容易带有主观解释，从而导致标引信息的多样性，影响检索效率。

（2）标引属性集确定后，如何建立标引信息？如果人们对视频流中的每帧图像都一幅幅看后再填上相应的标引信息，那么其信息标识的代价将是巨大的。

解决上述问题的方法可以是采用基于内容的视频检索。

基于内容的视频检索是指根据多媒体对象的语义、特征进行检索，如图像中的颜色、纹理、形状，视频中的镜头、场景、镜头的运动，声音中的音调、响度、音色等。它需要从媒体数据中提取指定特征，然后根据这些特征从媒体数据库中检索出具有相似特征的图像或者视频内容。基于内容的视频检索通常具有以下三个方面特点。

（1）从媒体内容中提取信息线索。基于内容的检索直接对图像、视频、音频内容进行分析，抽取特征和语义，利用这些内容特征建立索引，并进行检索。

（2）基于内容的视频检索是一种近似匹配。它一般采用相似性匹配的方法逐步求精，以获得查询结果。这是一个迭代过程，这一点与常规数据库检索中的精确匹配方法不同。

（3）对大型媒体数据库的快速检索。基于内容的视频检索方式，不需要用户对检索的图像、视频进行语言上的过多描述，而是要求用户直接将影像本身作为检索条件提交给系统，系统经过特征提取和比对后，输出查询结果。

基于内容的视频检索通过对非结构化视频数据进行结构化分析和处理，采用视频分割技术，将连续的视频流划分为具有特定语义的视频片段——镜头，并将其作为检索的基本单元，在此基础上进行代表帧的提取和动态特征的提取，形成描述镜头的特征索引；依据镜头组织和特征索引，采用视频聚类等方法研究镜头之间的关系，把内容相近的镜头组合起来，逐步缩小检索范围，直至查询到所需要的视频数据。其中，视频分割、代表帧和动态特征提取是基于内容的视频检索关键技术。

3.2.4.2 基于内容的视频检索过程

图 3-8 给出了基于内容的视频检索过程。其基本过程是首先提取用户输入的影像特征信息，然后在影像特征库中查询与之相匹配的特征信息，从而得到检索结果。

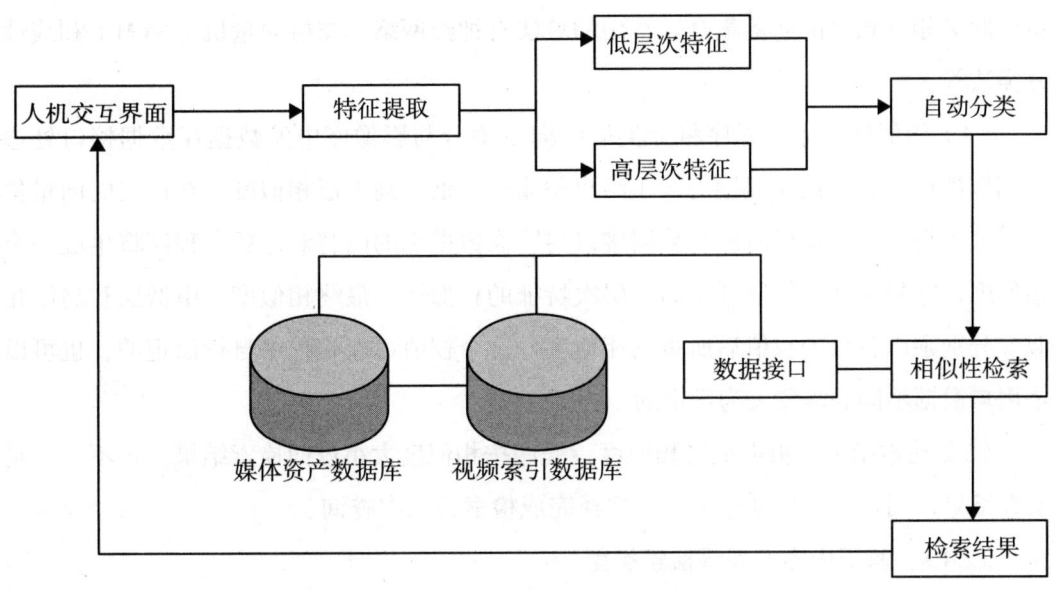

图 3-8 基于内容的视频检索过程

（1）人机交互界面。人们可以向计算机提交需要查询的内容（如感兴趣的视频片段）。计算机在对影像分类之前，需要把提交的内容表示为向量形式，在这个过程中将过滤掉一些冗余的信息，如图像的噪声，同时计算机对有用信息的特征在向量空间中量化。

（2）特征提取。特征提取是影像分类中较为重要的内容，它具有降低向量维数、简化计算等作用。但对于视频来说，由于它并不是简单的图像序列，相邻视频帧之间表现出非常强的相关性，因此，基于内容的视频检索除了继承传统图像检索中广泛使用的颜色、纹理和形状等低层特征，还要利用视频的运动信息获得时序线索。

视频检索中使用的运动信息主要有物体运动轨迹、块运动矢量的主分量、时序纹理和摄像机运动几种，因此在特征提取过程中包含低层次视觉特征和高层次语义特征这两大集合。对于这两大集合，程序将根据用户需求自动加上权值，再利用评估函数分别对特征集中的每个特征独立计算评估值，然后对所有特征根据评估值大小进行排序，选取预定数目的最佳特征作为结果的特征子集。在进行特征抽取时，程序将在一定范围内自动选择不同的阈值，对特征进行过滤，获得所需的特征向量，构成一个特定的向量空间，然后进行分类测试，根据最后分类效果，选择最佳的特征过滤阈值。

（3）自动分类。程序利用人工智能并根据特征提取时得出的评估值和阈值计算影像的特征向量，找出其类别，最终产生一个低层次视觉特征和高层次语义特征相结合但彼此又相互独立的向量集合。常用的算法有神经网络、支持向量机（SVM）和线性分类法等。

（4）相似性检索。程序将分类后的向量集合与影像库中的数据在数据接口处进行相似性比较，并按相似性的大小给出检索值。低（高）层相似度：在提交的向量集中，低（高）层次特征向量在数据接口与影像数据库的内容对比后，程序将生成一个相似度，它只定义了影像低（高）层次特征的相似性。最终相似度：由低层和高层相似度分别乘以各自的权值后所得的相似度。这个权值可以是程序自行设定的，也可以是用户根据不同的需要人为设定的。

（5）检索结果。根据最终相似度，程序按相似度大小返回检索结果，这不一定是最终结果，用户可以根据这个结果选择完成检索或二次查询。

3.2.4.3　基于内容的视频检索类型

基于内容的视频检索类型一般可以分为以下几种。

（1）图像查询，主要依据图像的颜色、纹理、形状特征及图像中子图像的特征进行检索。图像查询包括颜色查询，使用户查到与所选择的颜色相似的图像；纹理查询，使用户查到含有相似纹理的图像；形状查询，使用户查到与所选择的形状相似的图像；图像对象查询，对图像中所包含的静态子对象进行查询。查询条件可综合利用颜色、纹理、形状特征、逻辑特征和客观属性等。

（2）视频浏览和检索。视频可用镜头、帧、场景来描述。帧是一幅静态图像，是组成视频的最小单位。镜头是由一系列帧组成的一段视频，它描绘同一场景，表示的是一个摄影机的移动操作、一个事件或连续的动作。一个镜头由一个或多个关键帧表示。场景包含多个镜头，针对同一批对象，拍摄角度不同，表达含义也不同。

基于关键帧的检索，是对代表视频镜头的关键帧进行检索。关键帧是一幅幅图像，可以采用与图像查询相似的方法。一旦检索到目标关键帧，用户就可以利用播放的方式来观看它代表的视频片段。

基于运动的检索，是基于镜头和视频对象的时间特征来检索，是对视频检索的进一步要求。可以查询摄影机的移动操作和场景移动，也可以用运动方向和运动幅度等特征来检索运动的主体对象。

（3）声音查询。利用声学和主观特性进行查询。声音的一些感知特性，如音调、响度、音色等，与音频信号的测量属性非常接近，可以在音频数据库中记录这些特征，利用这些特征可以进行示例和指定特征值查询。

（4）图形查询。图形查询指基于空间的约束关系进行查询。这种查询方法包括点查询，查找某坐标处的目标；线查询，查找线状目标两侧的目标；区域查询，查找某区域内的图形目标；关联查询，利用两个或多个图形对象之间的空间和拓扑关系来查询。空间约束关系可以是方向、邻接、包含等。

（5）文本查询。以往文本资料的检索是利用关键词，采用传统的数据库技术来实现管理和检索。但关键词标引工作量大，而且标引与用户的检索概念可能不一致，导致查准率和查全率低。因此，需采用直接对文本进行任意词和字的检索。根据实现方法的不同，其检索分为串搜索、串匹配和全文检索，以字和词以及它们的逻辑组合为条件进行查询。

3.2.5 检索分析

检索分析通过编目检索子系统，跟踪记录用户的检索过程和查询内容等情况，分析检索系统的性能、用户对检索系统的使用频率及用户检索的关键词，以获取有意义的信息，并据此来调整和完善系统的标签、导航、元数据、资产内容等，进一步提高数字资产管理系统的使用效率。

3.2.5.1 检索系统的质量指标

有三个指标可以反映检索系统的质量。

（1）查全率，指检索出的相关条目量与系统中相关条目总量的百分比。

（2）查准率，指检索出的相关条目量与检索出的总条目量的百分比。

（3）平均检索时间，指从输入关键词到获得检索结果的平均耗费时间。

以上这些指标是通过选取多个关键词进行查询得到的结果的平均值。什么样的指标为好的标准，应根据组织的总体目标和情况制定，如查全率达到98%、查准率达到95%、平均检索时间为3秒等。

3.2.5.2 检索分析的目的

（1）对于质量指标不理想的检索系统，通过改进检索算法，提高检索系统的性能。

（2）根据所记录的用户检索行为，为完善编目细则提供思路和方法，以此来改善编目工作。

（3）根据用户检索的关键词等信息，可以确定其查询的素材或节目，以此可解节目或素材的用户需求情况。

（4）当检索系统面向社会开放时，可以对检索分析的对象进行市场细分，即不仅跟踪记录所有用户的检索行为，而且对所有用户进行分类。市场细分的方式很多，根据使用次数可以分为首次检索用户和多次检索用户；根据媒体性质不同可以分为新媒体用户和传统媒体用户等。根据跟踪记录不同用户的不同需求，可以向用户提供个性化服务，并制定多样化的营销策略。

3.2.5.3 检索分析的实现方法

在了解用户需求的基础上，专业人员在检索系统内部开发一个分析模块，实现相应的功能，从而向用户或数字资产管理人员提供检索分析的结果。当数字资产管理系统通过互联网向外部用户开放时，可以使用网络爬虫等技术进行相关分析。

3.3 本章小结

编目是数字内容资产应用的基础和关键，各类视音频节目和素材资料的入库必须经过科学严格的编目；而检索是系统的窗口，是数字资产再利用的关键。

（1）本章在编目部分从编目标准、与编目相关的概念和术语、编目系统的业务流程、编目系统的描述、编目工作方式等几个方面阐述了数字资产管理系统中编目的技术要点。当编目对象具有多层次的结构时，通常采用分层编目的方法，将其划分为节目层、片段层、场景层和镜头层，然后根据每个层次的特点采用不同的描述项（或属性）来对编目对象的内容特征和形式特征进行准确描述。我国电视媒体的编目数据质量依据《广播电视音像资料编目规范 第1部分：电视资料》（GY/T 202.1—2004）中的相关要求，编目数据分类依据《广播电视节目资料分类法》中的相关规定。国内有的大型广电媒体还根据实际应用制定了具体的编目细则，对编目数据的格式与内容提出了具体要求。

智能编目通过多维度智能化技术获取视频的语音、视频、图像、文字等信息，能够对完整的视频内容进行结构化分析，自动完成视频的镜头、场景、片段切分，并输出每层的分类、人物、标签等关键性结构化信息。随着智能编目技术的逐渐成熟，采用智能编目技术能大幅降低编目成本、提高编目的速度和质量。

（2）本章在检索部分重点阐述了数字资产管理检索系统的流程、检索系统的功能要求、检索方式、基于内容的视频检索技术、检索分析等。检索系统是数据发布及输出的平台，视音频等资产的价值体现在数据的检索和再利用上，所以检索是数字内容资产再利用的关键。好的检索界面可以提高用户的查询效率及获取内容的准确度。国内数字资产管理系统已开发了智能检索系统，可以实现标签检索、按图搜索、语音搜索、个性化排序、内容推荐等检索功能。

思考题

1. 了解广播电视媒体数字内容资产（节目和素材）的分层编目方法。
2. 阐述基于内容的视频检索方法原理。
3. 什么是智能编目？简述智能编目的业务流程。
4. 什么是智能检索？简述智能检索的几种方式。
5. 通过调研，了解行业在智能编目和智能检索方面的最新进展。

第 4 章 数字资产管理系统

本章主要阐述数字资产管理系统在技术与应用层面的基本问题,包括数字资产管理系统与其他系统的交互、基于云平台的数字资产管理系统、数字资产管理系统在电视节目生产中的作用、数字资产管理系统的投资回报测算等。

4.1 数字资产管理系统与其他系统的交互

数字资产管理系统是一种完全分布式的管理方案框架,用于多媒体内容的处理和管理。我们可以通过在内容丰富的媒体组织内进行系统设计和实施来建成一个基于云平台的内容资产数据中心,用于素材和元数据的管理和分配。本节重点分析在电视媒体的节目生产过程中,数字资产管理的应用范畴和内容。

4.1.1 数字资产管理系统与其他系统的交互原则

系统交互的目标是在制作、存储、检索、浏览、下载、共享、资料再利用、收录、传输、播出等不同业务子系统之间实现无缝衔接并建立高效、安全的数据传输和信息传递的交换通路,使电视媒体的全部业务流程实现数字化,从而提高管理水平、节目制作质量和生产效率。系统互联的设计应遵循以下原则。

4.1.1.1 开放性原则

各个网络化采集、编辑、播出、存储等业务系统中要实现资源共享的主要是媒体文件和元数据,所以统一电视媒体业务系统技术标准和接口规范是实现互联互通、构建高效协同工作的各业务系统的基础和关键。此外,业务系统互联互通平台所采用的关键软件和硬件设备需要具备开放的软件接口及硬件接口,以方便系统扩展时设备的接入以及应用服务程序的升级和个性化开发等,切实保护好用户的投资价值。

4.1.1.2 效率及安全性原则

由于整个数字资产中心存储库服务于各个业务系统的存储系统,交换的业务量较大,因此在接口效率和带宽上必须充分考虑实际的应用需求。并且,由于多系统的数据交换和互联,在充分考虑效率的同时还必须兼顾安全性原则。

因此,在系统设计中,除采用已被市场验证的成熟技术外,网络各关键设备、服务器都采取热备份与容错技术,一旦出现系统故障,系统可提供应急方案。所有的用户权限和流程管理都采用先进的数据库管理技术与操作系统安全设计相结合,确保了各功能模块的安全性,从而保证整体系统的安全性。成熟的数据备份技术可保证系统数据的绝对安全。

4.1.1.3 通用性及稳定性原则

在整个系统的互联接口设计中,由于涉及电视媒体业务系统的数据调度和交换,因此要尽量采用通用型产品和技术来确保系统的稳定性。

4.1.1.4 可扩展性原则

基于多系统的数据交换互联,尽管一般的系统面对的需求只是节目制作、收录、广告串联编辑等,但必须重视其可扩展性,整个系统设计必须易于新系统的接入,从而确保系统总体的可扩展性。例如,在近线存储容量方面,根据目前的应用规模和扩展速度,可以采用配置逐步扩展的设计方案,这样就可以利用存储设备单元价格不断下降的趋势,根据需要逐步扩充,最大限度保护与节省投资。

4.1.1.5 易用性原则

数字资产中心存储库和各个业务系统存储库,它们规划的主要目的在于提高数据共享和资源的再利用水平,因此在整个资源的交换和共享过程中,简单易用是软件设计的一个非常重要的原则。

由于电视媒体的业务系统种类较多,如卫星收录系统、新闻制作系统、节目制作系统、内容资产管理系统、后期节目包装系统、播出系统等,并且随着业务量的扩大,可能还会建成新的业务系统。因此,考虑到对未来业务系统的支持,数据交换应采用标准化数据接口,这样才能方便今后其他业务系统的接入。

4.1.2 系统连接的平台要求

数字资产管理系统与其他独立的业务系统之间实现数据联通主要表现在四个层次

上：物理链路的联通、数据文件的交换、所交换文件的识别和再利用、交换过程各系统工作流程之间的响应和衔接。

对于最常见的视音频数据文件，其交换包含两个方面：视音频文件本身和系统记录的该文件的数据信息、属性信息、管理信息、用户权限信息等（元数据）。目前对不同厂商视音频文件本身的识别、引用已经不存在技术问题，只要具备视音频编解码的代码，便能够通过转码进行视音频文件压缩格式、文件格式之间的转换。记录大量相关信息的元数据，由于不同厂商在开发过程中采用各自的标准，因此难以在交换后识别，需要各子系统厂商提供符合公开标准的元数据交换接口，才能完成数据的交换和应用。

因此，系统之间的互联互通、数据交换不能仅通过网关、网络路由器等物理硬件来实现，更多的工作需要集中在视音频文件的识别转换、安全管理、系统数据交换过程中业务流程的控制、数据交换权限控制等方面。所以只有建立数据交换中心系统，并通过该系统内部所有服务程序的共同配合，才能实现电视媒体各个系统之间的数据联通。

4.1.3 系统之间的交互关系

不同系统之间的交互关系可以分为两类。一类是流程衔接关系，即从上一个流程走到下一个流程，如电视节目的创建阶段完成之后转入制作阶段，节目制作完成之后又转入播出阶段等；另一类是互操作，即两个系统之间需要进行一些功能性相互操作，如一方使用另一方的资源等。这是一种相互之间利用和支持、共同完成任务的关系。

因此，基于流程上的衔接和互操作的要求，系统之间必须进行联通和信息交换。上下游协同工作时，流程衔接需要在系统之间传递必要的信息，实际上一个系统需要使用在另外一个系统中保存的信息，后者被称为信息的提供者，而前者就是信息的使用者。由于使用者本身没有这些信息，因此在需要时必须从对方系统中获取，即信息提供者和信息使用者要做到必要的信息交换。

互操作一般是利用对方的功能完成某项操作，如节目素材的传输或复制等，同时建立必要的应答机制。互操作模式可以采用请求和响应模式，即由信息使用者发出请求，再由信息提供者发出相应的回答作为响应。例如，信息使用者要查询对方有无特定的素材，先发出查询信息，信息提供者根据发来的条件进行检索，将得到的结果返回使用者。

不同系统之间的信息交互，需要双方对对方的操作有必要的了解，如数据格式、操作方法等。当一方做出调整和变动时，另一方可能要重新编程来适应对方的变动。这种相互影响的程度，被称为耦合度。耦合度高，系统之间的相互影响就大，这种被称为紧耦合；反之耦合度低，系统之间的相互影响就小，这种被称为松耦合。通常，希望系统相互之间的影响尽量小，即耦合度尽量低。一般情况下，紧耦合的系统效率较高，而松耦合可能需要更多的计算资源。但是，系统之间的相互影响程度更值得关注，因此松耦合常被视为系统连接追求的目标。

具体对于电视台全台网的松耦合来说，就是全台的媒资网、收录网、新闻网、制作网、播出网、融媒体平台等业务系统互相之间可以独立运行，任何系统出现故障都不会影响其他系统的正常运行。互联互通工作大部分是依靠数据交换平台来实现的，从而满足了各子系统应用访问的联通及数据的透明交换。系统互联的松耦合还体现在，允许多厂商系统和后建系统联入全台网。

此外，电视媒体的管理层、数字资产中心及制播层之间的关系紧密，管理层拥有节目的所有基本信息，数字资产中心拥有大量节目资料，而制播层则拥有制播的过程信息，它们之间都需要使用对方的信息才能完成各自的基本工作。

下面是电视媒体数字资产管理系统与节目制作网的数据交互关系。

4.1.3.1 节目制作阶段

（1）制作网向数字资产管理系统提交节目检索、调用申请，技术实现可采用调用媒资网的 B/S 应用方式。

（2）数字资产管理系统向制作网反馈节目信息和节目输出的准备情况，技术实现可采用调用媒资网的 B/S 应用方式。

（3）数字资产管理系统将存储的高码率节目及元数据提交制作网，对于技术实现，视音频数据可采用 FTP 传输方式，元数据可采用消息通信方式。

（4）制作网将节目数据接收结果反馈给数字资产管理系统，技术实现可采用消息通信方式。

4.1.3.2 节目归档阶段

（1）制作网向数字资产管理系统提交高码率节目文件和元数据（须经在线监评确认），对于技术实现，视音频数据可采用 FTP 传输方式，元数据可采用消息通信方式。

（2）数字资产管理系统向制作网反馈节目入库结果，技术实现可采用消息通信方式。

4.1.4 多系统交互的解决模式

从企业运营角度来看，企业内部存在多个不同的系统，这就使得信息交换变得非常复杂，如 N 个系统之间如果存在互操作，就会形成 N×N 的连接。例如，电视台的节目缓存系统，可以把所有网络制作完成的节目发送到缓存里面保存等候播出，从而将制作网络中在线硬盘系统的存储容量尽快释放，等到规定的播出时间，再将缓存系统中的节目传送到播出系统。电视台的数字资产管理系统则可以将缓存中的节目复制到系统的数据流带库中，用于长期保存。另外，网络制作系统，如新闻共享系统、体育编辑系统等都需要从数字资产管理系统获取素材和节目，这样就变成了任何一个系统都可能会与其他系统之间存在连接关系。因此，这种需求将导致连接的复杂性，从而会使信息交换和互操作变得相当复杂。

4.1.4.1 面向服务的体系结构——SOA

面向服务的体系结构（Service-Oriented Architecture，SOA）是一种构造分布系统的方法，可以将业务应用功能以服务的形式提供给最终用户应用和其他服务，如图 4-1 所示。SOA 结构具有以下特点。

（1）更高的业务一致性（因为是统一定义的）。

（2）松耦合的系统（各个系统都是服务提供者，是被动地被外界调用）。

（3）基于网络基础设施，允许分散于各地且采用不同技术的系统协同工作。

（4）按需动态构建、随需应变的应用程序（流程可以定义）。

（5）更好的代码重用性（服务可以重用）。

（6）可以更好地标准化整个企业内的流程。

（7）更易于统一监控、集中管理。

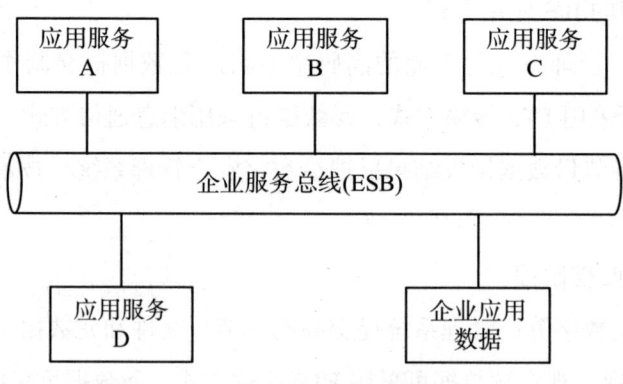

图 4-1 面向服务的体系结构

面向服务的体系结构把用户的软件资源转化为服务，并规范了标准化接口和方法，用于表示用户的数字资产及其交互。每个单独的软件资源都作为构件单元，而系统中的所有服务都可以被重复使用，从而能较为简单地构造出新的应用。采用这种结构的好处：进行系统整合的时候，不用改变原有系统结构，每个需要整合的系统通过一种接口，向外提供一种服务，其他系统用到其功能的时候也不用考虑细节，系统整合就变得非常容易。

采用面向服务的体系结构最有价值的理念是基于变化。现代企业处在不断变动之中，因此，业务和需求不是一成不变的。面向服务的体系结构试图承认在企业需求中变化是永恒的，不变只是相对的。然而，基本服务可以是相对稳定的，这样在新的需求被提出时，不是从头开发新的应用，而是尽可能地把已有的服务重新组合成为新的应用。因此，这种结构和开发理念适合较为复杂的大型企业和系统。由于所有应用都是通过企业服务总线（Enterprise Service Bus，ESB）连接的，因而系统相互之间都能得到或提供服务。当用户有新的业务需求时，利用ESB把若干个服务连接起来，就可以快速组合一个新的应用，而不是每一个新应用都要重新开发，从而能提供一个灵活、适合变化的系统结构平台。

实际上，ESB是IT领域通用的一个术语，指的是支持SOA实现的基础架构软件。它主要提供如下功能来保障互联互通：对服务的注册命名及寻址管理功能，面向服务的中介功能，对多种消息传递方式的支持（如请求/响应、单路请求、发布/订阅等），支持广泛使用的传输协议（如HTTP、JMS、MQ等），对服务管理的支持，支持各个服务接口参数的格式转换、内嵌的BPEL工作流引擎等。

在引入面向服务的体系结构以后，对于电视媒体中多个系统的互联，可以将N×N的相互直接连接方式，转换为企业服务总线（ESB）方式，由ESB转接和路由，从而避免复杂的连接路径。ESB还可以灵活地将数据进行转换和映射，如ESB可以将新接口的形式转换为老接口的形式，以此适应原有系统的接口和数据格式，并通过转换与其他系统直接连接。ESB是一个核心软件，但ESB软件只是一个工具，对于建立数字资产管理系统的组织或企业来说，最主要的工作应该是在数字资产管理系统与各应用系统之间，采用面向服务的体系结构理念进行设计和实现。

4.1.4.2 基于云计算的平台架构

SOA体系是一个集成平台，其本身并不产生能力，也不存储，只是进行消息协议转化、路由和数据的传输。SOA的服务目录库能力来源于业务板块，业务板块提供服务并注册到SOA的服务目录库中，因此SOA更多的是能力集成平台。基于云计算的融合媒体平台更强调硬件、软件能力的集中化，同一个能力不应该在各个业务板块反复地建设，而是应该集中到云端来统一建设和管理，建设完成的能力再通过服务化方式提供出去。SOA体系与云体系的对比如图4-2所示。

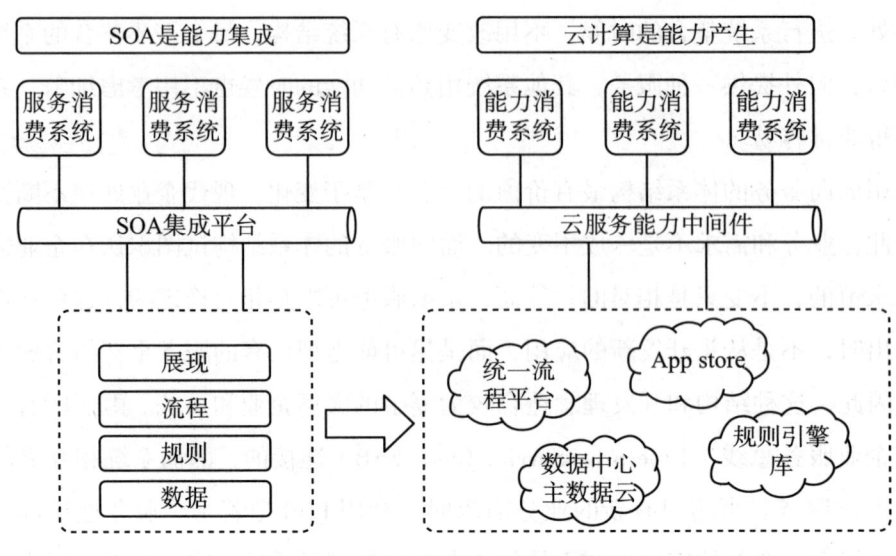

图 4-2 SOA 体系与云体系的对比

SOA 通过解耦形成了标准的可复用的服务单元，而云计算通过解耦形成了标准的算法、任务、服务、计算或存储资源。SOA 解耦的重点是实现了业务与技术的剥离，而云计算解耦的重点是实现了业务系统与软件、硬件环境的剥离。从拆分的过程来看，SOA 拆分是打破原有业务系统的紧耦合，可以识别出可重用的服务，形成粗粒度的业务组件或服务组件；而云计算中资源池的拆分更多的是通过虚拟化方式对更细粒度的软资源、硬资源进行整合，并进行调度和组合，从而满足不同业务板块的需求。基于云计算的融合媒体平台解耦如图 4-3 所示。

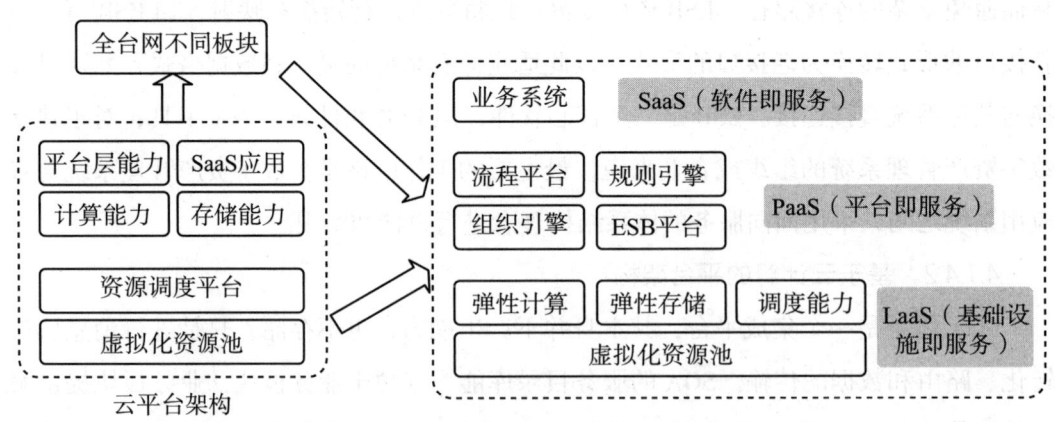

图 4-3 基于云计算的融合媒体平台解耦

基于云计算的平台架构将重构应用、数据、操作系统和设备的关系，实现资源的共享和分配。它将在物理系统中的数据流转变为在逻辑系统中的数据流转，改变了流程与系统的关系；将以系统为核心的管控方式变为以数据为核心的管控方式，大大降低了业务资源迁移所开销的资源。其主要优势体现在以下几个方面。

（1）在行业间交互融合方面，基于云计算的融媒体平台充分贯彻开放的思想，有利于不同行业、不同 IT 系统和服务间的交互，或利用互联网直接向用户提供服务。

（2）在业务板块共享融合方面，基于云计算的平台架构更强调硬件及软件能力的集中化，原有各业务板块所具备的能力可以迁移至云端集中，由云平台统一调配、统一对外提供服务。

（3）在业务融合方面，电视媒体云平台体现了业务的高度融合，将大量信息进行分类、整合，如将广播电视等传统媒体与网络新媒体形态融合成一个庞大的媒体内容资源池，信息的采编与发布可同时在组织内部的所有媒体中进行一体化运作。

（4）在服务融合方面，可以将电视媒体专用的编辑、内容管理类的软件 App 化，提供给社会大众使用；可以与第三方服务提供商合作，将其有优势、有特点的技术与电视生产过程相融合，提升电视媒体内容生产、内容管理的效率；整合电视媒体内部甚至全国的相关内容资源，强调用户主导、需求驱动、按需服务、即用即给，驱动从以往自建自用的模式向整合资源服务的模式转变。

4.2 基于云平台的数字资产管理系统

基于云平台的数字资产管理系统采用云计算、分布式计算技术，能更好地保障系统的高可用性，提高系统的效率和服务能力；遵循云架构分层建设模式，在各分层间逻辑独立和充分解耦的基础上，实现层与层之间的对接联动与业务高效衔接。数字资产管理系统被部署在私有云融媒体云平台上，其可以在云基础架构的媒体设施服务层、媒体平台服务层和软件应用层上实现媒体资源、媒体数据、业务数据的分散存储和管理。图 4-4 是基于云平台的数字资产管理系统架构。

4.2.1 基础资源层

数字资产管理系统在基础资源层上部署计算资源（高性能虚拟化宿主机）、存储资源（媒体文件存储、虚拟机存储）及网络资源（以太网、光纤网），可实现私有云基础资源的统一管理，并将基础资源以标准服务的方式对外提供。

4.2.1.1 计算资源

数字资产管理系统计算资源主要包括系统所需的媒体内容资产核心服务、迁移转

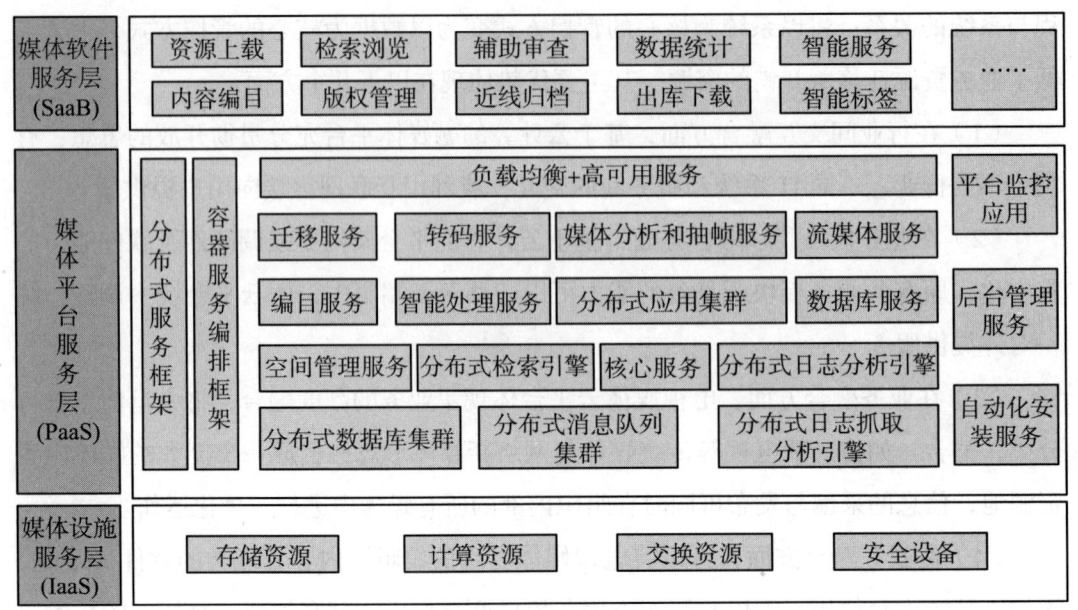

图 4-4 基于云平台的数字资产管理系统架构

码服务、技审服务、接口服务、智能应用服务等。计算资源可以基于媒体组织建立私有云平台。

4.2.1.2 存储资源

数字资产管理系统存储资源主要包括内容资产在线存储、近线存储和虚拟化共享存储。数字内容资产在线存储主要保存高码率、低码率视频文件，用于媒体内容检索、打点回迁、编目等业务，主要承担数据和数据索引的读写访问和处理转换，并为数字资产业务提供必要的容量、带宽支撑和备份切换手段。近线存储的功能主要用于电视媒体历史资料、自有版权素材和成片的长期保存。近线存储的内容主要是高码率素材和节目。当生产系统需要调用这些素材时，系统会将这些素材先从近线存储区迁移到在线阵列硬盘中，再由数字资产管理系统数据交换服务回迁至融合媒体生产系统的在线存储。数字资产管理系统存储资源使用基于云平台上的虚拟化共享存储和近线存储资源。

4.2.1.3 交换资源

数字资产管理系统目前可以采用万兆单网架构连入私有云平台，以满足网络的交互、实际部署位置、各类子业务交换能力、安全访问等要求，实现整个中心网络的系统管理，包括拓扑管理、远程配置、合理规划和划分整网 IP 资源，保证网络业务的正常运行，使其具有可扩展性。交换资源全部采用双链路方式，以确保单点故障时业务不中断。

交换资源使用与制作等其他业务系统相同的核心交换机，该核心交换机连接宿主机硬件和数字资产在线存储模块。

4.2.2 媒体服务层

媒体服务层（平台服务层）为数字资产管理系统提供后台支撑和应用服务，包括分布式框架服务、负载均衡高可用服务、内部用户管理、视音频处理、转码服务、技审服务、迁移服务、资源导入导出服务、资源归档服务、编目标引服务、工作流引擎服务、检索引擎服务、分级存储服务、接口服务等媒体专用服务。

媒体服务层根据业务发展及新需求进行扩展，为系统提供基础服务。数字资产管理系统从架构、接口层面，预留未来能升级成多租户模式的能力，支持面向合作机构开通数字内容租户业务。在数字内容租户业务中，各租户可按照用户权限不同自行配置权限并展示不同登录模块，它能提供租户分配和资源管理，并可以对所有租户进行资源层面的统一管控。

4.2.2.1 业务支撑能力

媒体服务层具备媒体业务支撑能力，需要实现底层资源与业务的适配，同时自身具备一系列媒体业务的支撑能力，包括但不限于内容的统一管理、内容的集中处理（如转码、抽帧、迁移等）、业务流程的管理和驱动、面向业务的统一用户管理及权限管理、面向媒体业务的应用工具集管理等。

4.2.2.2 媒体服务核心引擎

媒体服务核心引擎由数据引擎、计算引擎及业务引擎、分布式调度框架、基础管理服务组成。

（1）数据引擎。数据引擎提供基础元数据、音视频数据、业务数据以及文档、图片、关系等数据的统一化存储、检索和管理，支持可视化"配置级"数据定义和动态扩充，以保证业务的快速扩展。

（2）计算引擎。计算引擎提供标准化计算引擎管理服务，包括转码、合成、智能处理等服务；采用全对等的分布式计算架构，实现计算规模灵活扩展；采用全开放标准化接口体系，实现工具无缝接入；可引入集群流式计算的架构，实现对海量媒体数据和日志数据的挖掘和分析。计算引擎通过一系列微服务的部署，提供系统空间管理、访问控制、数据建模、业务建模、流程驱动、媒体处理等一系列平台公共服务。

（3）业务引擎。业务引擎以微服务架构容纳业务应用服务，具有为平台灵活扩充业务的能力。业务引擎通常支持采集、处理、审核等业务流程，并能够在支持业务流程灵活定制和配置的同时，满足"流程化"到"碎片化"的不同工作模式。

（4）分布式调度框架。分布式调度框架能够提供开源的分布式应用程序协调服务，即包含一个简单的原语集。分布式应用程序基于调度框架能实现同步服务、配置维护和命名等多种服务。

（5）基础管理服务。基础管理服务在以数据为中心的环境下，将内容存放在统一的资源池之中。这样既能满足不同用户之间素材共享的需求，使同一内容被多个用户所引用，也能控制用户一定的访问权限。

4.2.3 软件服务层

SaaS 工具集需要提供满足业务需求的生产类工具及发布类工具，以满足平台用户内容策划、生产、播出、发布的业务需求，为用户提供云端良好的使用体验。数字资产管理系统在业务软件上拥有远程回传、文件上载、辅助技审、内容编目、智能处理、检索浏览、出库下载、版权管理、近线归档、数据统计、智能标签等功能。

4.3 数字资产管理系统在电视节目生产中的作用

4.3.1 与电视节目生产相关的应用

在电视媒体的节目生产过程中，数字资产管理的具体应用和要求包括整合生产、素材管理、浏览、信息管理、用户界面、操作要求、系统要求、系统的结构和管理要求等。

4.3.1.1 整合生产

基于服务器的制作系统要求使用自动系统来存储和传送素材。在这种内容管理的体系结构中，设计者需要考虑的是对有效素材的开发。因此，我们必须将数字资产管理系统整合到编辑和生产过程中，以避免生产过程中有用信息的丢失。

4.3.1.2 素材管理

把一个视频流当成没有任何特殊语法或语义的一大堆字节是不够的。系统中必须有一些基本的控制信息功能，如转码成不同的格式。此外，视频流中所包含的有效元数据对文档用户必须是可访问的。因此，数字资产管理系统必须能够应用信号压缩来处理新的数字视频格式，并能够提取和解释相关的编码元数据（如视频参数、压缩方案等）。

4.3.1.3 浏览

为了节省带宽和存储容量并减少生产服务器的负载，系统要求我们在桌面上能够观看和操纵高码率的格式。两种不同程度的浏览要区分开来，即为了粗编的对编辑决策列表（Edit Decision List，EDL）的浏览和为了查看内容及摘录筛选的内容浏览。

EDL 浏览有以下属性：①帧率与原始高码率材料的一致；②时码的帧准确表示；③帧准确导航；④质量水平适合生产粗编稿；⑤编码方法提供的图片质量必须高于或等于 VHS 或 MPEG-1；⑥编码方案必须标准化且为行业所支持；⑦必须能在标准的 PC 机上运行；⑧时码必须是浏览格式编码的一部分。

与之相比，内容浏览在帧的准确性和时码方面就没有那么严格的要求了，但是它在评价和选择材料上仍然是一个有价值的工具。内容浏览具有非常低的比特率预览质量的特征，但是其基本特征模式功能（如实时重放、快进、快退等）是可用的。由于这种素材版本在某些情况下是公众可用的，因此要有一个非授权的商业化保护系统（如版权保护系统）。同时，其编码方案应该与互联网技术兼容，如内容浏览应该支持流和文件传送。

4.3.1.4 信息管理

信息管理主要是解决元数据的处理和索引库的合并。元数据的处理覆盖了整个视音频资料的生命周期，从创建点到归档点。唯一资料标识符（Unique Material Identifier，UMID）对素材在整个生命周期进行标识，代表了内容对象。元数据在自动分析过程导入时自动产生，同时与内容相关的现存元数据被自动提取出来。自动化工具能支持元数据生成的整个过程。在这种环境中，使用标准的格式是非常重要的。

数字资产管理系统应该能提供不同元数据的描述方案，包括遗留数据库的数据模型及各种标准编码方案。即使在一个系统内，支持多数据库和使用不同数据模型的信息系统也是必要的。

4.3.1.5 用户界面

用户界面对数字资产管理系统的成功至关重要。数字资产管理系统是内容处理的一个通用平台，并且有许多不同技能和背景的用户要与系统进行交互，因此，应用程序界面必须同时支持专业用户和非专业用户。不同的用户界面是解决各类用户组不同需求的一种方式。界面必须符合人机工程学并且能够满足特殊用户的任务要求。

搜索界面必须考虑最好的 IT 实践。为了服务截然不同的用户组，搜索界面必须支持不同的搜索理念。例如，全文本搜索是一种支持非技术用户的方式。相比之下，档案员、分类员和内容管理者就非常愿意用本地界面直接锁定搜索或进行属性搜索。无论在数字资产管理系统内采用何种搜索技术，系统保持可扩展性和对新的搜索技术的开放性都是很重要的。

4.3.1.6 操作要求

既然数字资产管理系统是所有与资产内容相关操作的中心，那么满足操作系统的要求是很关键的。标准化操作对系统提出了很多要求。数字资产管理系统在一个富媒体组织内所发挥的作用可与操作系统（Operating System，OS）相比拟，即除了信息管理，它也为其他服务和组件提供一个平台。在这种情况下，必须考虑到下面的操作要求。

（1）提供与文件系统相同的存储、组织、查找和检索资产方式。这意味着数字资产管理系统必须允许文件的存储、迁移、重命名和删除。此外，数字资产管理系统必须能以目录树的形式组织文件，以合适的系统命令查找它们，用应用程序来访问它们。

（2）提供系统范围的中心服务，如用户管理、域名服务、资源保留及其他内容。这与操作系统提供的管理和系统管理能力是相似的。

（3）提供运行服务的方式，这些服务包括可以访问数字资产管理系统内归档的资产，可以操作资产或提取信息。

（4）提供在系统顶层运行应用程序的方法，允许对系统内存储的信息和资料的访问，支持工作流中所有相关步骤。允许对系统性能的访问。

具有这些基本性能的数字资产管理系统可为所有与内容相关的管理任务提供背景支持。因此，它不仅是部署于具体媒体组织中的一个组件，而且能为一个内容丰富的媒体组织提供理想的服务。

4.3.1.7 系统要求

数字资产管理系统不是一个全新的概念，必须将现存系统结构和操作及以往的系统考虑进去。因此，数字资产管理系统必须提供定义良好的界面，以允许将现存技术和方案很容易地集成到整个框架中。通常是逐步由原有系统过渡到新系统。这种情况下的主要任务之一就是集成一些重要的关联系统，如集成现有的数据库或信息系统、制作系统、新闻工作室解决方案或某种中间件产品等。

此外，数字资产管理系统必须对集成组件实行开放。这些组件可以是其他供应商所提供的用于特定任务的专门功能模块或设备，它们形成了集成数字资产管理体系结构的重要组成部分，先进的日志、索引或搜索引擎就是例子。

对于地理位置分散的大型媒体机构来讲，数字资产管理系统还要支持该组织的远程协作，如对远程工作站的支持。此外，媒体组织的内部结构也要求支持分布式操作，如不同的组织单元（如编辑办公室）都保留它们各自的内容。分布式也是处理系统伸缩性功能的一种方式。

因此，数字资产管理系统的主要要求包括以下几点。

（1）开放性。解决方案必须提供定义良好的界面以使以往的系统与第三方系统的集成更为便利。

（2）模块化。解决方案必须是灵活的和基于组件的，必须提供一个清楚详细的功能说明书，说明哪个功能需要由哪个组件来提供支持。

（3）分布式。解决方案必须支持分布式处理，以允许处于不同地理位置的系统与系统组件的集成，并可以更好地升级。

这些要求如何得到满足不仅取决于技术设计，还取决于内容要素或信息结构的特征。例如，元数据的开放性是指在不考虑它们的数据结构和内容表示时，独立系统之间可进行信息交换。这意味着必须存在一种标准化通用的元数据格式，以适用于这种交换。软件的开放性不仅是指开放的界面，还指这些产品必须是可扩展的和向后兼容的，而且它们应该支持迁移管理策略。

4.3.1.8 系统的结构和管理要求

（1）系统的结构要求。前面讨论的要求已经涉及了系统结构。考虑到系统所涉及的大量组件，一个高度模块化的系统结构（可以通过添加特殊服务需求的模块来进行扩展的这样一种系统结构）将确保在技术改进时通过替换个别模块来使投资利益受到保护。这样的结构也是可升级的，能够满足不断增长的功能及系统规模扩展的需求。数字内容资产管理系统的核心结构如图 4-5 所示。

图 4-5 提供了一个较为全面的系统结构来管理数字内容，它提供了内容管理、创作和发布、模板、元数据标记和预览等一系列功能。工作流可用于实现内容流程和关联的业务。内容管理系统提供管理界面来管理模板、工作流、内容协作和搜索功能；还提供了基于角色的功能访问，可以通过内置功能分析相应的内容指标。

不同的数字资产管理系统组件的生命周期存在较大差别。一个由定义良好的功能和界面模块组成的开放系统，是保护投资利益的有效解决方案。同时还必须保证在系统升级时，内容的无缝导入和导出不会受影响。此外，需要通过使用标准化界面来确保不同系统组件的可交互操作性，即当不同系统之间需要进行一些功能性操作时，如需要使用对方的资源等，可通过这种相互之间的利用和支持，共同完成设定的任务。

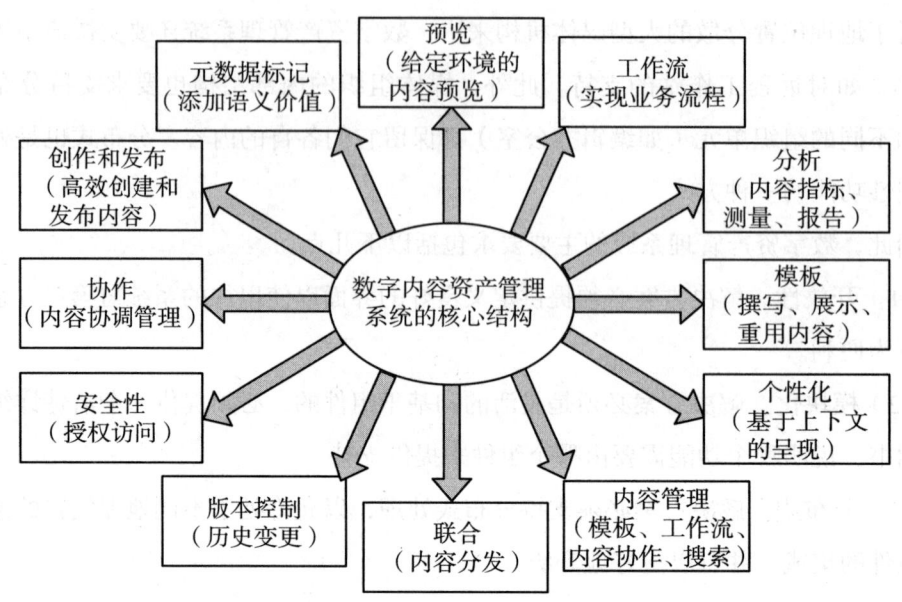

图 4-5　数字内容资产管理系统的核心结构

数字资产管理系统的交互式操作涉及不同的供应商解决方案、不同的文档模块、服务和客户、归档和生产及新旧归档系统等，所有这些都要解决好。

（2）系统的资源管理要求。

数字资产管理系统能聚合多种来源类型的资源，包括互联网和媒体组织内外专业网等来源的资源。内部资源的来源包括新闻网、播出网、制作网、媒资网、广播电台、网络电视台、成片、节目等；外部资源的来源包括互联网、微博、记者外拍回传、App 上传的视频、图片等。因此，系统要对各种类型的资源提供多方位管理功能。

①支持多类型全格式，例如，支持视频、音频、图片、文档、网页稿件等；支持 4 K（3 840×2 160 超高清分辨率）/8 K（7 680×4 320 超高清分辨率）超高清文件，伽玛曲线、色域值、动态范围等特征值自动提取展现。

②资源展现多样化。对每一类型资源都有针对性地提供最适合的展现方式，方便用户有针对性地使用。

③面向生产的分权分域精细化管控。提供个人域，满足用户对个人暂存空间的临时性需求；提供群组域，满足栏目间人员、资源的隔离与共享需求；提供公共域，满足面向整个媒体组织用户开放的资源共享交换需求；提供目录化、分类、选题等多种管理方式，直接对接新闻指挥调度、稿件生产业务，不同的资源域可独立管理存储空间，并支持资源隔离与共享，满足融媒体生产业务的个性化需求。系统还支持对资源

的精细化访问控制，如浏览、新建、编辑、检索、下载、删除等。

④按业务特点管理资源生命周期。不同类型、不同管理域的资源生命周期不同。

⑤完善记录资源行为轨迹。这种行为轨迹包括新建、编目、浏览、检索、下载、分发、归档、回迁、删除等过程操作。

⑥具备资源行为大数据分析与挖掘的能力，如能根据资源生命周期的数据沉淀化积累的业务运行大数据，能根据业务管理需要进行建模分析。

4.3.2 对数字资产管理系统的基本需求

上述分析给出了问题域和在富媒体组织环境中对数字资产管理系统的大多数需求的一个总览。这样的数字资产管理系统必须能够管理全部数字媒体格式，并能很容易地访问编码数据。在已建立的数字资产管理系统组织内，数字资产管理系统必须能同时处理传统的录像带和数据流磁带，并能轻易地实现从视频格式到文件格式的转换。数字资产管理系统还必须在 IT 行业与广播电视行业之间提供接口。服务器的配置要求能实现自动存储和支持检索。

对描述性数据（元数据）的管理是一个关键方面，因为它提供了在系统中查找和开发内容的方法。数字资产管理系统的主要目标之一是允许内容的重用和商业开发。这意味着应用程序和用户界面必须符合专业人员对操作系统的特殊要求。尽管数字资产管理系统是一个平台，它的任务和功能在于对资产内容的管理，但用户界面仍然是最显眼的部分，因此该界面对系统的成功至关重要。

当数字资产管理系统能以商业途径有效解决问题时，它就能对投资提供积极的回报。这意味着该系统必须支持媒体组织内主要的业务过程和工作流，能灵活地适应新的工作流。将数字资产管理系统引入一个组织会改变它原有的业务过程和工作流，许多与数字资产内容相关的业务都要考虑计划、获取、注释、查询、检索、收集、传输、编辑、正式批准和传递等过程。数字资产管理系统可以通过添加业务过程对象的相关元数据和提供便利的对现有内容对象的访问方式来支持这些过程。

数字资产管理系统是一个包含庞大数量复杂模块的大型系统，仅靠这样一个系统并不能解决所有问题，但是将它与其他应用程序和系统连接后就能做到。这样的应用程序和系统有数据库和信息系统、制作系统、新闻工作室系统、自动化系统、记录和显示系统、媒体 ERP 系统和版权管理系统等。因此，数字资产管理系统必须提供与这些系统接口的方式，允许跨平台检索、采集和传送，包括元数据和素材的交换，并且提供信息和事件处理能力，使媒体业务的工作流能跨越系统界限并实现无缝连接。

因此，只有使媒体组织能有效实现其业务过程的整体解决方案才是一个和谐一致的系统。

随着智能媒体技术的发展，出现了智能媒资概念，并且其已进入实际应用阶段。智能媒资指的是基于人工智能技术，构建全媒体数字资产统一管理体系，全面系统地提升数字资产管理各环节的生产效率，挖掘其数据资产价值。在数字资产高效管理方面，应用智能识别、知识图谱等技术，可以快速实现语音、人物、字幕、地标、摘要等多维度信息的输出，形成丰富的内容标签体系，便于用户进行数字资产管理。在检索方面，应用视频DNA等智能技术，可以实现以图搜图、以图搜视频、以视频搜视频等精准检索。在二次创作方面，应用自然语言处理等AI技术，可以实现人物、事件、地点等标签信息自动聚合与关联，便于编辑查找和使用历史素材，进行二次创作和传播。在智能推荐方面，可依托用户检索行为数据、数字资产标签数据等，通过建立智能推荐算法模型，为用户主动推荐其偏好内容及关联内容，助力实现精准化运营。

4.4 数字资产管理系统的投资回报测算

4.4.1 与系统投资回报率相关的指标

投资回报率（Return On Investment，ROI）是指通过投资应返回的价值，也就是企业从一项投资性商业活动得到的经济回报。投资回报率=年利润或年均利润/投资总额×100%。与投资回报率相关的指标有年均复合增长率、成本评价系数、净现值、投资回收期和内部收益率。

投资回报率往往具有时效性，即回报通常基于某些特定年份。这里考查数字资产管理系统投资回报率的时间阶段定为：媒体机构自开始筹建数字资产管理系统到回报考查日，文中用"考察期"表述。

4.4.1.1 年均复合增长率CAGR

年均复合增长率（Compound Annual Growth Rate，CAGR）是指一项投资在特定时期内的年度增长率，这里指考察期内媒体机构通过数字资产管理系统获取收益的年度增长率。CAGR的计算公式为：

$$CAGR = \left(\frac{R_1}{R_n}\right)^{\frac{1}{n-1}} - 1$$

其中，R_1 为系统建成后第一年获取的收益；R_n 为考察期内第 n 年获取的收益；n 表示考察期。

CAGR 是从长远角度考虑系统带给媒体机构的经济回报，排除了个别年份的特殊情况，如不能因为系统建设之初没有创造经济收益或收益很少就否定数字资产管理系统的经济价值和潜力。CAGR 大于 0 表明年均收益是增长的。通过系统获取收益 CAGR 值的范围目前还没有标准，各媒体机构可按实际情况评定。

4.4.1.2 成本评价系数 η_c

成本评价系数 η_c 由绩效评价系数派生而来。绩效评价系数体现了实际绩效评价与预期目标之间的关系，绩效的实际计算结果与预期目标因社会层次、历史阶段等存在一定差异，不好确定，故借用成本评价系数代替。成本评价系数可表示为：

$$\eta_c = \frac{C_o}{C_s}$$

其中，C_o 为考察期内媒体机构对数字资产管理系统实际投入的总成本；C_s 为媒体机构在筹建或规划之初期望的投入成本。

投入成本应包括购买硬件和软件的固定成本、每年投入系统的可变成本。可变成本包括人员投入和系统维护等成本。

显然，如果 $\eta_c \geq 1$，表示考察期内，对系统的总投入超出了预期目标。这时应具体分析其超支原因，是由于系统建设过程中产生了浪费，还是由于建设目标有所提高而必须追加投资。

4.4.1.3 净现值 NPV

净现值 NPV 是指在考察期内对系统的资金流入总量与流出总量的差额，也就是考察期内对数字资产管理系统的实际投入和通过该系统得到的直接收益的差额。用公式表示为：

$$NPV = C_0 - O$$

其中，C_0 为考察期内对系统实际投入的总成本；O 为考察期内通过该系统得到的直接收益。

显然，如果 $NPV > 0$，表示考察期内，该数字资产管理系统的总成本大于收益，经济效益不佳；否则较为理想。

4.4.1.4 投资回收期 P

投资回收期 P 是指回收项目投资所需要的时间，即从系统中获得的经济效益等于投资总额时需要花费的时间，以年为单位。投资回收期短，表明从数字资产管理系统中获取的经济回报快。投资回收期可表示为：

$$P = \frac{C_0}{R_P}$$

其中，C_0 为考察期内媒体机构对系统实际投入的总成本；R_P 为年资金回流量，数额等于年收益加固定资产折旧提成，这里的年收益可以取考察期内的年均收益，即 $\sum_{i=1}^{n} R_i / n$，R_i 为考察期内第 i 年通过数字资产管理系统获取的收益。

如果 $p < n$，说明到目前为止通过该系统已收回成本；反之，说明尚未收回成本，每年通过系统获取经济效益的速度较慢。

4.4.1.5 内部收益率 IRR

内部收益率 IRR 是指资金流入现值总额与资金流出现值总额相等时的折现率，也就是使净现值等于零时的折现率。折现率大，表明投入较少，获得收益较大。当内部收益率大于媒体机构内部基准折现率时，表明考察期内经济收益较理想。计算内部收益率的好处是避免将经济效益的分析仅限于收益的绝对量上。

通过阶段性地对数字资产管理系统进行以上几项指标的计算，可以了解到系统实施和利用的进展程度、可能存在的问题以及如何更好地获取投资回报率。

4.4.2 数字资产管理系统投资回报率的影响因素

通过分析数字资产管理系统的成本构成及可能带来的收益，可以得出与系统投资回报相关的影响因素，主要有以下几个方面。

（1）购入数字资产管理系统的各类硬件设备及相关软件的固定成本。

（2）媒体机构为数字化和维护数字资产管理系统投入的人力资源等变动成本。变动成本还包括技术进步导致某些设备更新换代的费用。

（3）使用数字资产管理系统直接获得的收益，包括降低成本和增加收入两部分。降低成本体现在提高节目等内容的生产效率、降低生产成本等方面；增加收入包括通过重播节目、使用素材制作新节目、开发衍生产品以及售卖节目的播映权或网络传播权等所获得的收益。

（4）使用数字资产管理系统间接获得的效益。数字资产管理系统使媒体机构的内容资产便于科学管理和查找，且能实现组织内部网络化共享，提高整个组织的工作效率，促进组织结构的完善和内部管理水平的提高。

除以上主要影响因素外，还要考虑一些间接与投资回报有关的因素，如项目规划之初期望的投入和收益、折现率、考察期等。

因此，提高数字资产管理系统的投资回报率，一方面要合理控制固定成本和变动成本，另一方面要大幅提高通过该系统获得经济收益的能力。

4.5 本章小结

本章介绍了数字资产管理系统的相关问题，对这些内容的学习和掌握，对我们认识数字资产管理与计算机网络、数据存储、云计算等新技术的关系有着非常重要的意义，这也为我们从技术角度深刻理解数字资产管理系统在视音频内容生产中的作用打下了基础。

（1）数字资产管理系统与其他系统的交互包括交互原则、系统连接的平台要求、系统之间的交互关系、多系统交互的解决模式等。数字资产管理系统是一种分布式解决方案框架，用于媒体内容的处理和管理，大型数字资产管理系统是一个包含大量模块的复杂系统，解决好不同系统间的互联互通是非常重要的，采用面向服务的体系结构 SOA 及基于云计算平台的系统架构是较为理想的解决方案。

（2）目前数字资产管理系统普遍采用基于云平台的技术架构，基于云平台的技术架构将重构应用、数据、操作系统和设备的关系，更好地实现资源共享和分配。数字内容资产管理系统被部署在综合性融媒体云平台上，其通过云基础架构的媒体设施服务层、媒体平台服务层和软件应用层可以实现媒体资源、媒体数据、业务数据的分散存储和管理。

（3）数字资产管理系统在电视节目生产中的主要技术环节包括整合生产、素材管理、浏览、信息管理、用户界面、操作要求、系统要求、系统结构和管理要求等。一个由定义良好的功能模块组成的开放系统，通过使用标准化界面来确保不同系统组件的可交互操作性，它是保护投资利益的有效解决方案。此外，数字资产管理系统必须能够管理各类数字媒体格式、容易地访问编码数据、轻易实现从视频格式到文件格式的转换；在 IT 行业与广播电视行业之间提供接口，能实现自动存储和支持高效检索等。

（4）数字资产管理系统应考虑投资回报率。投资回报率是指通过投资而应返回的价值，也就是企业从一项投资中得到的经济回报。与系统投资回报率相关的测算指标有年均复合增长率、成本评价系数、净现值、投资回收期和内部收益率等内容。在此基础上，要考虑数字资产管理系统投资回报率的相关影响因素。例如，如何合理控制固定成本和变动成本？如何通过该系统大幅度提高获得经济收益的能力？

思考题

1. 数字资产管理系统与其他系统互联的设计原则是什么?
2. 采用云平台架构的数字资产管理系统的特点和优势是什么?
3. 现代电视媒体的节目生产会对数字资产管理系统提出哪些要求?
4. 你认为选择什么指标衡量数字资产管理系统的投资回报率较为科学?

第 5 章 数字资产管理的生态系统

本章主要阐述数字资产管理（DAM）生态系统的基本问题，包括生态系统的概念和数字资产管理生态系统的目标、数字资产管理生态系统的基本结构与实现的有关技术问题及数字资产管理生态系统的绩效评价，并通过美国媒体企业娱乐时间电视网（Showtime Networks）的数字资产管理生态系统案例，说明数字资产管理生态系统对媒体企业价值创造的重要性。

5.1 生态系统的基本问题

5.1.1 生态系统的概念

1993 年，穆尔（Moore）在《哈佛商业评论》上发表了题为《掠食者与猎物：新的竞争生态》的文章，首次提出了商业生态系统的概念。后来，在《竞争的衰亡——商业生态系统时代的领导与战略》一书中，穆尔进一步系统论述了商业生态系统理论。穆尔认为，"商业生态系统是以组织和个人的相互作用为基础的经济联合体，组织和个人是商业世界的有机体；这种经济联合体生产出对消费者有价值的产品和服务，消费者是生态系统的成员。有机体还包括供应商、主要的生产者、竞争者和其他风险承担者"。穆尔的基本观点：应该用商业生态系统而不是用行业来描述企业所处的环境，商业生态系统横跨了许多行业，核心是公司共同发展的创新能力，它们通过合作与竞争、开发新产品、满足顾客的需求等，进行新一轮创新。此外，学者金姆（Kim）等人提出商业生态系统是一种由众多具有共生关系的企业构成的经济共同体，强调系统内部成员企业可以通过合作来创造单个企业无法创造的价值；佐拉（Zahra）和南比萨（Nambisan）把商业生态系统看成一种为企业提供资源、合作伙伴以及重要市场信息的网络，并认为这种网络是基于网络内部成员企业之间长期互动关系形成的。还有学者指出，生态系统为及时获得在本组织之外所开发的新知识和技术提供了途径，从而使本组织可以专注于自己的核心能力，并通过合作伙伴更好地利用其他领域的专业知识和资源。这对企业在高科技产业中取得竞争成功至关重要。经过30多年发展，商业生态系统理论已经在理论和实证上取得了较为丰硕的成果。

健康的生态系统有三个重要的度量标准：生产率（productivity）、健壮性（robustness）及缝隙市场的创造能力（niche creation），具体含义如下。

（1）生产率，指持续创新性地将技术和原材料以低成本转换成更具价值的新产品的能力。

（2）健壮性，指系统能够在破坏性变化及外部冲击中生存下来的能力。

（3）缝隙市场的创造能力，指系统具有不断创造更多有价值的缝隙市场的能力。

面向商业的生态系统应具有分工协作、共同进化、迭代更替、群体竞争的特点。一个成熟的生态系统必须超越四个基本挑战。

（1）建立系统有序的共生关系，创建真正有价值的东西。

（2）建立核心团体，在可利用的顾客、市场、同盟和供应商当中扩展生态系统。

（3）在精心打造的生态系统中，保持权威。

（4）确保商业过程持续改进性能，防止衰退。

信息生态环境是近年来的重要研究方向之一，它是将生态学理论应用到企业信息化领域来管理信息的一种新思维。一个良好的信息生态环境不但有结构设计和IT，而且包括信息战略、政治因素、行为因素、支持性工作人员和业务流程等内容。其特点在于：强调各种类型信息的集成，强调认识信息生态环境的发展演变，强调对现有信息环境的观察和描述，交点是人和信息行为。当今世界是一个基于价值网络的相互联系、相互依赖的世界，企业或媒体组织发展应建立在价值网络的基础上，以新的商业生态系统为基准，通过合作、专业化和提供多方共赢的平台来获得成功。

5.1.2　数字资产管理生态系统的基本目标

目前，我国媒体组织的数字资产管理系统与媒体的业务流程整合及开展有效的商业运行模式还需要进一步提升。引入数字资产管理生态系统，可以更好地实现如下目标。

（1）更好地解决数字资产的内容和技术在媒体组织内部不集中、工作流不连续且处于半自动的处理过程的问题，以此来改进媒体组织的运营效率，降低成本。

（2）完善数字资产的版权管理体系，如通过新的技术和方法使版权管理能更快、更有效地发挥作用。

（3）通过合并、整合、采用新的 IT 设备和业务过程来增强数字资产管理的有效性，使媒体组织下一级部门的 IT 设备和业务过程能够快速融入上一层主流系统。

（4）通过新的商业模式来应对正在出现的融媒体渠道，并进行战略规划，如如何提供视频点播、宽带访问、移动流媒体、长短视频等业务来满足新老用户的需求。目的是使这些新的商业机会和模式能安全、快速地融入媒体组织的实践。

（5）在不同的媒体之间进行有效管理，重新设计和实现价值集成，如在市场分析、广告、版权管理、创造性服务、制作、销售和发行等方面更好地集成，从而减少媒体组织来自竞争、创新和降低成本等方面的压力。

构建数字资产管理生态系统，就是要以商业模式解决好上述问题，这样才能对投资产生积极回报。因此，数字资产管理系统必须支持媒体组织内的业务过程，并能灵活适应新的工作流程，从而使整个系统拥有更高的生产率、更优质的服务、更低廉的成本，以及增强的敏捷性与适应性。

5.2 数字资产管理生态系统的结构与实现

5.2.1 数字资产管理生态系统的基本结构

图 5-1 给出了数字资产管理生态系统的基本结构，该结构的实现可以提高系统的整体运营效率、提升部门间的协作能力、实现业务的智能化、实现更大范围的增值传送服务、加强版权管理和数字内容的保护等。数字资产管理生态系统各层的主要功能如下。

（1）内容集成层。这一层包括结构化和非结构化的存储内容，是数字资产和数据驻留的核心部分。该数字内容存储库既可以是一种集中式的系统，又可以是一种分布式的系统。该层的主要功能是支持不同类别内容源的集成和资料的长期存档。

（2）数字资产管理核心服务层。这一层构成了总体解决方案的基础，该层由摄取、元数据、搜索、转码，以及数字版权管理、数字认证，还有面向外部开发的解决方案、第三方外部服务等综合功能构成。

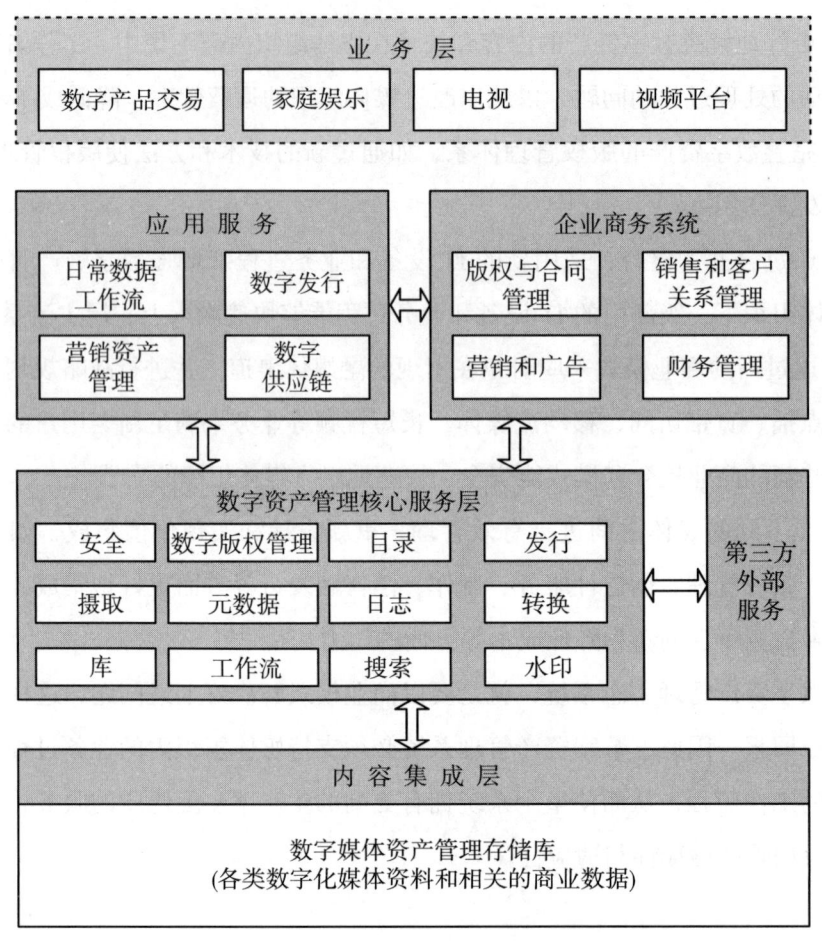

图 5-1 数字资产管理生态系统的基本结构

（3）应用服务和企业商务系统层。该层是商业应用的核心，包括日常数据工作流、营销资产管理、数字发行等应用服务及财务管理、版权与合同管理、营销和客户关系管理等实际的商务系统。该层所提供的服务是基于数字资产管理核心服务层以及来自其他企业的商务系统。

（4）业务层。该层基于创造价值的商业模式，为广阔的市场提供多样化内容服务。例如，国内外影视节目发行、数字产品交易、家庭娱乐，面向电视、短视频平台等的内容服务。

上述系统结构体现了媒体业务流程整合、重组的综合优势，具体表现为以下几个方面。

（1）再造流程改进了媒体组织的运营效率和协作关系，降低了内部运营成本，提高了 IT 基础设施的使用效率。

（2）增加了媒体组织的灵活性，可以实现买卖、出租、按阶段方式开发、基于商业优先权的开发等，具有基于服务的系统优势；通过加入新的商业服务（如移动、短视频发行）和技术（如数字版权的协作管理），增强了媒体组织的敏捷性。

（3）与其他媒体组织的系统进行集成和资源共享，不断增加数字内容的价值和适用性。

建立数字资产管理系统，不仅是为了简单地保存和管理各类节目及素材，还是为了在更大意义上发挥其战略性作用。通过建立上述生态系统，IT技术与内容管理系统（包括工作流管理、存储管理、信息管理、客户关系管理、版权管理和供应链管理等）无缝集成，从而可以大幅度提高媒体组织的价值链绩效，为内容产业的快速发展提供有力支持。

5.2.2 数字资产管理生态系统实现的有关技术问题

媒体组织选择什么样的生态系统，取决于其业务目标和战略定位。这就要求媒体组织必须分析其业务和运营需求，然后根据其功能和技术规格（包括与计算机相关的设备的评价和供应商的评估）来确定。建立数字资产管理生态系统需要考虑的技术问题主要有下面几点。

（1）数字资产生命周期管理问题，包括管理范围、粒度要求、可扩展性、从相关媒体输入（或输出）内容的便捷性以及与其他应用服务或子系统的集成。

（2）结构合理性问题，如语言和使用的平台、支持的子系统、服务器的配置、中间件和所要求的接口等是否合理。

（3）系统的整体性能问题，指系统内部的优化和工具的有效性，即尽量不用增加额外的硬件来提升系统性能的可行性。

（4）与第三方系统的集成问题。数字资产管理系统应和其他跨部门系统（如媒体ERP系统、演播室系统、节目制作系统、版权管理系统等）一起提供一个集成的平台。这种集成平台存在着不同的输出通道，从传统的广播电视到基于融媒体平台的渠道，如网络广播、网络视频平台、网络出版、移动媒体及电子商务等。

（5）安全问题。数字资产文件是非法访问者和恶意破坏者的主要攻击对象。保护系统的安全策略应该和现行企业中的IT系统安全策略类似，在多个层面都需要有安全保障。尽管通过访问控制（给用户授权）可以控制通过数字资产管理系统的客户端进入的权限，却不能防止非法入侵者对海量存储系统的攻击。安全问题应该包括边界安全、电子和物理安全、操作系统安全、访问安全、数据库中文件的加密和数字水印技术的安全性等。

（6）实施问题，包括系统测试、维护、改进，人员培训和客户服务等的支持程度。

建立数字资产管理生态系统的核心意义是加强数字资产开发利用的深度和广度。良好的生态系统不仅为媒体组织的内容集成、规范管理、开发利用提供了支持，也为其对外服务和内容营销（或称为价值服务）提供了良好平台，有利于数字资产价值的最大化。

5.2.3 数字内容资产管理生态系统的一种解决方案

图5-2是数字内容资产管理生态系统的一种解决方案，包括内容服务、核心内容组件、内容集成组件、企业内容来源、安全组件、关键内容管理角色及服务层等。

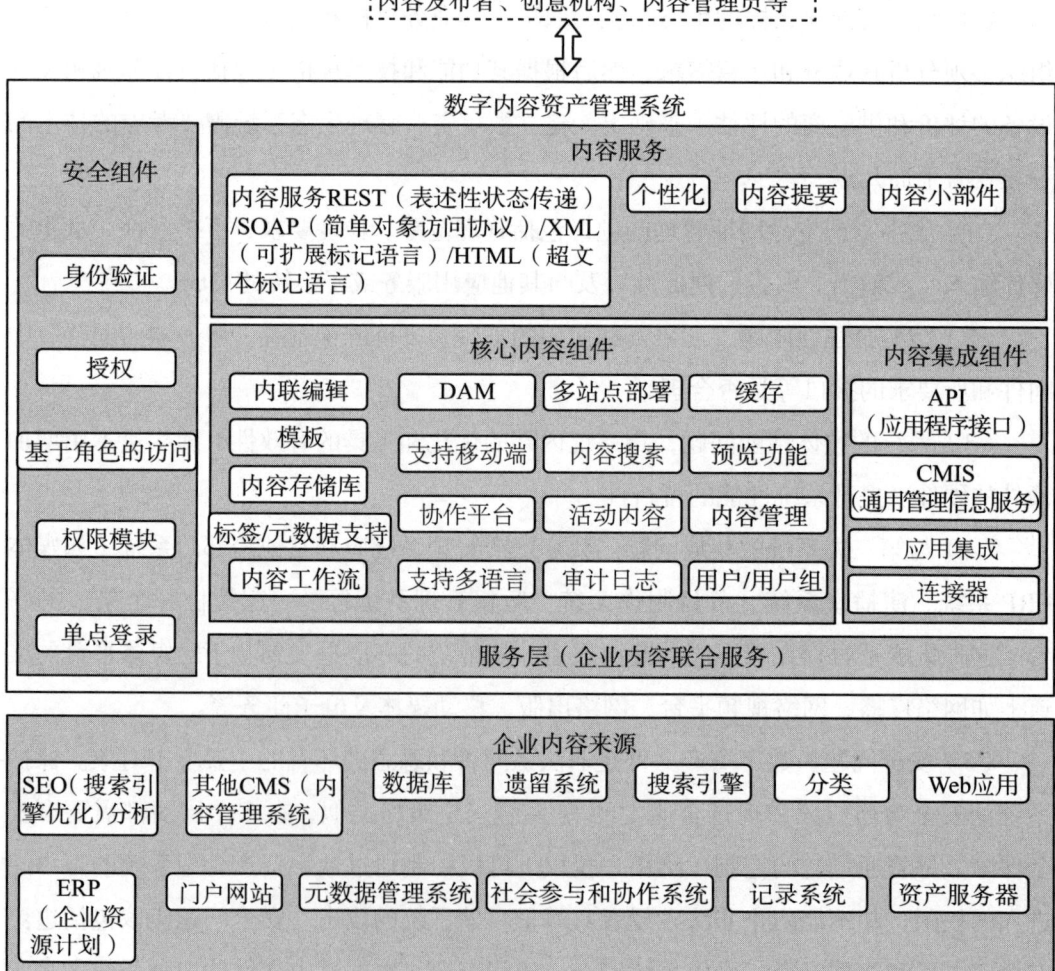

图5-2 数字内容资产管理生态系统的一种解决方案

（1）内容服务。该层包括通过 SOAP 和 REST 服务，是外部系统公开的内容服务。内容服务提供查看、更新和删除内容的功能。此外，该层还可以提供个性化、内容提要和内容小部件等，以支持内容即插即用模型。

（2）核心内容组件。这是内容管理系统的核心，包括各种模块和组件，如可重用内容模板、DAM 模块、用于存储 Web 内容的内容存储库、用于存储元数据层次结构并使其在创作和发布期间可用于标记 Web 内容的标签/元数据支持、用于创作—审阅—发布的各种内容工作流，还有可发布的内容、针对多个设备优化的内容、基于内容的协作平台（如知识管理系统）、内容本地化模块、内容转换工具、活动内容，内容管理系统允许最终审阅者浏览最终内容，并进行内容管理等。

（3）内容集成组件。此模块帮助内容管理系统与外部系统交互，如支持企业门户、Web 分析，支持资产管理系统和文档管理系统与外部社交媒体、SEO 及其他企业界面的交互；通过 API、连接器、应用或使用 CMIS 进行集成。

（4）企业内容来源。内容来源有多种，如元数据管理系统（MMS）、其他内容管理系统、企业数据库、记录系统（SOR）、定价系统、数字资产的资产服务器及社会参与和协作系统及搜索引擎。

（5）安全组件。该模块提供内置的安全功能，如身份验证、授权、基于角色的访问和权限、单点登录（SSO）等。

（6）关键内容管理角色，包括内容作者、内容发布者和内容管理员等人员。

现如今视频内容对用户注意力的争夺加剧，这就需要有更加高效的软件制作出更优质的内容。尽管 DAM 已实现了对视频的存储和分发等功能，但在评估观众的体验方面，只有对内容的含义进行解释，即通过智能内容工作流提供丰富且有意义的内容分析，DAM 才能为媒体组织带来更大的商业价值。所谓智能内容是一种视频分析技术，它是指细粒度视频分析的自动化，通过逐场景、逐帧来了解视频对观众行为的影响，即通过智能内容将视频解析为有意义的属性，并通过语义分析进行深入研究，从而使 DAM 团队科学衡量什么性质的内容可以引起消费者的注意。因此，智能内容应该成为所有媒体公司的一种基本能力。

5.3 数字资产管理生态系统的绩效评价

数字资产管理生态系统是一项较为复杂的系统工程，对其进行绩效评价是衡量数字资产管理活动结果和成效的重要手段。一套科学规范的绩效评价体系，是一个涉及范围广、技术要求高、考虑因素多的复杂系统。图 5-3 给出了数字资产管理生态系统的绩效评价体系模型，主要包括以下七个方面的内容。

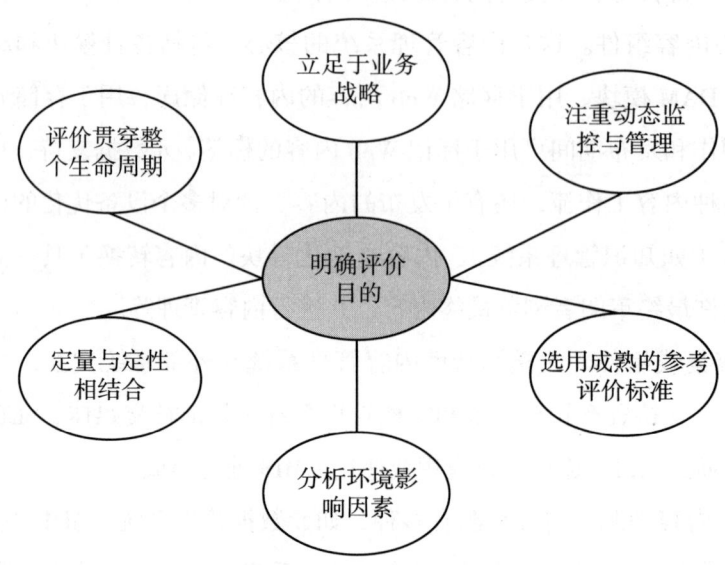

图 5-3 数字资产管理生态系统的绩效评价体系模型

5.3.1 明确数字资产管理生态系统绩效评价的目的

评价本身不是目的，评价的最终目的是决策。根据评价主体的不同，对数字资产管理生态系统的绩效评价目的可以包括这样几点：生态系统的目标是否与组织的战略目标和计划一致；检查系统的目标、功能及各项指标是否达到设计要求，系统的实际使用效果如何；系统能否为组织资源规划与配置、内容产品与服务、工作流程改进、数字化转型等提供引导性支持；系统能否为组织内部和外部客户提供内容产品、质量、成本、时间等方面的优势并建立信息反馈通道；评估生态系统功能的整体绩效，以及各部门和整体投资结果的有效性；建立评价指标并作为生态系统的控制标准，通过实施控制过程来达到期望的结果，保证所有参与生态系统的管理、使用、设计、开发、内容服务、数字产品营销、维护等人员能够各司其职，并提供考核的依据；等等。

5.3.2 根据组织业务战略对数字资产管理生态系统进行正确定位

媒体组织的战略是立足于整个组织的，并不局限于某一个具体的业务领域或职能范围。通过战略管理，媒体组织不仅可以把近期目标与战略目标结合起来，把局部战术与总体战略统一起来,而且可以对组织的各种资源进行有机协调和科学配置,有利于各项资源得到充分利用,大幅提升协同效果,最大限度发挥媒体组织的系统力量。

媒体组织或企业的基本动因是获取社会效益和经济效益的最大化。数字资产管理生态系统的绩效主要反映在该系统对组织目标的价值贡献方面。要想评价组织的绩效指标如何通过实施生态系统实现优化,就必须建立起组织目标与生态系统目标之间的关联,因此,需要将该生态系统作为组织战略规划的一部分统筹考虑,以确保建立的生态系统价值符合并支持组织的战略任务和目标。

5.3.3 注重定量与定性相结合的绩效评价方法

以前,信息系统的评价以定量指标为主,且主要采用财务指标作定量分析,如使用投资回收期、投资收益率、净现值等衡量信息系统的应用效果,因为投资主要目的是产生效率上的有形收益,并尽快回收项目的直接成本。

我们知道,媒体组织(特别是广播电视媒体)不能仅追求经济效益,还要讲求社会效益。如果在评价数字资产管理生态系统时,仅关注其财务指标,就会造成媒体组织经营者急功近利的短期行为,影响媒体组织的长远发展。过分关注非财务指标,则会因难以准确描述和操作而导致组织的生态系统行为失控,并且难以判断非财务指标的变化与利润之间的直接关系。因此,将定性与定量分析有机结合是最佳的评价选择。

5.3.4 将绩效评价贯穿于整个生命周期

生态系统的绩效评价应该是涵盖整个生命周期的持续性过程,而不只是判断开始如何投资或者只是提供系统实施后的评价。因此,评价应该是一种多阶段活动,贯穿生态系统项目开发与运行的整个过程。只有这样才有助于对生态系统进行改善和控制,从而使其沿着以绩效为导向的方向前进。所以,绩效评价是一个动态、全过程的活动,该活动评价生态系统如何通过实施内容生产和服务以实现组织赋予它的使命。

5.3.5 注重绩效评价的动态监控与管理

传统的信息系统评价通常是静态的,在稳定的环境下,这种评价主要关注如何有效使用资源并达到预先设定的目标。数字资产管理生态系统评价则是一个较为复杂的过程,评价的环境、内容和过程之间的交互是多方面的,甚至是经常变化的。如果在生态系统运行期间不进行定期重新评价,可能收益会减少。因此,需要从中、长期持续发展的角度将生态系统的评价工作纳入动态监控与管理机制。

5.3.6 根据不同的评价需求选用成熟的参考标准或框架

评价需要一套科学的指标体系和理论方法作为基础，并遵守一定的客观规律和程序，否则，评价结果将难以令人信服。国际上一些从事 IT 治理和标准研究工作的组织，在实践的基础上建立了相关标准和框架，可以将其作为数字资产管理生态系统的参考性绩效评价体系，以使该项评价工作更有依据和更可信。

由于相关评价框架关注的焦点不同，它们用于生态系统绩效评价所参考的体系的侧重点也就不同，分别应用于控制、审计、战略实施、质量认证等不同领域。主要评价方法有以下几种。

（1）BSC（Balanced Score Card）：平衡计分卡。BSC 是绩效评价中的一种重要方法，核心思想是通过财务、顾客、内部流程及创新和学习 4 个指标之间的相互驱动的因果关系来展现组织的战略轨迹，实现绩效考核—绩效改进及战略实施—战略修正的战略目标。

（2）EVA（Economic Value Added）：企业经济增加值。EVA= 税后净营业利润 – 资本成本，由经济收入扣减经济成本来计算；它以经济利润来衡量企业的价值创造。

（3）CSF（Critical Success Factors）：关键成功因素分析法。CSF 的目的是为管理者提供一个结构化方法，帮助企业确定关键成功因素，再围绕这些关键因素来确定系统的需求。

（4）COBIT（Control Objectives for Information and related Technology）：信息及相关技术的控制目标。自 1996 年发布以来，它现在已经更新至 2019 版；它是一个国际上通用的、基于 IT 治理概念的、面向 IT 建设过程的 IT 治理实现指南和审计标准，可以对最终成果、建设过程、系统架构等进行评价。COBIT 包括有效性、高效性、机密性、完整性、可用性、符合性、信息可靠性等控制目标。

（5）ITIL（Information Technology Infrastructure Library）：信息技术基础架构库。ITIL 是英国政府于 20 世纪 80 年代末制定的，它已经成为 IT 服务管理领域最佳实践事实上的国际标准，最新版本为 ITIL V4。ITIL 融合了全球最佳 IT 实践，是 IT 部门用于计划、实施和运维的高质量的服务准则。企业的 IT 部门和最终用户可以根据自己的能力和需求定义自己需要的不同服务水平，参考 ITIL 来规划和制定其 IT 基础架构及服务管理，从而确保 IT 服务管理能力为企业的业务运作提供更好的支持。对企业来说，实施 ITIL 的最大意义在于把 IT 与业务紧密结合起来，从而让企业的 IT 投资回报最大化。

（6）ABC（Activity Based Costing）：作业成本分析。ABC是以（活动）作业为基础的成本分析。ABC主要关注生产运作过程：生产导致作业发生，作业耗用资源，从而导致成本发生。成本分析就是要清楚完成作业实际耗费了多少资源，这些资源是如何实现价值转移的，最终向市场转移了多少价值、企业收获了多少价值。这将使成本信息更加详细化，成本更具有可控性。

（7）KPI（Key Performance Indication）：关键绩效指标。KPI把对绩效的评估简化为对几个关键指标的考核，将关键指标作为评估标准。关键指标必须符合具体性、可衡量性、相关性、可实现性、时限性要求。

在选择和运用参考框架时，要注意以下事项。

（1）需要根据数字资产管理生态系统的目标设定，综合权衡各个评价框架的优势和劣势，再将不同框架的目标进行整合来满足组织的需要。

（2）框架并不能代表评价，它只是参考性指南，通常只是告诉你最好应该从哪些方面进行评价，而没有告诉你应该如何评价，因此，还需要根据具体情况设定评价体系。

5.3.7 分析影响数字资产管理生态系统绩效的环境因素

生态系统评价过程与内容相互交织，并与引入新系统后导致的组织环境变化密切相关。影响生态系统绩效评价的因素很多，包括组织文化是否支持生态系统的绩效管理，生态系统的实施对组织的重要性，基于生态系统活动的分散性与集中性，资源（如内容资产、技能、工具等）的支持程度，组织的高层领导是否参与使用生态系统绩效的有关信息，KPI指标中是否涵盖生态系统的绩效，等等。这些因素直接或间接地影响生态系统绩效评价的复杂程度、绩效评价的实施效果及绩效评价范围和力度。

研究和辨别影响数字资产管理生态系统评价的环境因素，有利于实现以下目标。

（1）了解评价主体、评价准则、评价方式、时间框架及所用的技术和工具等，了解评价利益相关者的主观影响等，这些因素将对评价的效果产生影响。

（2）针对影响因素，可尽量改善评价环境，创建和谐的生态系统运行环境，从而达到改善生态系统绩效的目的。

（3）对不同的生态系统进行评价比较时，需要考虑各自环境因素的影响，这样才能够体现分析结果的真实性。

该绩效评价体系能够在数字资产管理生态系统项目的立项、可行性研究、招投标、系统规划、技术选型、项目验收以及实际运行等阶段给出有力的决策依据，能够综合权衡在财务实施上的可行性、在应用方面的合理性和有效性，并能够通过持续评价进行有效的过程控制，对生态系统投资的持续过程进行管理和评价，最终使组织能够基于该生态系统进行内容创新和服务提升，实现组织的长期效益。

5.4 案例：娱乐时间电视网的数字资产管理生态系统

5.4.1 基本情况

娱乐时间电视网（Showtime Networks）是美国一家付费有线电视公司，隶属于CBS集团，包括旗舰频道、电影频道、第二频道、橱窗频道、极点频道、家庭频道、次世代频道及女性频道，节目包括原创电视剧、体育节目、单口喜剧、纪录片等。娱乐时间电视网于2011年正式成立了数字资产管理部门。

近年来，娱乐时间电视网的网络业务快速增长，为了给消费者提供丰富的观看体验，其内容许可增加，创作速度也在提高。娱乐时间电视网认为，一个有效的数字资产管理生态系统需要跨部门的知识和全公司工作流程的互动。娱乐时间电视网的数字资产管理团队只有四名主要成员，他们认为保持较小的团队规模可以降低预算，因为公司需要将每个成员的才能和投资最大化，以获得更大利益。该团队的工作需要超越其直接的系统边界，将自己定位为由多个数据库和团队组成的强大的数字资产管理生态系统的知识中心。为此，数字资产管理部门追求更好的自动化、准确的元数据、资产可用性和更高效的工作流。

5.4.2 基于生态系统的数字资产管理和开发应用

数字资产管理团队首先需要明确部门的短期目标和长期目标各是什么，方法论是什么，团队如何宣传部门的宗旨和功能；其次，还需要考虑其他一些问题，如其他部门有哪些问题，这些挑战如何影响数字资产管理人员的工作，如何让团队成员参与公司的业务成长等。

该团队实现了数字档案的维护，并为数字资产的检索和分发创建了一个有组织的跟踪系统。他们认为，建立一个成功团队的关键是形成富有成效的相互依赖关系。例如，团队中的一名成员与体育部门进行了富有成效的合作，帮助管理公司内部的体育资产，进行归档、搜索和分发，大大提高了团队合作效率。另一名成员对应用程序开发充满热情，并开发了一种信息和流程跟踪工具。该工具一方面能使团队成员更有效地进行资产状态跟踪，另一方面能收集元数据和整理统计数据，最终形成公司的数字工作流程。团队中的每个成员都在为部门和整个公司提供服务的同时，致力于流程的改进。

数字资产管理部门认为，存放数据的母系统需要协调每项内容及其版本，以防止形成资产采购和发布的重复工作流。这种影响可能会传导到更下游的地方。在不知道拷贝已经存在的情况下，每当一个新的内容项迭代进入系统时，文案都会被重新描述。对于像娱乐时间电视网这样的大型企业来说，数据常被用于不同的业务部门，所以数据的重复情况时常存在。如果存在重复，就可能会有数据不一致和不准确的地方。为了解决这一问题，数字资产管理部门生成了一个全新的工作流程。

数字资产管理部门和数据专业人员一起成立了一个数据治理委员会，如图5-4所示。该委员会将解决数据重复、数据准确性和数据一致性等问题，目标是能有效管理和访问视音频数据。

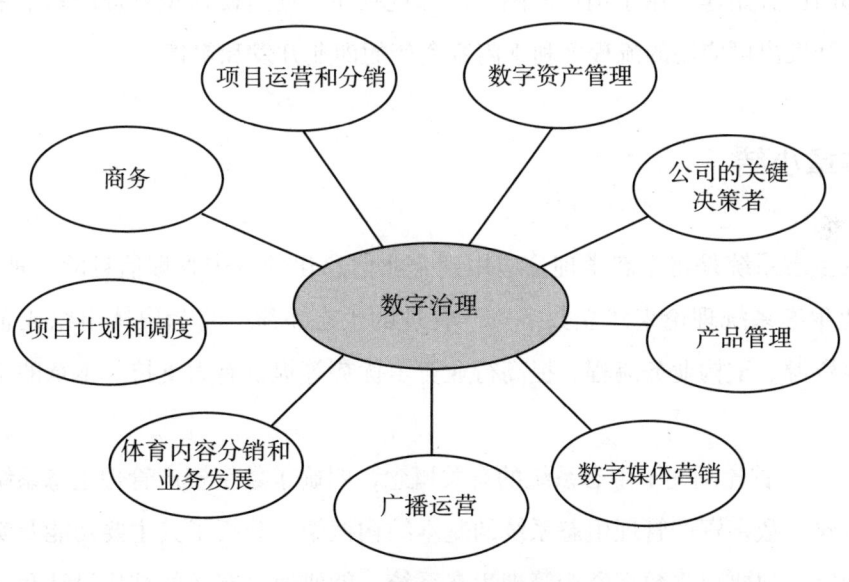

图5-4 数据治理委员会结构

数字资产管理部门建议为系统中的每个内容项建立唯一的标识符和序列号，以解决内容项数据重复的问题，以父子关系的方式将同一内容项的多个表现形式连接在一起，并通过元数据继承将该标识集成到其他系统中，进而解决工作流重复的问题。为系统中的每个内容项建立唯一的标识符将花费大量时间，所以这项工作需要公司多个业务部门的配合。数字资产管理部门已经实施了一个临时解决方案，建立了一个用于合成内容项数据冗余的专有数据库，并结合脚本和手动数据抓取，使用数字资产管理跟踪工具将每个内容项及其各种迭代合并成一个内聚的记录，从而在记录之间创建一个族谱关系。这样可以提高工作流的效率和准确性，并防止资产采购和描述性数据出现重复输入的情况。

5.4.3 未来机遇

数字资产管理团队认为，他们面临的最大挑战是如何通过数字资产获得更多价值和利润，增加传统业务增长的潜力。因此，他们认为未来至少存在以下两个方面的机遇。

（1）随着娱乐时间电视网对数字资产管理生态系统的完善和扩展，数据在整个公司中变得更加易于访问和跟踪。数据库集成和技术创新让数据在公司内无缝流动，从而提高了工作效率和自动化水平。

（2）数字资产管理部门应该不断探索将非流通资产进行货币化，以产生新的收益。该部门已开始建立用于销售的图片库和视频库，通过确认现有资产和未来可用的新资产，开发出可应用的流程，利于内容资产的商业开发和销售。

5.5 本章小结

信息生态系统是将生态学理论应用到企业信息化领域来管理信息的一种新思维。借助商业生态系统理论来建立数字资产管理的生态系统，将为媒体组织或企业有效利用内容资源、重构业务流程、提高行业竞争优势等提供有力支持。本章的主要内容如下。

（1）本章首先阐述了生态系统的有关概念，明确了数字资产管理生态系统的基本目标；构建了数字资产管理生态系统的基本结构框架，分析了其主要功能及实现的有关技术问题。想要建立数字资产管理生态系统，就要通过有效的结构设计和功能实现来更好地解决商业模式问题，以实现整个系统更高的生产效率和强大的适应性，从而实现更大价值的输出。

（2）数字资产管理生态系统的绩效评价模型包括明确绩效评价目的、立足于组织的业务战略定位、注重定量与定性相结合的评价方法、将评价贯穿于整个生命周期、注重动态监控与管理、选用成熟的参考评价标准、分析影响环境的因素共七个方面。该数字资产管理生态系统绩效评价体系，能够帮助一个组织对生态系统进行合理的战略定位，最终服务于组织基于数字资产管理的内容产品价值链活动。

（3）本章通过娱乐时间电视网案例阐述了数字资产管理生态系统对媒体企业价值创造的重要性。娱乐时间电视网认为一个有效的数字资产管理生态系统需要跨部门的知识和全公司工作流程的互动；其数字资产管理团队建立了基于生态系统的数字资产管理和开发应用数字流程，并通过成立数据治理委员会来解决数据的重复、准确性和一致性等问题；该数字资产管理团队正在努力通过数字资产管理生态系统获得更多价值和利润，以增加传统业务增长的潜力。

思考题

1. 什么是好的商业生态系统？
2. 建立数字资产管理生态系统的目的是什么？
3. 建立数字资产管理生态系统要解决哪些关键技术问题？
4. 你认为采用哪种方法评价数字资产管理生态系统绩效更为合适？
5. 调研一家国内数字资产管理系统的案例，并从生态系统视角分析其是否成功。

第 6 章　基于数字资产管理的电视媒体流程整合

本章主要阐述电视媒体基于数字资产管理的流程整合问题，包括数字资产管理整合的经济性、数字资产内容服务的设计原理、基于数字资产管理的电视媒体业务流程、基于数字资产管理的电视媒体流程整合及核心业务过程等。这些内容为实现基于数字媒体资产管理的媒体组织流程再造、有效设计和实施媒体组织的内容服务及价值创造奠定了基础。

6.1　数字资产管理整合的经济性

随着传媒产业的发展，媒体已经进入规模化竞争的时代，这必然要求媒体的组织方式和资源配置要更有效、更经济，所以进行数字资产管理整合是必然的。同时，市场这只无形的手，会使媒体组织在媒体融合创新发展过程中充分发挥调节作用，使优质的人力、物力、财力资源流向经营能力和总体实力强的媒体。整合的主要动因包括追求规模经济、节约管理成本、降低交易费用，以占领更大的市场份额。

6.1.1　数字资产管理整合的效应

整合是指将系统的核心部分与其他要素有机联结在一起，组成一个统一整体的过程。从管理角度来说，整合是一种创造性的融合过程。当构成系统的要素经过主动优化、选择和搭配，相互之间以最合理的结构形式结合在一起，形成一个由适宜要素组成、优势互补的有机体时，才能被称为整合。整合是含有人的创造性思维在内的动态过程，它能够成倍地提升整体效果，有利于实现优胜劣汰、动态平衡。整合效应则是指由整合所带来的实际效果。就媒体组织而言，整合效应对其经营管理和整体发展会产生巨大影响。

从资源角度看，数字资产管理通过内容资源整合提高劳动生产率来满足社会不断增长的精神需求，提高了人们的生活质量；同时，加速了资本的周转，提高了资本的利用效率。数字资产管理作用的有效发挥需要经过一个自然的过程，即建设（包括采集、整理、加工）、开发（包括分类组织的程序化处理、素材挖掘、节目制作）、管理（包括人员管理、设备管理、资金管理、媒体资产库建设、开发利用的流程管理、数据库的管理）、利用（包括检索、应用、销售）。从经济角度看，这个过程需要考虑成本分析、资产评价、效益分析等，以此来判断数字资产管理机构存在的价值和调整的方向。此外，媒体组织还可以根据自身需要整合其他内容来增加数字资产管理的内涵，如将ERP应用在组织体系内，将CRM用于组织与客户之间的交互等。

数字资产管理的整合效应无疑会对媒体组织的内容生产效率与质量起到巨大的提升作用，并且可以实现对数字资产管理系统中内容资料的进一步挖掘利用，如通过VOD系统、非编系统、融媒体的在线采集与播出、电子节目交易等来提高利用效率和收益。英国数字电视资深专家艾伦·格里菲思曾这样描述数字电视的资产：就像一个现代企业看不见的管理神经，利用后台或是看不见的技术优势，调整调度前台符合市场广泛需求的生产和流程，最终把产品轻而易举地推销给客户。这里形象地表达了数字电视以付费业务方式进入市场经济后，在浩瀚的文化娱乐市场的价值空间里，数字资产管理的整合效应及其技术产品应该具有的地位和起到的作用。

基于数字资产管理的价值链整合的主要战略动因包括三个方面：一是追求规模经济，二是节约管理成本、降低交易费用，三是占领更大的市场份额。媒体组织通过这种整合可以达到提升管理、整合资源、增加效益、开拓市场、创新业务五个方面的效果，如图6-1所示。从管理角度看，整合效应最终是要体现在管理活动的经济效果上。因此，数字资产管理整合的效应体现为一种主动的、有目的的活动。这样的活动过程是为了突破原有管理的不足，选择最优功能点，从而创造出新的效应和利益。

6.1.2 数字资产管理整合的规模经济性

规模经济是指当经济发展到一定水平的时候，随着生产效率的提高以及企业规模的扩大，生产部门在产量不断增加的同时成本在降低的经济现象。规模经济的目标是

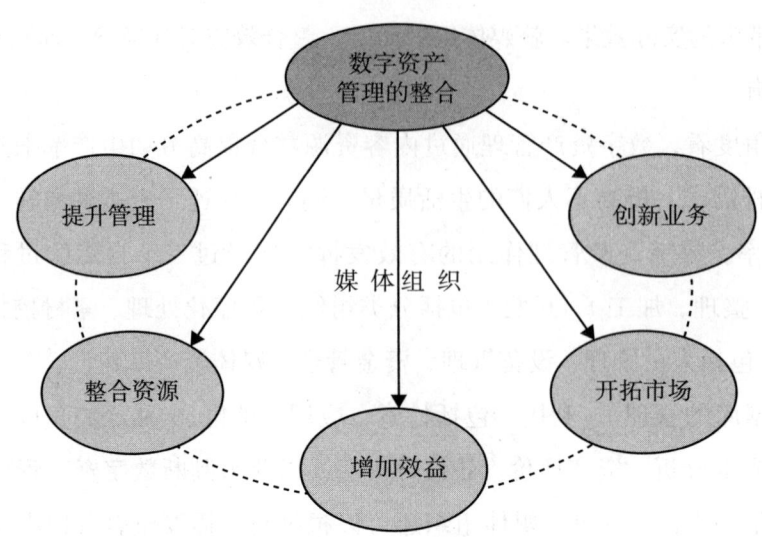

图 6-1　数字资产管理整合的效应

追求成本降低和效率提升。数字资产管理整合的规模经济性，是指在管理活动中运用整合的思想和方法，将与数字资产相关的要素有机整合在一起。媒体组织通过达到一定的整合规模，使各种要素既能够充分发挥其功能，又使整合整体中的要素之间实现最佳配置，从而实现功能倍增的整体规模效应。数字资产管理整合的规模经济性主要体现在以下三个方面。

（1）整合要素本身的规模经济性，这主要来源于数字资产相关整合要素的不可分性。一般来说，这种不可分性在技术设备上主要体现为数字资产管理系统的海量数据处理能力；在人力上主要体现为管理人员对数字资产处理的知识和技能水平；在资金上主要体现为开发、制作、维护等经费的投入。

（2）数字资产要素之间的最佳配置可以带来规模经济性。在数字资产的整合管理活动中，按照一定的模式和方法将资产要素整合为有机整体，可以实现在一定规模上整合体功能的倍增，提升资产整体的效能。同时，整合将各种数字资产及其要素融为一个有机整体，使有关管理人员能够更加充分和系统地了解数字资产的开发和利用过程。另外，随着数字资产的不断丰富，媒体数智化技术水平的提高，数字资产管理系统还将产生学习效应，从而促使投入及成本的降低。

（3）数字资产的整合管理活动将分布于媒体组织各个层面的数字资产有机整合为一个整体，这不仅提升了数字资产的整体效能，还促进了组织内数字资产的共享和交流，使同一数字资产可以为媒体组织的各个部门所用。这必然会提高数字资产的利用效率。

6.1.3　数字资产管理整合的范围经济性

范围经济是指通过增加企业所提供的产品或服务种类而使经济效益提升，即企业同时生产多种产品的费用低于不同企业分别生产每种产品时的费用的经济现象。与规模经济不同，范围经济的存在是以比较低的成本提供更多的产品或服务种类为基础的，其内涵可用如下模型来表示。

设 Y_i 为第 i 个产品或服务组合，其中 $i=1, 2\cdots m$，则范围经济性可以产生下列总成本函数不等式关系：

$$C(Y_1, Y_2 \cdots Y_m) < C(Y_1, 0 \cdots 0) + C(0, Y_2 \cdots 0) + \cdots + C(0, 0 \cdots Y_m)$$

数字资产管理整合的范围经济性，体现为通过整合的思想与方法，将媒体组织各种数字资产、信息活动及其要素集合起来，形成一个功能倍增的开发与利用数字资产的有机整体，从而实现媒体组织对数字资产的统一开发与利用的总成本小于分散于不同部门分别进行相应开发与利用的成本总和。我们可以从以下三个方面来考察数字资产管理整合的范围经济性。

（1）将各种可能的数字资产整合在一起，比依靠单一的和局限于某个部门的数字资产更容易消除媒体组织面临的日益复杂的不确定性，有利于降低媒体组织的资源成本；同时各种资源之间的互补与协同，能促使多样化数字资产在更大范围内得到有效开发和利用，从而实现数字资产的倍增式增值。

（2）将媒体组织各种数字资产的开发和利用活动融为一个有机整体，从整体上提升数字资产开发与利用的效能，同时通过共同开发协议、多种数字资产及其渠道共享（如与其他媒体组织合作开发数字资产），使数字资产开发与经营活动的风险和不确定性减少，由此带来开发成本的下降。

（3）数字资产管理整合通过对先进的信息技术与媒体组织的整合，不仅使组织的效率得到提高，而且使媒体组织能在较短的时间内以较少的成本进行数字资产的有效开发与利用。所以，先进的IT、数字资产及媒体组织的整合为数字资产管理范围经济性的存在提供了必要的条件和支持。

6.1.4　数字资产管理整合的聚集经济性

聚集经济性主要是指各种生产要素，包括企业由于聚集在一起形成相互匹配、相互支持的综合作用体而带来的一种降低交易成本、提高收益的经济效果。数字资产管理整合的聚集经济性体现在以下几个方面。

（1）提高数字资产管理整合的聚集性。将媒体组织数字资产的各种要素整合在一起，形成一种相互协调、相互融合、相互支持的关系，促使它们之间优势互补，使数字资产管理的功能得到最佳配合和利用，从而实现聚合总体效益的提升，并且各整合要素也能够获得更大收益。

（2）实现资产价值链的一体化。通过整合，媒体资源的相关要素得以在组织内部聚集起来，数字资产及相关要素由此能够内化在组织资产价值链的空间内，它们之间的联系更加紧密，形成相互支持与协调的关系，各自的优势也能够充分发挥，从而取得更优的效果。例如，通过先进的技术系统、数字资产和开发资金流的相互联结与配合，可以深入挖掘数字资产的价值并形成内容产业价值链，以此获得更大的社会效益和经济效益。

（3）促进各种要素资源在媒体组织间的共享。数字资产的有关要素资源在媒体组织间有条件地相互支持、相互协调，促使各媒体组织的数字资产开发与利用活动能够形成支持与互补的内在联系，产生协同作用，从而数字资产的开发与利用可以获得外部规模经济的效果，并节省相应成本。这种规模经济的外部化，也被称为集聚经济效应。

6.1.5　数字资产管理整合的速度经济性

我们知道，经济就是人们利用资源满足需求的方式。这种方式在历史的进程中已经有过多次改变，而当今驱动这次改变的三种力量是网络、速度和无形资产的增长。在现今的网络和数字化时代，实现数字资产经济效益最大化的有效方法就是加速资金周转、加速资产的流通、对市场需求做出敏捷反应，同时要掌握消费者的消费心理。

速度经济是一种时间效率经济，收益是由于媒体组织比竞争对手更快、更早地对受众市场做出响应而获得的，它源于媒体组织的整体速动能力，即从受众调研、需求预测、产品开发到生产制作乃至营销管理等一系列环节的快速运作能力。数字资产作为媒体组织竞争的关键战略性资源，作用不仅取决于数字资产的质量和数量，还取决于数字资产的流通速度及加速交易过程而导致的成本节约。当某个媒体组织拥有比竞争对手高出一筹的快速运作能力时，它就可以更加敏锐地捕捉到受众市场需求的动态变化，并且能迅速推出满足受众需求的新节目或内容，从而取得更好的效益。

数字资产管理的整合策略对提高和加强媒体组织的整体速动能力，进而促使速度经济的产生起到了举足轻重的作用。媒体组织信息活动及相关要素的集成，能提升相关处理环节与数字资产管理活动整体的处理与反应速度，可以提高媒体组织数字资产流通的速度。例如，基于云平台的数字资产管理系统，可以使媒体组织在数字资产的采集、处理、存储、开发、传送、销售等方面的速度提高；而数字资产管理组织结构的整合，可以将具有不同知识、技能和经验的人员有机整合在一起，有利于媒体内容产品的创新以及对受众市场的快速响应。

因此，媒体组织的管理者运用整合的思想和方法，将各种数字资产及要素有机集成起来，通过互补、竞争、协调作用，使多种数字资产能够形成与组织特定需求相适应的"速度组合"，如收集速度、开发速度、传递速度、反应速度等，从而有效提升媒体组织数字资产的流通速度，增强整合的速度经济性。

6.2 数字资产内容服务的设计原理

在媒体组织的服务整合中，数字资产管理是为媒体组织提供内容服务的基石，因为吸引和留住受众不仅需要创造和获取内部资源，还需要使用竞争、动态的方法来管理组织内容。数字资产内容服务要遵循以有效性和可用性为起点的原理，同时需要定义数字资产内容服务的设计要素。

6.2.1 以有效性和可用性为起点的原理

数字资产管理中的内容服务是以信息为基础的，也就是说，这里"内容"的判断标准是以信息质量为依据进行筛选的。信息质量的衡量决定着我们在数字资产管理中依据什么来标识需要的内容。

企业内容管理领域存在信息雾（infosmog）的概念。所谓信息雾，是指企业在知识管理和内容管理领域，会受到由于信息量无序增加而面临瘫痪状态的威胁。为此，如何有效管理信息和知识是现代企业迫切需要解决的问题。要消除信息雾就要面对信息准确性、有效性和可用性的挑战，即面对如何提高信息质量的问题。信息的质量有两方面含义。

固有质量：如果能够准确地展现出实际情况，信息就是正确的。

实效质量：信息符合用户的特定需要，且其表达形式符合用户的需要。

图6-2表示了如何对固有质量及实效质量加以权衡以达到最好的结果。该三角形的底边是准确性（固有质量），两个侧边分别代表有效性和可用性（实效质量）。

图 6-2　权衡固有质量与实效质量的度量

从价值角度来看，准确性是高质量信息的基础，否则，信息不会有效也不会有价值。虽然准确性是信息价值的基础，但是我们并不能据此来启动内容服务项目。如果我们试图确保信息是准确的，那么要从什么地方开始处理这些信息？首先需要处理哪些信息？如果有海量的资料及文档，应该如何处理？为此我们不能仅从准确性开始，起点必须是三角形的实效质量侧边。这能让我们判定应该加以管理的最重要的信息，从而缩小准确性的范围。在这里内容服务以有效性和可用性为起点，最后回到准确性上。结合多位学者在这一领域的观点，本书提出了实现数字资产内容服务的四个基本要素，以确保这些准确、有效的内容能传递给媒体组织中的相关人员，所传递内容的格式也是相关人员能够使用的，传向组织以外的内容符合数字权益管理的要求。这就是穿透信息雾的途径。

6.2.2　数字资产内容服务的设计要素

为了更好地指导媒体组织数字资产服务的实施，这里定义了内容服务设计中的四个基本要素，即需求引领内容服务、人员和过程推动内容服务、统一编目促进内容服务的规范化、版权管理保障内容服务。

6.2.2.1　需求引领内容服务

和其他资产一样，媒体组织的数字内容资产对本组织的业务目标及其他组织的业务目标都是有价值的。把媒体内容看成资产就是要了解这些内容在支持内部组织和外部组织方面的价值。并非所有的数字资产都具有同等的价值，它们的价值或多或少取决于组织的战略和战术需要以及社会环境。例如，如果电视媒体的主导战略是提高观众的收视率，那么就应该在此目标上（吸引观众的眼球）衡量其资产内容的价值。又如，针对国内外重大历史事件，如抗日战争胜利纪念日，各电视媒体都会尽量挖掘一些珍贵历史资料来制作专题片等，这时就要重新衡量这部分内容资产的价值。

数字资产的拥有者必须从媒体组织内外的业务需求着手，通过市场调研充分了解用户的需求信息，知道需要管理的内容以及如何去管理和开发这些内容。因此首要基本要素：根据"20/80法则"，数字资产内容服务的出发点就是要关注那些占20%比例的资产却驱动80%媒体主要业务的各类高价值内容资产。

6.2.2.2 人员和过程推动内容服务

知道了业务需求及支持业务需求的内容后，就可以深入内容本身了。谁产生了内容？又是如何产生的？在发布内容之前需要多少层许可？对外销售内容时权益问题如何解决？是否应归档这些内容？是否存在控制内容创作、生产、流通和存储的规章性要求？媒体组织的安全性规定是否制约着对内容的访问、使用、内部共享等？

这些问题更多的与人员、组织和过程有关，而不仅仅是技术问题。调查了解媒体组织不同部门的需求，查看其所生产的内容就可以得到相应答案。同时要跟受众（或客户）交流以了解所生产的内容是否满足他们的需求。如果内容的使用或销售要经过多层许可或是媒体组织对内容的管理有严格的限制和控制，就会在一定程度上影响数字资产价值的发挥。

为此，内容提供者的门户服务必须有一套服务规程。定义需求的最好方法就是调查现有的过程，了解用户（或客户）在访问资产目录、低码率浏览内容和需要提供内容服务等方面遇到的困难，以此采取针对性策略来推动内容服务。这就要求数字资产的管理和开发部门必须树立为用户服务的理念，不断推动内容价值的深入挖掘和面向融媒体市场的多种利用。

6.2.2.3 统一编目促进内容服务的规范化

就数字资产管理内容来看，有音频、视频、图形、图像及文本等完全不同的内容，因此，用来管理这些内容的技术标准必须遵从统一的规范。我们知道编目有利于数字资产的有序化和系统化，有利于内容的检索和再利用，有利于数据交换和内容资源共享。所以数字资产的编目不仅是一种分类机制或分类系统，还是一种可以确保数字资产能被良好管理、维护及保护的综合结构。在内容管理的过程中创建统一的行业编目标准是非常重要的，它直接影响系统的使用效果和内容服务的质量。国家广电总局于2004年11月1日发布了广播电视行业标准《广播电视音像资料编目规范 第1部分：电视资料》；2007年4月1日又发布了《广播电视音像资料编目规范 第2部分：广播资料》；2016年2月24日又发布了经修改的"广播资料"标准《广播电视音像资料编目规范 第2部分：音频资料》。这些标准的制定促进了广电媒体行业数字资产编目的规范化，为更好地开展媒体内容服务奠定了基础。

6.2.2.4 版权管理保障内容服务

数字资产内容在保存、开发、利用、销售等环节面临诸多挑战。我们知道数字内容只有被使用才会产生价值形成资产，而且使用得越广泛，使用频率越高，其价值就越大。对于媒体内容的拥有者（制作者）而言，数字内容被广泛使用后，只有对其事先采取有效的保护措施才能得到相应的回报。由于视音频数据的处理成本较高，对于拥有大量视音频资料的机构来说，在建立数字资产管理系统时，版权保护是必须认真考虑的，它是对外提供内容服务的基础和前提。

版权管理就是要在现存的法律基础上，充分梳理数字资产的版权所属问题，并对资产库的内容进行详细的版权信息著录，然后按照利益平衡原则，在内容资产的开发、使用和销售时考虑相关各方的利益关系，保证数字资产在经济有效的责任体系下，获得持久的开发和利用。在互联网高度发展的今天，数字内容可以通过网络从某个计算机终端传送到世界的各个角落，因此，版权保护是数字资产管理面临的一个重要课题。虽然数字版权保护技术已取得了较大突破，但版权管理中的社会环境及人们的法治观念仍需加强。

6.3 基于数字资产管理的电视媒体业务流程

6.3.1 电视媒体信息化和数字化转型的发展过程

在当今媒体崇尚"内容为王"的时代，节目和素材已经成为电视媒体越来越重要的战略资源。当这种资源被充分挖掘时，必将成为电视媒体一笔非常庞大和宝贵的资产。电视媒体的数字资产属于无形资产，它们大都是脑力创造的成果，即数字媒体资产＝节目内容（或素材）＋版权。这些数字化的节目内容和素材具有占用存储空间小、检索方便、利用率高等特点，不仅可以在电视媒体内部重复使用，而且在版权规则的控制下，可以在经济全球化的大市场中流通。此外，它们被重复利用的次数越多，流通的频率越高，其所创造的价值也就越大。

6.3.1.1 信息化过程

电视媒体数字资产管理是电视媒体信息化和数字化发展到一定阶段的结果，电视媒体信息化的过程模型如图6-3所示，可分为五个发展阶段。

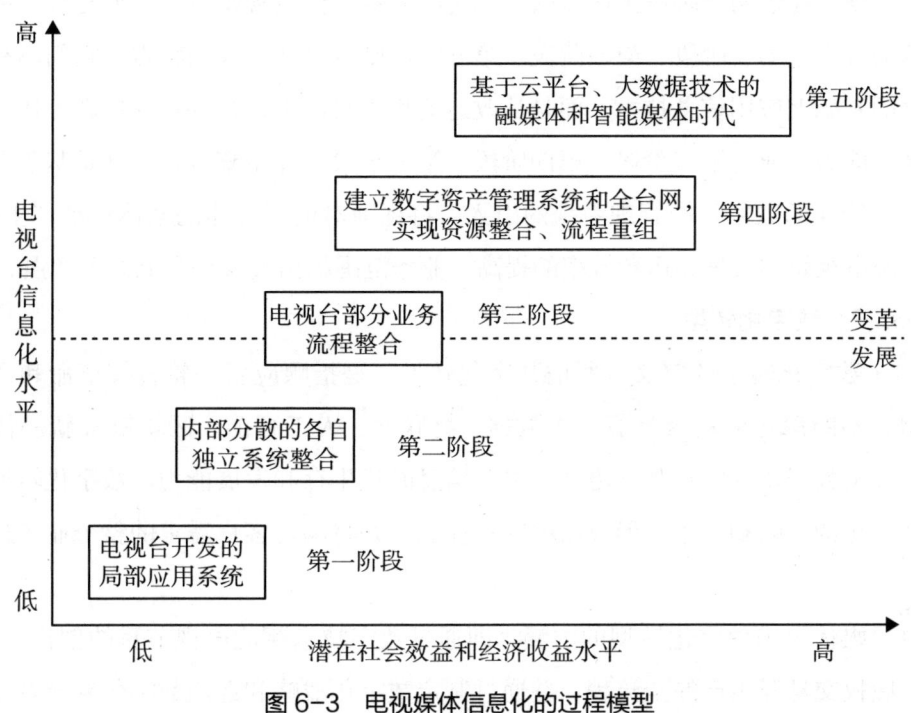

图 6-3　电视媒体信息化的过程模型

第一阶段，信息技术单独应用于电视媒体的不同部门，如电视媒体的节目后期制作系统、传统磁带库管理系统和计算机财务管理系统等各自是相互独立的。

第二阶段，电视媒体在应用信息技术方面逐渐成熟，技术专家开始把局部应用阶段形成的"自动化孤岛"连接起来。例如，将电视新闻的后期制作系统与播出系统连成网络，将后期制作好的节目通过网络传送到播出系统，在指定的时间直接播出。

第三阶段，采用信息技术转变电视媒体内部的工作方式，进行部分业务流程整合。例如，对电视媒体一些部门的手工业务处理流程进行改造或调整，以适应计算机信息处理的特点与网络化工作方式的要求，而不是简单地模拟手工业务处理规程。

第四阶段，建立数字资产管理系统，通过全台网实现电视媒体内容资产（如节目、素材等）的数字化和网络化管理。该阶段要重新考虑电视媒体内部的流程改造，实现整体业务流程重组，同时还可以引进媒体 CRM、ERP 等一系列管理理念与技术，提高电视媒体资源的利用效率和价值创造能力。

第五阶段，基于云平台的全台融媒体网络系统及智能数字资产管理，重新定义电视媒体的节目生产和播出业务范围，并拓展视频网站、短视频等业务领域，为融媒体内容产业的发展提供更多、更好的节目产品和服务，进一步扩大市场的盈利空间。

上述第一阶段、第二阶段属于自然进化阶段，它们往往在引入信息技术一段时间后就会出现。在这两个阶段虽然能获得一定的效益,但电视媒体并不能充分发挥其信息技术的效力。第三阶段、第四阶段、第五阶段则具有变革性的特点,它们不是在现有秩序的基础上应用信息技术,而是从改造流程本身出发,去寻找支持新工作方式的信息技术能力。通过第三阶段、第四阶段、第五阶段的逐步整合,特别是基于云平台的带有智能化的数字资产管理系统的引入,将逐渐对电视媒体的整体活动产生效应,从而实现电视媒体管理和运营效率的提高、业务范围的拓展及获利能力的增强。

6.3.1.2 数字化转型

(1)数字化转型的定义。所谓数字化转型,是指顺应新一轮科技革命和产业变革趋势,不断深化应用云计算、大数据、物联网、人工智能、区块链等新一代信息技术,激发数据要素创新驱动潜能,提升信息时代生存和发展能力。数字化转型也指提供数字化的产品和服务,形成新的客户体验,并将满足客户需求的整个业务过程数字化。

电视媒体组织数字化转型的内涵,即通过数字技术赋能电视节目的创作、制作、播出、版权交易等生产的全流程,并通过制定数字化战略和选用数字化领导者变革媒体的组织结构、组织文化和管理模式,提高组织的敏捷性,实现最佳社会效益和经济效益,最终提高媒体组织的可持续竞争力。

(2)数字化转型的特点。数字化转型是信息技术引发的系统性变革,是对组织价值体系进行的优化、创新和重构。核心路径是新型能力建设;关键驱动要素是数据;基本目标是降本增效,为客户提供更多价值、给客户以更好的体验,并创新商业模式。

(3)数字化转型的根本任务。企业或媒体组织需要打破专业技术壁垒,构建"战略+能力+技术+管理+业务"五位一体的任务体系,开辟价值发展新空间,以转型的系统性应对环境的不确定性。

其中,发展战略由"静"到"动",由构建封闭价值体系的静态竞争战略转向共创共享开放价值生态的动态竞合战略;新型能力由"刚"到"柔",由刚性固化传统能力体系转向可柔性调用的数字能力体系;解决方案由"技"到"数",由技术要素为主的解决方案转向数据要素为核心的系统性解决方案;管理体系由"层级"到"扁平",由封闭式的自上而下管控转向开放式的动态柔性治理;业务转型由"分工"到"生态",由基于技术专业化分工的垂直业务体系转向需求牵引、能力赋能的开放式业务生态。

媒体组织数字化转型的实现,是一个按照总体规划、从当前实际出发、不断推进的过程。数字化转型要做到主要领导亲自抓，通过数字化转型全面推进媒体各项业务的高质量发展，实现内容生产的精细化管理，提高管理精度，推动管理创新，强化媒体业务过程控制，提高员工素质，为媒体组织的内容创新和提升市场竞争能力提供支持。

6.3.2 基于数字资产管理的电视媒体流程整合及核心业务过程

6.3.2.1 基于数字资产管理的电视媒体业务流程整合

根据迈克尔·哈默（Michael Hammer）的定义，业务流程指的是把一个或多个输入转化为对顾客有价值的输出的活动。另一位最早关注业务流程重组的专家托马斯·达文波特（Thomas Davenport）则认为，业务流程是一系列结构化的、可测量的活动集合，并为特定的市场或特定的顾客产生特定的输出。

就电视媒体的管理来说，其业务流程指的是为了达到期望的管理或业务目标，在一定的输入资源约束条件下，通过明确的组织人员执行，产生特定的输出结果的一系列管理或电视业务活动的集合。数字资产管理系统极大地改变了电视媒体的工作流程，使其以生产和操作为中心的环境向以数字资产为中心的环境转换。数字资产管理系统使记者、编辑、导演等在节目制作过程中能够直接访问共享的数字资产库，即时获得所需的节目素材和其他信息，有利于电视节目的创新和开发，从而极大地提高节目的生产效率，降低节目的制作成本，缩短制作周期，进一步提高电视节目的生产力和创造力。

就电视媒体数字资产本身来说，它有一个从产生到逐步转化为历史资料的过程，这一过程大致可分为四个基本阶段：创建、管理、发布/应用、归档。数字资产管理系统业务流程是针对数字资产的整个生命周期进行的，在它的不同子进程中，需要根据子进程的不同任务划分来对数字资产进行相应管理，并产生不同的产品。需要特别关注的是，要通过对数字资产的重复利用、扩展应用等，尽可能地延长应用期、加深应用的层次、提高数字资产在电视媒体内多部门间重复使用的频度，最大限度地发挥数字资产的价值。

电视媒体开展数字资产管理的根本任务是业务流程整合。这里的流程整合是指将数字资产管理系统的核心部分与其他要素有机联结在一起，使之成为一个统一整体的过程。从管理角度来说，流程整合是一种创造性融合过程，只有当构成系统的要素经过主动优化、选择和搭配，相互之间以最合理的结构形式结合在一起，形成一个由适宜要素组成的、优势互补的有机整体，才能被称为整合。流程整合是含有人的创造性思维的动态过程，它能够成倍提升电视媒体的整体效果，有利于优胜劣汰，有助于实现动态平衡。在流程整合过程中，重点是要实现整个电视媒体的生产业务流程、生产管理流程和经营管理流程的整体优化。电视媒体通过对流程的有效整合，将对其经营管理和整体发展产生根本性影响，从而获得对信息技术投资的巨大收益。

结合我国电视媒体的实际，这里给出了基于数字资产管理的电视媒体业务流程基本体系结构，如图6-4所示。在该体系结构中，数字媒体资产管理系统（包括数字资产库）是电视媒体的核心构件，它与电视媒体的管理系统（如总编室、审片部门、播出部门等）和各部门的业务系统（如新闻频道、体育频道等）紧密相连，同时通过引入外来素材进行节目的加工制作，并对外提供资源共享、网络播放、基于电子商务的节目交易等服务。这些共同构成了节目制作、播出、权益管理、节目经营与组织结构的基础。

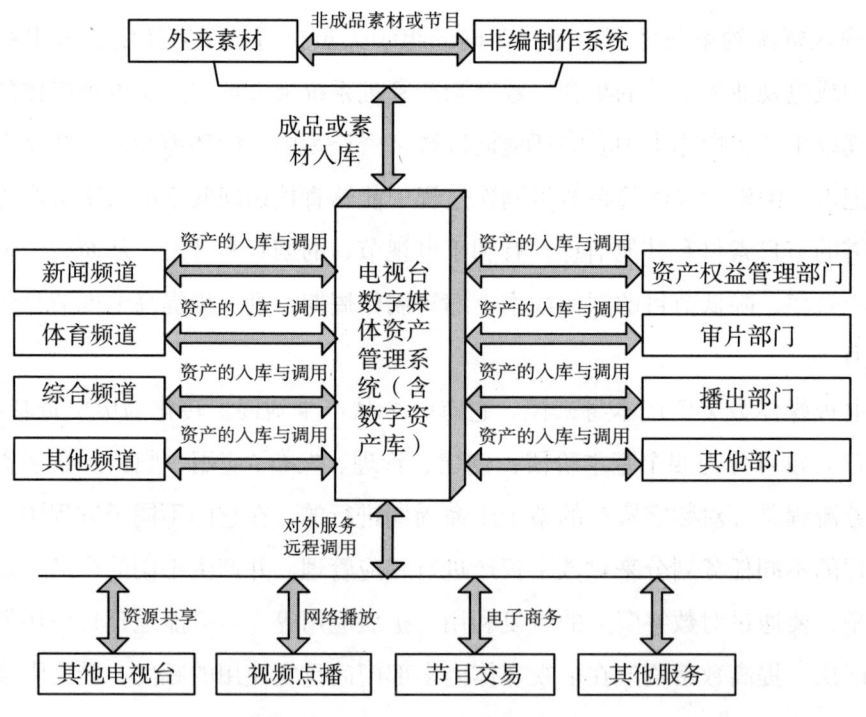

图6-4　基于数字资产管理的电视媒体业务流程基本体系结构

在图6-4的体系结构中，从基础层面分析，必须解决好存储管理、多媒体资料检索和访问协议这些关键要素。

（1）实施有效的数字对象存储管理，实现分层次存储（包括在线存储、近线存储和离线存储）及分布式扩展功能等。

（2）对数字资产库实现关于数字对象的元数据管理以及多渠道检索访问。

（3）建立统一的应用访问协议，保证一致性、完整性，并与不同的应用环境整合。

上述三个要素主要是解决数字资产的有效存储和高效利用问题，除了要支持海量视音频数据的存储，还要能保证高效的访问和检索功能，包括选择合适的存储策略、存储设备、访问协议等。

从整合角度考虑，该体系结构至少要实现三个层次的内容整合。

（1）资产整合：基于IT业界领先的集成技术，实现整个电视媒体不同部门之间各种数字资产的快速整合，并能实现跨库检索和各类数字资产的深度挖掘利用。

（2）业务整合：从数字资产的采集、节目制作、内容管理到发布和营销，实现在电视媒体内部、电视媒体之间的业务整合。

（3）人员整合：数字资产的开发要由积极主动、富有经验和创新思想、熟悉电视媒体和内容产业的从业人员进行，电视媒体通过对不同部门人员的整合，最大限度地开发数字资产，以创造价值。

上述基于数字资产管理的流程整合过程，避免了电视媒体各部门成为"资源孤岛"，由此提升了电视媒体的整体效能和竞争优势。数字资产管理的最终目的是支持电视媒体战略目标的实现。电视媒体在不同的时空环境下目标会发生变化与调整。基于数字资产管理的流程整合是一个动态的过程，电视媒体根据其目标调整、优化整合的资源对象和整合模式，使各种资源对象能够有机融合，通过整合提升数字资产的整体效能。

6.3.2.2 基于数字资产管理的电视媒体核心业务过程

电视媒体的业务过程是以电视节目生产为核心的。数字资产管理系统可以为电视媒体内部之间及内部与外部之间的业务提供一个理想的内容服务平台。但该平台不应仅停留于技术的先进性上，还必须重新设计其核心业务过程，以此发挥其技术和资源优势，创造新的价值增长点。

基于数字资产管理的电视媒体核心业务过程模型如图6-5所示。该业务过程模型直接提供支持商业过程、内部用户或外部客户、节目和素材供应商的产品和服务。在创造社会价值和经济价值时，数字资产的利用发生在电视媒体的主要业务过程中。

在图6-5所示的业务过程模型中，左半部分是电视媒体的关键资源，其核心是电视媒体的数字媒体资产，此外还需要人力资源和技术资源的支持来实现对数字资产的管理。数字媒体资产是电视媒体通过核心业务过程创造价值的关键要素，它是电视媒

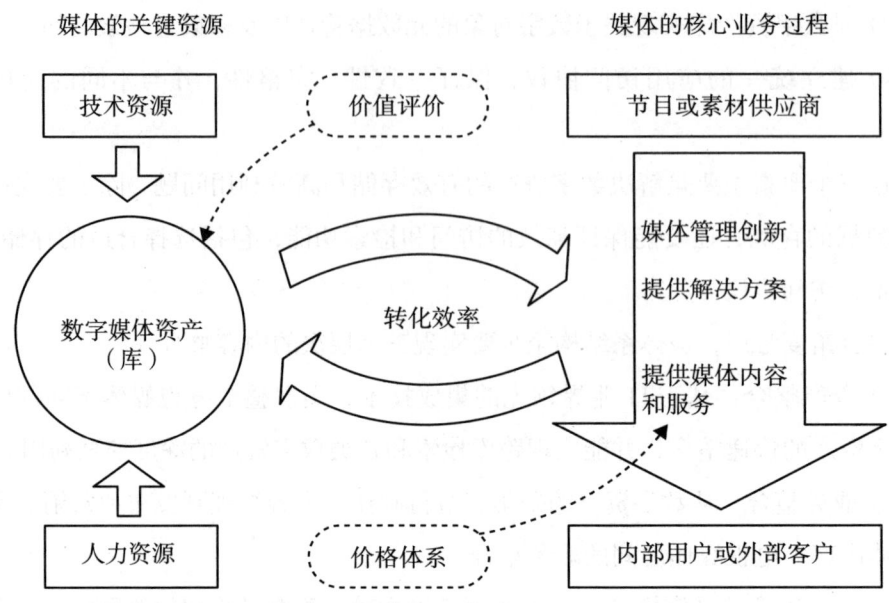

图 6-5 基于数字资产管理的电视媒体核心业务过程模型

体中最有价值的数字资源，包含各类节目、素材、文稿、数据和信息等。随着数字资产管理的成熟和进一步发展，隐性资产和非结构化商业过程会系统化、结构化和固化到电视媒体的业务过程中。该部分的人力资源由积极主动、富有经验的电视媒体从业人员组成，他们可以通过数字资产管理系统维护基础设施及提供面向电视受众和新媒体市场的节目产品开发解决方案，充分利用海量的数字资产创造商业机会。技术资源是一套可分享的融媒体技术平台和海量内容资产数据库，它可以实现数字资产管理系统和电视媒体业务应用的整合，并建立节省成本的开发和应用模式。

如图 6-5 的右半部分及中间的转换箭头所示，电视媒体的核心业务过程是生产节目产品并提供对内和对外服务。该过程主要利用电视媒体内部的数字资产，或利用外部内容或素材供应商提供的相关资源，通过电视媒体管理创新、提供解决方案、提供媒体内容和服务等，来满足内部用户或外部市场的需求，同时将所创造出的节目产品及素材存入数字资产库（归档），使之成为新的内容资产，如此构成电视媒体核心业务过程的闭合价值链体系。

图 6-5 右侧的电视媒体核心业务过程，主要包括如下几个关键环节。

（1）媒体管理创新，指的是创造性地将新的和已有的技术与数字资产管理相结合，提供新的电视业务解决方案，实现增值或者使已有的业务功能变得更好、更快、更便宜。创新包括利用数字资产来创造新的节目、拓展融媒体市场，加强业务和商业职能、巩固客户关系、改进业务流程。电视媒体的创新者必须确保创新活动同组织的战略性业务宗旨是一致的。

（2）提供解决方案是指在创新的基础上，电视媒体通过内部节目开发、业务外包，特别是使用数字资产整合的形式来提供电视媒体频道及网络视频的业务解决方案，如设计基于海量数字内容资产的节目开发模式和营销策略。

（3）提供媒体内容和服务主要是指在解决方案的基础上，通过实施方案来为电视媒体提供需要的节目内容和服务支持。该环节包括由数字资产管理系统提供资料库中的节目、素材及查询检索服务，依据基于数字资产管理的解决方案快速开发和制作量大质高的新节目。其主要目标就是以经济高效的方式为电视媒体的各项业务提供所需的服务，同时也可以对外提供节目和素材的服务，并获得相应的经济收益。

从电视媒体的全局利益来看，必须建立围绕数字资产统一管理与协调的整体机制。这种机制不仅需要协调与管理内部和内部之间的关系，还需要协调与管理内部和外部之间的关系，以实现对内节目编辑生产和对外节目产品及素材流通两个渠道的管理流程。上述基于数字资产管理的电视媒体核心业务过程，目的是要大幅度提高电视媒体的管理绩效。电视媒体的管理绩效主要是通过其创造的价值来衡量的，主要指标有电视媒体运营的卓越性，构思、开发节目产品的创新性，节目产品的生产能力，有价值的节目产品的交付速度，满足业务需求和市场需要的节目产品质量、内容产品生产调整的灵活性等。数字资产管理的内容应该对应播出与发布的需求，必须按照受众市场的需要来调整生产，以达到数字资产价值的直接增值。倘若在上述过程中能够促使数字资产管理的"内容库"向"商品库"转化，并参与对网络、市场、客户的发布与销售的服务管理，节目内容资产就可以通过加速流通而获得较高的商品价值与附加值，从而能够有效避免无形资产的沉淀，推动电视内容产业的高质量发展。

6.3.2.3 基于数字资产管理的端到端集成工作流制作

基于 DAM 的集成工作流模式将媒体内容的制作和分销价值链转变为一个动态、敏捷的全数字工作流。现在，包括记者、制片人、制作人员、档案管理员和编导在内的不同人员都可以即时访问他们所需要的内容，并且可以安排资源来制作与分发节目，随时随地获得立即可用的视频片段、活动实况或存档内容等资源，并在电视频道上播出或在多平台出版。

这种集成工作流为摄取过程提供了持续支持，如支持内容选择和编目、确保内容的可用性及编辑和用户（指记者或档案管理员）的可搜索性，使所有接收的内容都有适当的标签，使用的权限可以立即被确认等。对内容工作流的定义采用全数字化的以故事为中心的工作流模型，每个内容片段都通过一个单一/集中的"盒子"进行管理，每个内容片段的定义包含所有相关元素（文本、视频、音频和图像等）。

这种重新设计的集成工作流生产模式对最大化数字资产价值、确保内容权利在每个平台上得到适当利用有着重要意义。从媒体组织角度来看，数字化已经将内容定义的活动从技术和制作人员转移到编辑人员。当今，记者在进行端到端的编辑过程时可以从事以下活动。

（1）内容搜索。通过独特的搜索环境，使用标准的单一文本（类似谷歌的搜索）、高级搜索（指根据用户需求量身定做）或分层内容浏览进行内容搜索。

（2）在线或离线材料的内容预览和选择。

（3）内容编辑（在时间轴上导入和编辑音频/视频），包括在录制内容时插入语音和图形图像。

（4）通过本地（专用工作站）或远程（网络客户端）制作完成（渲染）成品。

（5）内容播出。内容播出有专门的流程，如可以按预定顺序直接播放，也可以通过人工或自动触发模式播放。

这种端到端的数字集成工作流对整个内容价值链产生了积极影响。实现复杂的数字端到端的工作流程需要项目管理和流程治理，所做的工作包括从工作流程映射到工作流设计，识别需求，定义人工智能可实现的目标及设计特定的实现路径，分析每个部门的需求并明确如何实现。此外，无论是在项目期间还是项目之后，都需要开展持续的审查和改进工作。

6.4 基于数字资产管理的电视媒体组织结构及竞争力分析

6.4.1 基于数字资产管理的电视媒体组织结构

对任何一个企业或组织而言，组织结构都是保障其成功运转的重要因素之一。在实施基于数字资产管理的核心业务过程时，除了需要从技术角度和业务角度整合流程，还应该对电视媒体内部的组织结构做相应变革或调整，以使组织结构更好地适应业务流程变化，从而保证电视媒体由最科学的组织结构、最精良的人员构成，高效完成运营业务，并最大限度地利用数字资产创造价值。

电视媒体的组织结构设计需要遵循两个基本原则：一是根据电视媒体生产经营的特点建构组织结构；二是这个结构应具备相当好的自适应能力，可以自我调节。除此之外，电视媒体内部传统的管理方式和文化积淀对员工的影响也是设计者所必须考虑的因素。基于此，我们应该把电视媒体的组织结构看作一个系统来进行规划设计，以现代权变组织理论的思想来综合考虑它与环境、战略、核心竞争力、组织文化等因素之间的关系，如图6-6所示。

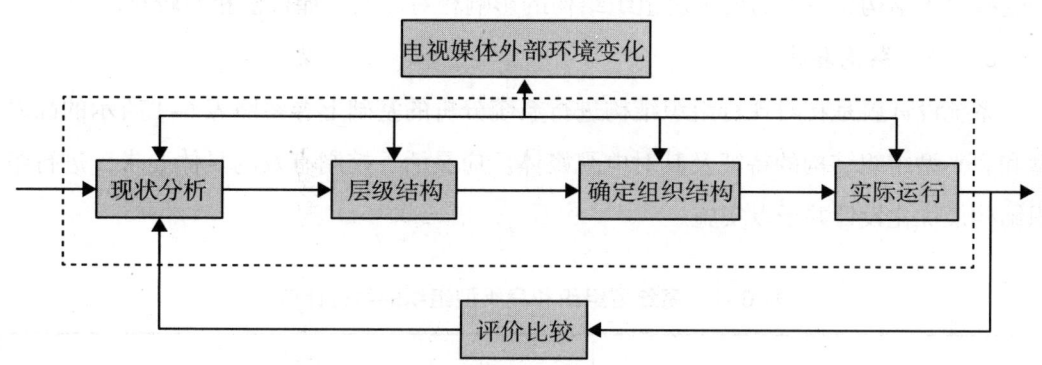

图6-6 电视媒体组织结构重构设计模型

其中，组织结构设计系统的输入是资源变量组，包括节目素材资源、资金、设备和人力资源等；输出是组织能力变量组，包括品牌能力、市场能力、技术能力和管理能力等。虚线框内是由组织结构支持的电视媒体组织。从图6-6可以看出，电视媒体的组织结构处于一个动态的过程。

根据这个设计系统特性构建电视媒体的组织结构，可以分为系统分析、系统设计和系统协调三大步骤，每个步骤又相应分成若干个小步骤，每个步骤之间可以形成反馈循环。

6.4.1.1 系统分析

系统分析包括现状分析、层级结构分析两个阶段。系统观点认为，组织是由五个分系统构成的，这五个分系统分别是目标与价值分系统、技术分系统、社会心理分系统、结构分系统和管理分系统。

（1）目标与价值分系统包含的要素：组织文化、管理、总目标、群体目标、个人目标。

（2）技术分系统包含的要素：知识、技术、设施、装备。

（3）社会心理分系统包含的要素：人力资源、态度、感受、激励、群体动力、领导、沟通、人际关系。

（4）结构分系统包含的要素：任务、工作流程、工作群体、权威、信息流、规则。

（5）管理分系统包含的要素：确定目标及计划、组配资源、组织、实施、控制。

设计电视媒体的组织结构应该首先对构成它的要素进行分析。一般而言，电视媒体的竞争力是以节目创意、策划、采编制作为核心的，而这些工作的从业者的性格特点决定了其目标与价值分系统和社会心理分系统对电视媒体组织结构运行有着重要的影响，因此，这两个分系统所包含的要素加权值相对较高。电视媒体的生产流程与规则这些属于结构分系统的要素对组织结构的影响相对较低，加权值相对较小。

6.4.1.2 系统设计

系统设计就是在对现行组织结构进行系统分析的基础上，参照表6-1所示的高耸型和扁平型组织结构的特征及其对电视媒体反应灵活、控制有效的具体要求，进行组织结构最优化设计并予以实施。

表 6-1 高耸型组织和扁平型组织的特征比较

类型	性质	特点	
		优点	缺点
高耸型组织	层次多，幅度小，沟通渠道多	管理严密，分工明确，上下级较易协调	沟通时间长，费用高
扁平型组织	层次少，幅度大，沟通渠道少	管理费用低，信息沟通快，成员自主性强	不能严密监督下级，上下级协调困难

对于电视媒体组织结构的重构而言，应将具有决策相关性、技术相似性的部门首先在同一管理层次上进行整合，而后对管理层级做进一步分析，并将相关联的部门连接组合。从某种意义上讲，电视媒体组织结构的重构可以看作以观众需要为目标，面向节目制作流程进行的结构调整。

6.4.1.3 系统协调

组织结构实施就是将设计的组织结构按预定目标投入运行，执行电视媒体规定的各部门及各类人员的工作职责，开展正常的组织活动。在实践过程中，要对能够表征组织结构有效性的四个方面进行观测，并实施跟踪反馈。这四个方面包括：各级组织结构之间的职权关系是否合理，具体的信息通道是否畅通，工作流程是否有序，中枢控制是否有效。基于对这四个方面的反馈结果，管理者应适时根据组织环境的变化及运行状况作出必要调整，使组织结构能正常运行并处于控制之中，且具有高度的灵活性和自适应能力。

从管理层面看，除了要实现电视媒体的组织重构，还要加强组织的文化塑造、员工培训，通过管理创新实现绩效考评、成本控制。只有在节目策划、制作、播出等业务层面和管理层面同时进行改革创新,基于数字资产管理的电视媒体业务流程才能顺利实施,并取得成功。

6.4.2 基于数字资产管理的电视媒体竞争力分析

电视媒体组织的竞争力是长期形成的、融入组织内部的、特有的竞争能力,是指组织在适应、协调和驾驭外部环境的过程中,成功从事节目制作、传播和经营活动的能力。电视媒体组织的竞争力体现了电视媒体组织竞争力资产、竞争力环境和竞争力过程的整合统一,而且这种整合统一是以全球化和创新为原则的。

电视媒体竞争力可以用数学模型描述为:$C_B(x)=f(Ax, Ex, Px)$。

式中:$C_B(x)$为电视媒体组织竞争力的因变量函数。Ax为竞争力资产,是指基于数字资产管理的电视媒体组织固有的资产(包括数字内容资产、内部经营要素、融媒体网络平台及其他基础设施等)或创造的附加资产(如品牌价值、受众忠诚度、客户资源、组织文化、管理风格、经营理念、创新机制等)。$Ax=f(H, S)$,H为硬资源,是指电视媒体组织的房屋、内容资产、网络及制作播出设备、员工人数、资金等;S为软资源,是指组织的运营机制、战略决策能力、资源配置能力、组织文化、经营理念、管理风格以及针对受众市场的节目产品开发和营销能力、资产整合运用能力、人力资本水平等。Ex表示竞争力环境,是指影响电视媒体组织竞争力的外部因素,且$Ex=f(s, g, m, t, i, a)$。s为制度环境,g为政府政策,m为受众市场结构,t为技术、教育和文化环境,i为媒体产业因素,a为外部联盟。Px为竞争力过程,是指电视媒体组织的竞争力资产和竞争力环境转化为组织竞争力的过程,包括业务过程和管理过程。$Px=f(w, p)$,w为业务活动过程,p为管理活动过程。该竞争力模型的基本内涵包括以下几点。

(1)电视媒体组织的竞争力由三个函数变量所决定:竞争力资产、竞争力环境和竞争力过程,三者缺一不可,任何一个变量处理不当,都会影响组织竞争力的形成。

(2)电视媒体组织竞争力的形成是一个动态的过程。这个过程是指媒体组织通过整合、创建、重构内外部资源从而在变化多端的外部环境中不断寻求和利用机会创造竞争优势。这就要求媒体组织在资源配置过程中,不断优化其电视业务活动和管理活动,即要不断创新。同时,这一过程要始终以全球化视野和标准为原则。

(3)电视媒体组织竞争力资产包括硬资源和软资源,单一方面不能构成媒体组织的竞争力资产;而且,随着信息技术的发展和受众市场的变化,特别是融媒体市场的扩大,数字媒体内容资源在形成组织竞争力资产方面起着越来越重要的作用。

（4）在竞争力资产和竞争力环境一定的条件下，将竞争力资产和竞争力环境成功转化为核心竞争力，这个过程可以增加价值并为媒体组织创造新的资产。这里的关键因素是过程创新，并优化基于数字资产管理的电视内容产业价值链，建立媒体组织的核心能力，否则难以形成竞争优势。

（5）电视媒体组织的竞争力是可变的，即通过竞争力资产、竞争力环境和竞争力过程三者的组合，既可以使其从竞争优势转变为竞争劣势，又可以使其从竞争劣势转变为竞争优势，或者使其原有的竞争优势变得更加稳固。

6.5　本章小结

在电视媒体信息化和数字化的基础上进行业务流程整合，不仅能提高节目生产制作的质量和效率，还能满足电视媒体的整体业务发展要求，有利于提升电视媒体的核心竞争优势。本章对基于数字资产管理的电视媒体流程整合进行了分析，主要包括以下内容。

（1）通过对数字资产价值链的整合，媒体组织可以达成管理提升、资源整合、业务创新、市场开拓、效益增加等方面的绩效。数字资产管理整合的经济性包括规模经济性、范围经济性、聚集经济性和速度经济性。

（2）数字资产管理是为媒体组织提供内容服务的基石，数字资产内容服务要遵循以有效性和可用性为起点的原理；数字资产内容服务的设计要素包括需求引领内容服务、人员和过程推动内容服务应用、统一编目促进内容服务的规范化及版权管理保障内容服务。

（3）数字资产管理是在信息化和数字化的基础上发展起来的，基于企业流程再造理论，做好基于数字资产管理的电视媒体流程整合并重构电视媒体的核心业务过程，可以大幅度提高电视媒体组织的管理绩效和价值创造能力。

（4）在实施基于数字资产管理的核心业务过程中，除了需要从技术角度和业务角度重新设计流程，还应该对电视媒体内部的组织结构进行重构，使组织结构更好地适应业务流程的变化。基于数字资产管理的电视媒体组织的竞争力体现电视媒体组织竞争力资产、竞争力环境和竞争力过程的整合统一，竞争力模型给出了组织竞争力的主要影响因素。

思 考 题

1. 通过数字资产管理实现媒体组织整合的经济性主要体现在哪些方面?
2. 数字资产内容服务的设计要素有哪几个?
3. 如何实现基于数字资产管理的电视媒体核心业务流程再造?
4. 基于数字资产管理的电视媒体竞争力包含哪些要素?
5. 选择一个大型媒体组织,分析其数字化业务流程所具有的优势和存在的问题。

第7章 基于数字资产开发的内容产业价值链

发展内容产业是建设现代文化市场体系的重要内容之一。数字内容产业是指将图像、文字、影像、语音等内容，运用数字化高新技术手段进行整合运用的产品或服务。内容产业价值的一个重要方面是以数字化内容为中心所形成的一条新兴产业链，这条产业链的源头是具有自主知识产权的内容创作和知识生产，包括文化、艺术、科技、教育、娱乐和游戏等领域，下游则是内容存储、传递、转换和服务的技术开发和软硬件研制生产。数字资产正是这条产业链的源头所需要的具有知识产权的海量内容。在数字化转型的背景之下，大数据、云计算、区块链等技术将带动内容产业及其价值链的升级。各类媒体机构通过充分挖掘数字资产的社会价值和经济价值，必将加快我国内容产业的发展步伐。因此，建立起基于数字资产开发的内容产业价值链具有重要意义，它可以更好地使沉淀在各类媒体组织中的海量数字资产流通到各类媒体市场的客户服务和价值创造之中。

7.1 内容产业价值链分析

7.1.1 内容产业价值链的一般描述

早期的价值链管理思想是由美国的麦肯锡咨询公司提出的，后由美国学者迈克尔·波特在《竞争优势》一书中加以补充与完善。波特价值链理论的核心：在一个企业众多的"价值活动"中，并不是每个环节都创造价值；企业所创造的价值，实际上来自企业价值链某些特定的价值活动。这些真正创造价值的战略活动，就是企业价值链的"战略环节"。企业在竞争中的优势，尤其是能够长期保持的优势，说到底，是企业在价值链某些特定战略环节上的优势。一个组织的价值链包括为顾客创造价值的主要活动和相关支持活动。价值链分析的核心是，将组织所有资源、价值活动与战略目标联系起来，帮助组织认识日常组织活动的关系及重要意义。通过价值链分析，一个组织可以衡量每项活动对其战略成功的贡献程度，并可据此研究哪些活动是组织构建竞争优势的重要环节，需要在战略执行的资源配置中给予特别注意。同时，资源分配应兼顾整体价值链的资源需求，并考虑如何平衡不同价值活动对资源的不同需求。

此外，价值活动的联系不仅存在于价值链的内部，还存在于一个组织与其他组织的价值链之中，即产业价值链。一个组织必须以优于竞争对手的方式完成特定的支持活动或主要活动。在内部支持活动和主要活动都不具备优势的情况下，必须考虑上下游组织间的价值链及其之间的联系。例如，电视台价值链与电视节目生产商价值链之间的各种联系，就为电视台增强竞争优势提供了机会。所以，电视台在完成自己的价值链分析后，还需要分析产业链上其他组织的价值链系统，以确定哪些因素是至关重要的。

随着内容产业内部分工不断向纵深发展和内容资源管理的不断完善，产业内部不同类型的价值创造活动逐步由一个企业（或组织）为主导分散成多个企业（或组织）的活动，这些企业（或组织）之间构成上下游关系，共同创造价值。以某种特定内容产品生产或服务为基础，所构成的相互关联、互为依存的上下游链条关系，即为内容产业价值链。研究内容产业价值链，首先需要明确内容产业市场链体系的构成。内容产业价值链系统在市场中要有效运行，就必须由内容产业的不同环节相互支撑形成一个完备、协调、统一的市场。

内容产业的市场链体系大致可以分为上游、中游和下游三部分。上游包括内容生产要素市场和内容生产市场；中游包括内容流通市场、播出市场和传输市场；下游包括内容受众市场和经营开发市场。在市场链体系中的各类市场之间存在相互依存、相互制约、相互促进的关系。

明确内容产业的市场链体系后，我们来具体分析电视内容产业价值链的构成。电视内容产业价值链由电视媒体市场上存在的各种不同的运作环节组成，一个完整的电视内容产业价值链主要包括内容供应商（也可以由电视台自己生产内容产品）、内容运营商（包括电视频道运营、新媒体运营及广告和受众反馈研究）、传输网络和播出平台、受众、消费市场及衍生产品开发等环节，不同的环节会有不同的企业（或机构）参与，发挥不同的作用，并获得相应的利益，如图7-1所示。

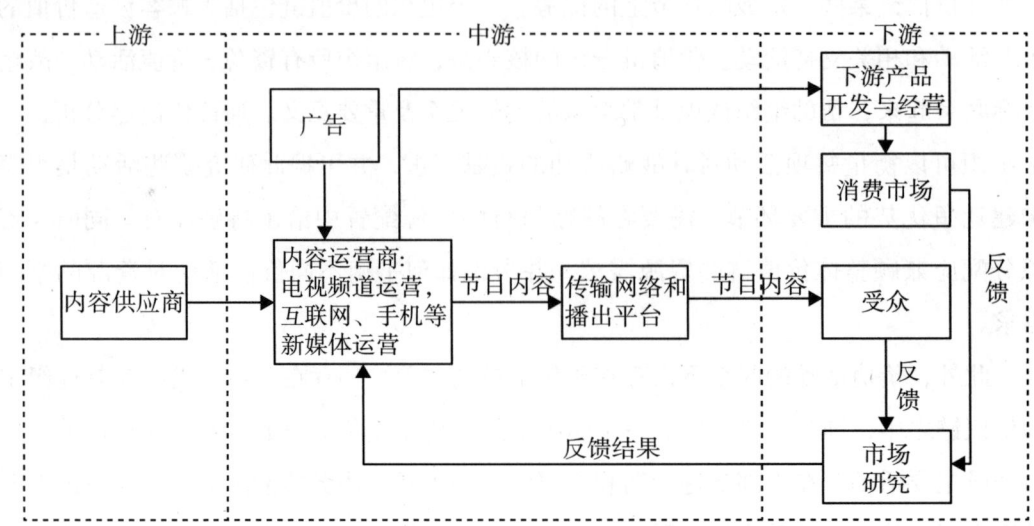

图7-1 电视内容产业价值链的基本构成

因此，电视内容产业价值链上连接了内容供应商、电视频道、新媒体平台（互联网视频平台、移动媒体等）、发行公司、广告公司、收视监测公司、市场调研公司和其他配套服务商等在内的多个媒体企业。电视内容产业链上各个环节的活动都直接影响整个产业的价值创造活动，而每个环节又包括多个从事相同价值创造活动的企业。当然，有相当一部分规模较大的电视媒体，尤其是跨国媒体集团涉及多个环节的价值创造活动，有的甚至涵盖几乎所有环节。电视媒体产业化的方向将是平面媒体、电视媒体、网络媒体、手机媒体等在内的多种媒体相互整合的过程。

在这个过程中，海量数字资产的开发应用将对电视内容产业价值链提供强有力的支持，这主要表现为以下三个方面。

（1）集中管理，广为利用。通过建立集中且完整的数字内容资产库，获得合法授权者在任何时间和地点都能通过网络准确快速地得到所需要的内容。

（2）与内容运营商联合开发各类节目内容。借助数字资产管理系统强大的资源整合和管理能力，根据运营商对受众市场的把握，联合开发制作有针对性的内容产品，占领更大的市场份额。

（3）创造新的市场机会。深入研究消费者的注意力，挖掘有价值的内容资产，创造新的获得收益的机会，使数字资产能够得到更加广泛的发布渠道，在融媒体领域拓展更大的市场空间。

7.1.2 内容产业价值链的特征

由于产业特性的不同,不同产业价值链的形态往往存在一定差异。一般来说,内容产业价值链的特征主要体现在以下三个方面。

7.1.2.1 整体性

构成内容产业价值链的各个环节为一个有机的整体,它们相互制约、相互依赖,每个环节都由大量的同类企业(或组织)组成,上游产业和下游产业环节之间存在着大量的信息、内容产品、资金等方面的交换关系。

7.1.2.2 技术关联性

内容产业价值链的各个环节技术关联性较强,并且在技术上具有层次性。这里的技术是指在内容产品生产和运营方面的设备、经验、知识与技巧。比如我们从系统的角度来看,电视内容产业价值链中存在着节目—频道—有线网络终端的层次。

7.1.2.3 价值延展性

内容产业价值链的延展性很强,呈网状结构。一般来说,物质产品的价值链会随着产品进入终端市场而宣告结束,但内容产品有所不同,如电视节目制作公司往往将其制作的内容产品同时售卖给若干个不同的电视台。一方面,内容产业生产具有专业或艺术价值的内容产品,以此作为商品,然后通过传播来获得价值交换和满足人们的精神需求;另一方面,这些消费内容的"受众",被作为媒体平台的另一种商品出售给广告商,然后通过广告商的广告投入,进行二次售卖,实现内容产品的价值增值。此外,内容产业价值链可以向相关产业延伸并不断创造新的价值,如电视媒体可以为移动和视频网站运营商提供相关的内容服务,而且当新的价值形成以后,能够进一步促进原有内容产品价值的升级。

由上述特征可知,研究内容产业价值链要注意两个方面的问题:一是内容产业价值链的上游、中游、下游各环节是否完善和紧密衔接;二是构成这些价值链的各个业务单元是否能实现资源共享及业务流程整合来为该产业链服务。只有当产业链上的各个环节运转高效、顺畅时,该产业链才能创造更大的社会价值和经济价值。

在电视内容产业中,通过数字资产管理系统可以将各类电视节目内容以数字化的形式存储起来,建立起一个内容支撑平台进行运营管理,使信息、节目及素材无论是在媒体组织内部还是外部都可以顺畅流动,从而为新的内容产生及内容产业价值链提供强有力的支撑。

7.2 媒体组织的价值链活动及业务流程重构

7.2.1 媒体组织的价值链活动

媒体组织的竞争优势归根到底产生于它为受众和客户所创造的价值。媒体组织的价值链活动主要包括六个方面。

（1）媒体组织的价值链从媒体产品的创意设计开始，从知识产权的角度来看，这个创造性过程必然与专利、商标和版权联系在一起。

（2）信息的采集与制作，主要指媒体内容产品的生产，涉及的主要部门是采、编及制作部门；要求采编制作人员进行内容的筛选、加工及编排等。在该环节中，如何有效地利用数字媒体资产实现价值创造显得尤为重要。

（3）市场营销，包括市场调研、受众需求分析、节目或信息服务定位、营销网络的建设与运营、节目的广告与促销、版权销售等。

（4）媒体产品的传播与流通，涉及发送平台（如电视频道、网络视频平台等）、代理、发行及各种参与促进流通的中间环节。

（5）受众服务，指与受众建立良好关系的相关活动，如通过相关网络平台收集受众意见，并加强与受众多渠道的互动沟通。

（6）广告客户服务，指为广告主提供的相关服务。现在的媒体组织必须将经营理念从以产品为中心转向以服务为中心，在提高收入、控制成本的同时，提供更完善的服务，以达到长期获利的目标。例如，在广告主投放广告的前期、中期、后期，媒体组织主动为其提供所有免费性质、为提高广告主的广告价值而进行的一切工作。

在运用价值链思想对媒体组织内部各关键要素进行分析时，有必要对构成媒体价值链的各个具体活动内容确定评价标准并予以量化，然后分析各项活动的内在联系。价值链一旦建立起来，将有助于媒体组织准确分析在价值链中各个环节所增加的价值。此外，价值活动的联系不仅存在于价值链内部，还存在于一个媒体组织与其他媒体组织的价值链之中。媒体组织更加关心自己核心能力的建设和发展，必须以优于竞争对手的方式完成特定支持活动或主要活动，如创意研发、内容生产等。在内部支持活动和主要活动都不具备优势的情况下，必须考虑上下游组织间的价值链及其之间的联系。

在基于数字资产管理的价值链中，媒体组织可以依托 ERP 的支持，以数字资产循环流通的模式，通过内容资产库支持数字内容的分发配送来实现内容产品的制作、发布和销售，提供媒体组织内部与外部并存的业务需求和服务，从而实施以客户为导向的精益化生产战略，实现生产资源的优化配置。实现这种营销服务的基础是建立详细、准确的用户资料数据库，如用户的类型、资料使用情况、用户满意度情况等，以此进行用户分析，确定重点用户，跟踪用户需求，调整内容生产策略以及进行更有针对性的内容推介和供给。

7.2.2 基于价值链的业务流程重构

媒体是一个为最终满足顾客（受众）需要而设计的一系列作业的集合体，因此价值链又表现为作业链。每完成一个作业要消耗一定的资源，而作业的产出又创造一定的价值并将价值转移到下一个作业链，直到最终把内容产品提供给媒体组织外部的顾客。最终的内容产品既是媒体组织内部一系列作业的集合，又凝聚了作业链上各项作业活动形成的价值。价值链的优化首先应通过流程的分析和设计，而设计新流程的原则是，在业务流程调研的基础上，尽量减少不可控成本的影响因素，消除非增值作业，优化媒体组织的价值链。

一般而言，利用价值链分析及重构媒体组织业务流程可根据以下步骤进行。

（1）识别媒体组织的价值生成过程，描述媒体组织的价值链。

（2）分析价值链，列出各价值活动的成本驱动因素及相互关系。

（3）确定媒体内容产品或服务的总成本构成，即将成本在各个不同的价值生产阶段上进行分配，了解各阶段对价值生成所做的贡献大小和所发生的成本大小及其增减趋势。也可同时比较竞争对手的价值和成本分布，找出差异。

（4）确定改进目标，采取措施提高受众的满意度，并降低成本。

（5）确定新的流程方案。

媒体组织基于价值链的业务流程重构模式如图 7-2 所示。

首先根据顾客价值及市场需求分析媒体组织现有的价值链，若需要调整则重新分析和设计媒体组织的价值链，不需要则直接根据现有价值链，并结合媒体战略及所在的产业特性识别媒体组织的关键流程，理顺已经存在的流程，做好基础性工作。然后重构媒体的关键流程，确定哪些是决定媒体经营成败和战略发展的重要流程，删减或改进那些低增值、不增值和负增值的流程；同时探讨和建立一种以流程为中心的组织系统模式，使每个流程业务处理过程最大限度发挥每个岗位的工作潜能。经过实际检验的业务流程，若能最大限度发挥媒体各种资源的作用，使媒体处于最佳的运行状态，则重构方案是成功的，可以推广实施；否则，还需重新对媒体流程进行反思和分析价值链，直至最终实现顾客（受众）的价值增值和媒体的持续发展。

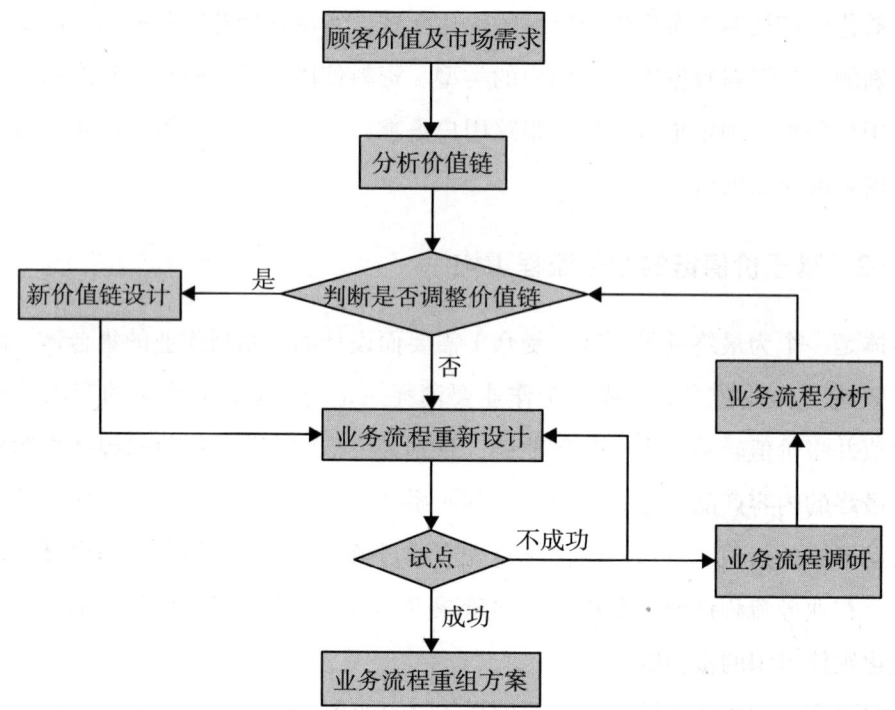

图 7-2 媒体组织基于价值链的业务流程重构模式

7.3 基于数字资产开发的广播影视内容产业价值链

我国广播影视机构拥有大量视音频等内容资产，基于版权开发应用的数字内容产业边界也在不断扩大。除了传统的广播电视对视音频内容资源的需求，新媒体平台的IP国际互连协议业务、交互业务、数据业务、移动业务、VOD（视频）点播、音乐下载等也对数字内容资产有了更多需求。广播影视机构的数字化管理带来了内容资源的扩展，数字内容产业的价值链也随着产业格局的变化而发生改变。媒体内容产业内部将展开进一步分化与整合，在产业链的各个环节中分化出更加专业的服务公司，由此形成一个更加完整的运营系统。广播影视内容产业正朝着以下方向发展。

（1）广播影视机构联合产业链领先伙伴构建可持续性、融合发展、合作共赢的战略路径。

（2）广泛携手创新的领先终端拓展业务范围。

（3）融合国内外优质精品版权内容资源满足用户需求。

（4）多渠道构建版权内容分成合作模式，打造多元化的收益体系，让各方分享产业成长成果。

（5）建立以用户精准流畅体验为核心的智能电子节目菜单（EPG）。

（6）基于大数据和人工智能技术实现用户体验和价值的提升。

7.3.1 广播影视数字内容产业价值链模型

广播影视内容产业的价值链包括为受众创造价值的主要活动和相关支持活动。构建价值链的目的是将广播影视内容产业的所有资源、价值活动与战略目标联系起来，帮助该产业认识不同环节之间的关系及各自的重要意义。通过对产业价值链的分析，可以衡量每个活动环节对产业战略成功的贡献程度，并可据此确定哪些活动环节是广播影视内容产业建立竞争优势的重要环节，需要在战略执行的政策或资源配置中给予相应支持。

事实上，我国广播影视行业数字化后的内容资产，将是巨大的市场资源，为内容产业价值链的构建和面向市场的开发利用奠定了基础。构建广播影视内容产业价值链必须从整体性、技术关联性和价值延展性上进行部署，强调产业链的资源整合能力、集成创造能力和整合营销能力。广播影视媒体要具有全媒体运营思维并开拓全媒体内容生产能力，既要有自己主攻的媒体形态，又要能够面向新媒体平台提供长短视音频内容等。图7-3是广播影视数字内容产业价值链模型，由此可以将广播影视内容产业价值链延伸到互为依存的上游、中游和下游各个环节，通过整合资源、协调彼此关系，共同形成一个服务于全社会的大市场。

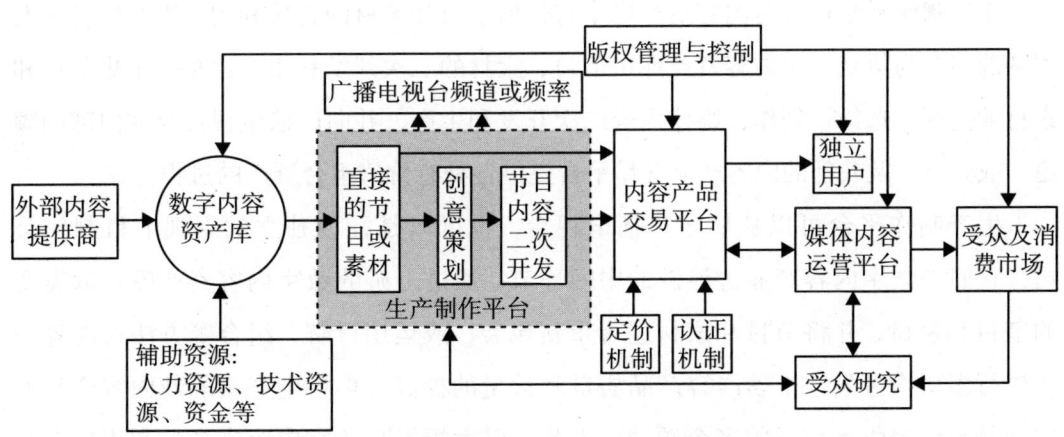

图7-3 广播影视数字内容产业价值链模型

7.3.2 广播影视数字内容产业价值链主要环节的作用

由图7-3可知，广播影视数字内容产业价值链至少包括数字内容资产库、生产制作平台、内容产品交易平台、媒体内容运营平台、受众及消费市场、版权管理与控制六个环节。

7.3.2.1 数字内容资产库与内容整合

作为以内容资源为核心的广播影视机构,首先要从各个电视台、电台、影视制作公司自身做起,构建自己的数字内容资产库,进行内部内容资产的汇集、梳理及编目。由此形成的数字内容资产库,构成了该组织面向市场竞争的战略性资源。除整合和管理好自身的内容资产库外,拥有媒体内容的组织还必须与产业链上的其他内容供应商建立紧密联系,以保障对有价值节目和素材的获取渠道。

从广播影视数字内容产业价值链的全局利益来看,各组织必须建立基于价值驱动的数字内容资产统一管理与协调机制。这种机制既要协调与管理媒体组织内部之间的关系,又要协调与管理内部与外部之间的关系,以实现对内开展各种内容资产的整合及编辑生产、对外开展内容产品销售两条渠道的管理流程,从而大幅提高媒体组织的管理绩效。尽管不少广播电视台和影视公司已建立自己的数字资产管理系统,但必须从行业角度将其各种资源进行整合,以便使信息、各类节目及素材在不同的媒体组织间共享。因此,要发挥总量资源优势,必须从整个行业角度进行内容产业的战略规划,并通过构建广播影视内容产业云服务平台的形式进行内容资产整合与业务流程再造,以满足内容产业快速发展的需求。

7.3.2.2 生产制作平台和节目内容的增值开发

生产制作平台包括对内容资产库中有价值节目和素材的直接利用,以及经过开发团队的创意与策划,对内容资产库中节目、素材的二次开发利用。这是一个集节目和素材的挖掘、选择、创作,媒体内容二次开发和生产,并向广播电视台媒体内部的频道(或频率)及外部的内容产品交易平台提供各种有价值组合资产的过程。

生产制作平台可以从属于广播电视台,也可以是社会独立的影视节目制作公司,它们是数字内容产业价值链的中间环节,通过上游的数字内容资产库获取需要的节目和素材,并将节目和素材进行重新包装,或运用拆解、组合等方法对内容资产进行多层次开发,推动内容产品质量和数量的提高,再将生产出的新内容产品通过交易平台提供给市场的多个领域,由此可以大幅提高数字内容资产的利用效率与整体盈利水平。例如,由北京广播电视台制作、北京卫视播出的《档案》栏目,就是通过挖掘历史内容资源而制作出的高收视率栏目。该栏目由讲述人通过翻阅、播放、展示、聆听、演示等手段,把一个个真实、传奇、鲜为人知的历史故事呈现给观众。栏目中运用的所有素材均为历史资料,包括历史影像、照片、声音、实物、文稿等。该栏目又通过对历史资料进行客观、严谨的挖掘与编排，以达到既增加节目深度、提升节目质量，又增强节目说服力与可信度的效果。此外，未来新的发布方法还应该允许受众根据个人需求从广播影视资料库中获取某些内容，即授权大众对元数据和供内部使用的目录进行访问，然后通过基于IP的文档传输把所选定的内容传递给观众，或者只是允许符合身份的客户对有关内容或内容片段进行下载，这也将是媒体组织获得额外收入的一种渠道。因此，各媒体机构开放的、可检索利用的内容资产库对节目的专业化、大规模生产及个人需求都具有重要的意义。

7.3.2.3 内容产品交易平台及其运行机制

在内容产业价值链中，内容产品交易平台的作用是在内容的供给方和需求方之间建立联系，为双方最终达成交易提供信息、技术支持和中介服务，如内容产品目录查询、电子支付、数字内容产品传输、版权保护技术等。交易平台的核心功能就是尽可能为供给方和需求方提供各种服务，以增强网络的外部性，降低供需双方的寻找成本，提高交易平台的市场价值。

因此，广播影视机构中存在的海量数字内容资产只有通过面向市场的内容产品交易平台进行交易，才能更好地为社会提供服务并实现价值增值。要保证交易平台的良好运行，必须解决好以下几个方面的问题：首先，需要引入一个第三方信任机构来解决信用认证服务机制问题，包括交易双方的资质认证和交易内容的版权权属认证，这是交易平台运行的信用保障；其次，在交易平台集成有关标准化合约交易工具，以实现基于标准合约的对所售卖版权内容的快速授权使用，这是交易平台提高交易效率的保障；再次，解决好内容产品本身的定价机制和定价策略问题，可依据数字内容产品的效用性价值和稀缺性价值定价，在定价策略上可采用多重定价、捆绑定价等策略；最后，交易平台的收费问题，可依据双边市场交易理论确定合理的收费策略，如免费、只收注册费、只收交易费或采用注册费加交易费这种两步制收费方式，可以在交易平台发展的不同阶段采取不同的收费策略。目前，国内尚未建立大型的广播影视内容产品交易平台，未来可以尝试通过广播影视相关机构合作的方式形成供给方联盟，以增加内容产品的供给数量，吸引更多用户进入交易市场，通过交易平台为内容资产的买卖双方提供更好的服务。

7.3.2.4 媒体内容运营平台及其面向社会的服务

媒体内容运营平台是数字内容产业价值链中承上启下的重要环节，主要包括电视台、广播电台、视频网站、手机运营商、移动电视运营商等。媒体内容运营平台可以通过交易平台购买有针对性的节目或素材，并将购买的节目或素材进行重新包装、编排或二次创作，最终提供给各自的消费群体。媒体内容运营平台的商业模式创新是需要重点考虑的一个问题，除购买内容外，产业价值链之间的相互合作可以更好地分担成本，扩大收益，特别是引入热点原创内容将扩大运营平台的影响力。据国外开发电影档案库的广播公司的经验：即使在电影出品若干年后，有趣的内容也始终会吸引观众，新的主题频道的开发就是一种获益的有效方法，如美国的HBO（家庭影院）频道。还有，生产制作平台可以联合各类短视频平台开发符合移动终端需求的短视频或微视频内容。所谓微视频是指短则30秒，长则不超过20分钟，内容广泛，视频形态多样，包括微电影、纪录短片、视频剪辑、DV（数字视频）短片、广告片段等时长较短的视频形式。

7.3.2.5　受众及消费市场研究

在广播影视数字内容产业价值链中，开发数字内容产品以及通过媒体运营平台进行内容推送，必须深入理解受众的需求与感受，研究内容市场的热点和空白点，在此基础上有针对性、创新性地开发生产传统媒体和新媒体市场需要的内容产品。例如，美国某领先电视网为能够提出新的产品创意，展开了广泛调研，目的是了解各个不同时段分别有哪些受众群体没有被充分服务，并据此生产有针对性的节目产品。通过调查该电视网发现了与没有被充分服务之受众群体相关的话题，如信息、纪录片和家庭节目等，通过开发不同时段、满足不同受众群体且具有竞争力的内容，该电视网最终实现了观众份额的扩大。

在图7-3中，媒体内容运营平台的受众研究部门为了获取消费者的市场需求信息，可以利用传统受众调查方法（如召开受众座谈会、接收相关渠道的反馈、给受众发放问卷调查表等）和现代受众调查方法（如随机抽样调查法等）并结合收视率调查来获取受众对内容产品的喜爱程度，再运用科学的统计方法和现代处理工具进行分析，从而准确定位目标市场的消费需求。特别是对视频网站、手机视频这样的新媒体内容服务方式，应该运用大数据技术，通过在线获取广大受众的点击内容、点击量、观看时长等行为数据，挖掘受众当前关注和喜欢的热点内容。因此，内容产品营销服务理念很重要，而实现这种营销服务的基础是建立详细、准确的动态用户画像，包括用户的类型、收看行为、用户满意度等数据信息，以此进行数据挖掘和用户分析，确定重点用户，跟踪用户需求，调整内容生产策略以及进行更有针对性的内容推介，最终为优化内容生产、产品价格调整、定向广告投放（或无广告的内容收费标准）等诸多决策提供依据。

7.3.2.6 版权管理与控制

数字版权管理是一项涉及技术、法律、商业应用等诸多层面的系统工程,包括数字内容产品传输、管理、保护和发行等在内的一套完整的体系方案,强调一种系统化理念。它通过在数字空间里真实识别用户、授予用户权利范围、规范用户行为方式等来进一步保障和管理整个内容产业价值链中所有参与者的利益。

数字内容资产的版权管理是实现节目内容有效保护、统一管理和面向市场开发的重要基础,只有完善了数字内容资产的版权管理法规并严格执行,才能真正体现内容资产的核心价值,才能提升我国广播影视机构的核心竞争力。版权管理存在于内容产业价值链的各个环节,从创意策划、内容生产、内容存储、内容交易到用户使用等,都需要进行有效的管理和控制。区块链技术可以有效解决数字内容资产的版权确权、信任、追踪等诸多问题。这部分内容将在本书的最后一章介绍。

广播影视数字内容产业价值链的版权管理与控制应重点解决三个方面的问题:一是改善版权管理和保护的生态环境,如细化版权实施细则、科学划分版权界限、明确版权价值评估标准、制定版权交易规则等;二是规范数字内容产品的版权交易合同,包括版权所有者与交易平台的合同、交易平台与内容需求方的授权合同等;三是采取有效手段实现版权追踪,即对销售的数字内容产品要能够监控其被使用的合法性。解决好这些问题,需要技术、法律和市场三方力量协同,通过经营理念和商业模式的创新,克服数字版权管理技术的限制与反限制之间的矛盾,最终形成内容资产所有者、交易平台、内容运营平台及最终消费者之间的相对公平的利益分配机制。

7.4 基于平台战略的互联网行业竞争

7.4.1 企业平台战略的基本问题

7.4.1.1 平台战略基本要素

平台战略是企业为适应未来环境的变化,所制定的一些基本和长期的目标,企业为实现这些目标采取一系列必要的行动和资源配置,由此寻求持续与稳定的发展。所谓平台战略,是指企业通过平台创造让不同用户群体互动的环境,使他们通过满足彼此需求创造价值,最终实现平台企业的成长。平台的主要作用体现在以下四个方面:一是连接买卖双方;二是协调买卖双方之间需求,以此形成匹配的交易过程;三是设计市场的交易规则;四是快速形成网络效应,为买卖双方带来更大的价值。平台战略的基本要素包含以下几个方面。

（1）双边（或多边）群体。互联网平台是双边（或多边）市场的连接者和匹配者，也是整个空间的设计者和组织者，它将"卖家"和"买家"、"用户"与"客户"连接起来，并由此产生了一种可持续的盈利模式。例如，搜索引擎是典型的三边平台模式，它以信息整合为价值主张，使网民能够迅速查找到无数信息，以此吸引网民，再以大量网民吸引商家的广告投放，连接了"网站—网民—广告商"三方群体。

（2）网络效应。网络效应又被称为网络外部性，或需求方规模经济，是指连接到一个网络的价值，取决于已经连接到该网络的其他人的数量，即当消费者选用某种商品或服务所得到的效应，因使用该商品或服务的其他用户的增加，而产生更大的效应，如移动电话、微信、SNS社交网络服务等。平台战略的特点就是借助网络效应给某种产品或服务带来无限增值的可能性，因此实现网络效应是平台战略发挥能量的关键。

平台的网络效应包含同边网络效应和跨边网络效应两大类。同边网络效应：某一边市场群体的用户规模增长将影响同一边群体内的其他使用者所得到的效应；跨边网络效应：一边用户的规模增长将影响另外一边群体的用户使用该平台所得到的效应。效应增加被称为"正向网络效应"，效应减少则被称为"负向网络效应"。

（3）补贴模式。在基于双边市场的平台中，一边用户会因为另外一边用户的网络规模过小而不愿意加入，从而无法形成具有一定规模的网络效应。所以平台企业在发展初期，应尽可能以低收益甚至补贴模式来扩大网络规模。常用的补贴和收费模式有：对价格弹性反应较强烈的一方补贴，对价格弹性反应较弱的一方收费；对成长期给平台带来的边际成本较低的一方补贴，对给平台带来边际成本较高的一方收费。也可以视情况制定由平台和大企业用户作为补贴方、个人用户或小的企业用户作为被补贴方的模式。补贴模式可以提升平台的网络效应，进而促使平台生态圈健康成长。

（4）过滤机制。平台成功的关键是要激发双边市场用户规模的不断扩大所带来的网络效应，但不是所有用户都能给平台的健康发展带来益处。因此，企业在平台上选择怎样的用户事关产品的定位以及平台的声誉，如那些卖假货、发布禁止内容或不实信息等的用户就会给平台声誉带来损害，因此需要采用相应机制进行过滤。用户身份鉴定是进行用户过滤的基本方法，如阿里巴巴等电商平台、腾讯网络游戏均采用实名制注册，新浪微博则需用户绑定手机号后才能正常使用。愿意提供真实信息的用户一般更愿意遵守平台规则并对自己的行为负责；而那些不愿意提供真实信息的用户且可能对平台发展造成损害的用户则会被剔除。

（5）用户对平台的归属感。用户对平台归属感的提升会增加用户黏性，由此使企业不需付出额外的成本或设定强制机制就可以锁定用户。例如，我们在查阅信息时，自然会用到百度，这是因为百度已得到了人们的广泛认同，用户对其形成了归属感。此外，这些具有平台归属感的用户，往往会成为平台的代言人，帮助平台吸引更多用户加入。因此，平台应该建立一套运行机制，使用户尽快产生对平台的归属感，这样就会为平台带来更好的效应。

（6）平台"边"的开放性。当平台企业与某群体的关系是通过"中立的机制选择"被纳入生态圈时，该群体即成为平台一个开放的"边"。如果某个群体能否加入平台完全由平台企业自行决定，即使该群体与平台企业有商业往来，也不能成为平台生态圈的一个"边"。例如，苹果公司的iOS移动操作系统生态圈连接了三边群体，即手机用户、软件开发商、广告商，硬件则不对外开放；谷歌公司的安卓生态圈连接了四边群体，即手机用户、手机制造商、软件开发商、广告商。

平台对某一群体的开放性不只有完全开放和完全封闭两种，还可以有准则宽松的高度开放性、过滤机制及严谨的低度开放性等。不同的开放策略会给企业的盈利模式带来不同的影响。

（7）核心盈利模式。平台经济领域是高度竞争性的领域，不存在根本性的市场进入和退出障碍，特别是颠覆性创新、替代式竞争及迭代特征明显，将伴随平台经济发展的全方位、全过程。过度的压力使平台企业必须通过合作进行资源整合和发挥自己的核心优势以应对市场需求的不断变化与竞争对手的不断出现。平台战略的根基是多边群体的互补需求所激发出来的网络效应，因此平台企业必须了解市场和用户需求，不断创新业务模式，找到关键盈利点，为企业的可持续发展提供动力。

7.4.1.2 平台企业发展要解决的关键问题

平台企业要健康发展，必须解决好下面几个关键问题。

（1）突破临界用户规模界限。在双边或多边市场中，平台初创阶段的用户规模比较小，因此通常会采取补贴模式来扩大其网络规模，从而尽快进入稳定的网络均衡区域，即平台吸引的用户规模达到一个特定的临界值时，平台生态圈能自行运转与维持。在此基础上平台通过提供更好的产品和优质的服务，进一步增强网络效应，来吸引更多新的用户进驻，推动平台企业发展壮大。因此，交易平台初期的补贴模式是促使平台生态圈成长的核心。

（2）提升平台质量。提升平台质量，一方面依赖于平台企业满足用户的需求情况。平台企业提供好的产品和优质的服务是前提，但同一个平台的用户对产品和服务的需求细节不尽相同，平台企业在成长到一定规模时，需要设置个性化机制来满足这些差异化需求；如果平台企业在发展过程中不能打造出有价值的细分市场，就有可能被新的竞争者占领一部分细分市场。

提升平台质量，另一方面依赖于用户群体质量的提高。对于某些平台来说，用户群体的质量比规模更重要，盲目追求用户规模扩大反而会对平台发展产生不利影响。例如，对于那些专业性或学术性较强的网站，其所针对的用户群体是有一定专业或学术水平的人士，不希望一些参差不齐的文章降低了学者前来发表文章的兴趣。通过用户过滤机制过滤掉那些不从事专业或学术研究的一般作者，平台企业可以维持生态圈的品牌和信誉。

（3）平台企业的话语权控制与定价策略。平台战略的本质，就是平台企业通过网络效应扩大双边市场的规模，并掌控双边市场的互动，在扩大双方实力的同时提升平台的价值。平台话语权的提升取决于其能否使一方群体吸引到一定规模的另一方群体；能否为特定用户提供好的盈利机会，以鼓励用户的参与。一旦平台对一边群体的话语权加强，与另一边群体的沟通将更容易。

平台企业的定价策略是其操控双边群体话语权的重要工具。基于平台企业的特点，平台企业的定价策略要考虑以下三方面因素：一是平台企业对一边群体的定价会影响另一边群体的消费和互动；二是在平台企业发展的不同阶段，其定价策略不同；三是产业内的竞争格局也将影响平台企业的定价策略。

（4）平台产品和服务的营销策略。平台营销的目的是将大批用户吸引到平台上来，并能成功锁定用户。根据市场营销学对消费者行为的研究，平台企业吸引用户的策略可分为四个步骤：察觉、关注、尝试、行动。首先，要使消费者察觉到平台企业产品或服务的价值，如可通过在知名媒体上做广告等方式让消费者察觉到平台；其次，进一步激起消费者对平台产品或服务的关注和兴趣，如通过提供网络分享和收藏工具使用户将感兴趣的内容添加到"朋友圈"和"收藏"中；再次，通过提供产品或服务的试用版本，促进消费者对产品和服务的接受；最后，通过提高支付方式的便捷性与安全可靠性，推动消费者完成付费行动。

平台要锁定用户，必须提高用户黏性。提高用户黏性的策略，一是增加用户的转换成本，即用户离开该平台时需承担的损失，如老用户所享有的优惠损失。二是增强用户对平台的归属感和信心。例如，用户在平台中所获得的权力与身份，可以对平台环境施加影响。信心表现为用户心中对平台有了便捷有效的心理预期，用户相信使用平台的服务能够帮助他们实现目标。

7.4.2 互联网行业平台的竞争特点

互联网行业平台为了降低获取用户的难度，多采用内容免费方式来吸引用户，然后再从其他渠道获得转化收入，具体方式为这样几种。首先，优质内容拥有较高的广告溢价，而普通（长尾）内容采用程序化交易以充分挖掘价值。视频内容还有后续收费（植入/冠名赞助等）模式，其在广告收费模式中更为稳健。其次，随着内容版权环境的改善，在产业链各环节的共同作用下，内容直接收费变得越来越具有可操作性。最后，衍生收费成为互联网内容商业模式中最值得期待的部分，包括内容版权的全品类运营，如视频内容改编成电影、形象授权给玩具商，也包括传统的流量变现模式，如游戏和影视剧的开发等。

随着互联网行业和数字经济的快速发展，互联网行业竞争表现出以下特点。

（1）平台经济。平台是一种虚拟或真实的交易场所，平台本身可能不会生产产品，但可以促成双方或多方之间的交易，平台从中收取适当的费用或赚取差价。

从经济学视角看，与传统经济形态相比，网络平台展现的主要特征有以下几个。

①生产者的边际成本大幅度降低，多生产一个单位的产品或多服务一个客户的边际成本往往为零或者接近零，同时，搜寻与匹配带来的交易成本大幅度下降。

②批量生产带来的规模经济（长尾效应）。平台企业的规模经济主要体现在需求端的网络效应这方面。从供给侧角度来看，规模经济一个最基本的特点是随着产量或服务客户人数的增加，单位成本大幅下降，这个成本包括固定成本与可变成本。从需求侧来看，市场需求规模越大，具有规模经济优势的行业和企业的发展空间就越大，这就是规模红利。市场需求规模包括数量（如人数）和质量（如收入水平）两个条件。

③算法或者人工智能已经成为许多数字平台的一种新的生产工具，其作用于数据这种生产要素，产生了新的生产价值。平台会对用户这类的行为数据进行跟踪和记录，并将这些用户的偏好集中起来，向同样具有这类偏好特征的用户做出"个性化定制"推送。例如，视频网站运用算法生成数据驱动型的推荐结果，向这些用户介绍他们可能感兴趣的电影或电视剧；同时网购平台则推荐这些用户可能感兴趣的东西。这种基于算法的推荐功能，可以增加平台的商业价值。

④数字经济是一种"注意力经济"，"流量"成为商业活动的一个重要参考指标，谁拥有流量谁就拥有价值变现的能力。但随着竞争的加剧，流量（用户）、算法和数据等核心要素带来的范围经济，使互联网市场盛行跨界竞争和颠覆性创新，从而影响

了互联网领域垄断与竞争边界的划定。

⑤互联网平台特征中核心的要点是增值服务和以双边市场为典型代表的价格交叉补贴性。

（2）动态竞争。动态竞争集中体现在互联网领域的技术创新和商业模式创新上。例如，产品周期缩短，"市场"之间的界限不那么清晰，进入门槛低，有更好想法的新公司可以很快上市并成为市场领袖等。动态竞争的一个明显特征是企业的寿命迅速缩短。传统行业的一些大公司平均寿命可长达80年，但在互联网行业，企业的寿命就会大幅缩短，一般在10年左右。

（3）注意力竞争。在线注意力的竞争者向用户提供产品和服务以获得注意力，再通过其产品和服务将该注意力出售给商家、开发商和其他重视注意力的企业。由于互联网行业的用户数量逐渐饱和，而且用户的空余时间也达到了上限，因此，越来越多的在线企业为争取用户的注意力而展开竞争。互联网企业的竞争手段主要是通过推陈出新的方法来吸引用户注意力，这就导致了新公司持续进入市场以及现有服务的不断更新升级。

（4）平台竞争。平台企业以互联网等现代信息技术为基础，聚集海量信息、社会资源以及大量用户。其中还涉及多方主体，主体之间相互联系，逐步演化成相互依存的生态系统。平台企业应向多市场主体提供创新性的、差异化的服务，并整合多主体关系，创造价值使多主体利益达到最大化。其具有网络外部性、低复制成本以及去中心化的特点。平台企业体现的是一个数据驱动的业务发展和市场竞争模式，如平台可以通过收集和使用用户数据来优化相关产品和服务，而这些产品和服务反过来可以吸引更多用户，因此形成了数据驱动型反馈回路。

（5）赢者通吃。由于存在网络外部性，因此具有强网络效应的互联网企业，不仅拥有更高的行业产出和消费者福利，还具有更快的市场拓展速度。即便所有企业的技术和产品完全同质，市场在正网络外部性驱动下总是会自动演化出更加不对称的均衡结果，表现在用户数量、市场份额、利润水平等方面。因此，平台竞争具有马太效应，率先建立用户基础的大企业将获得整个或大部分市场，即赢者通吃。反过来，进入壁垒高会削弱新公司挑战现有公司的能力，进一步破坏竞争过程和保护现有平台公司的主导地位。这也令这种强势平台很容易向集中和垄断倾斜。

（6）跨界竞争。平台企业所处市场的"可竞争性"十分明显，跨界竞争的压力一直存在。当平台企业在某个市场上取得优势后，就会利用这种优势跨界参与另一个市场的竞争，这让整个互联网行业的竞争变得异常激烈。例如，在互联网金融领域，腾讯的微信支付和阿里巴巴的支付宝展开跨界竞争，不断创新和夯实产品功能以吸引用户，巩固各自在此领域的实力。此外，互联网科技企业之间的竞争还从单纯的线上领域延伸到线上线下的融合领域，即竞争不仅限于互联网企业之间，许多传统产业巨头也已布局互联网战略。这让互联网模式与线下渠道模式呈现出既竞争又融合的特点。

（7）数据统领。平台时代的崛起与数据时代的发展同步，平台拥有更多数据，则其通过对数据挖掘、汇集、处理形成的控制力就越强，在相关市场中的竞争能力也就越强。数据是平台发展的基础，算法是对数据的具体运用，并成为统合平台的逻辑。平台利用算法对用户在互联网上留下的各种痕迹进行采集，并对消费者进行画像，据此对消费者提供产品或服务的个性化定价，从而获得利润的最优化。在互联网平台上，用户已不再是实体的人，而是被以年龄、性别、地理位置等数据形式呈现出来；与此同时，他们的点击量、反馈、注意力停留等数据，则成为第三方购买的对象。由此形成的便是"用户是数据"模式。

7.5 案例：短视频内容产业链分析

7.5.1 短视频的概念

短视频即短片视频，一般是指在互联网新媒体上传播的时长在5分钟以内的视频，适合人们在移动状态和短时休闲状态下观看。短视频融合了技能分享、幽默搞怪、时尚潮流、社会热点、街头采访、公益教育、广告创意、商业定制等内容。由于内容较短，可以单独成片，也可以做成系列栏目。

短视频内容可分为综合类短视频、聚合类短视频和工具类短视频。综合类短视频平台是指具有社交属性以及视频拍摄、购物等多种功能的短视频平台，如抖音、快手等；聚合类短视频平台提供特定领域的短视频内容，如梨视频、西瓜视频等；工具类短视频平台是指以提供视频剪辑功能为主的短视频平台，如FaceU、剪萌等。

随着技术的革新升级，各主流短视频平台迅速完成了从内容平台到涵盖社交、文化传播、商业化等的多功能和多身份的转换，在直播电商、生活服务、休闲娱乐、知识传播与内容付费等模式的带动下，深度嵌入社会生活与产业结构，更具连接性，融合消解了更多产业边界，连接赋能更多行业发展，多维场景不断推进"短视频+"跨界融合。短视频平台还与影视、汽车、房产、农业等实体产业深度融合。短视频平台通过重塑产业链、催生新的产业集群和振兴传统产业带提升经济效率，同时行业达人利用短视频和直播把生产技术传递给了行业的普通从业者。直播正在成为一种新的经济形态，不仅使大量从业者获得收入，还间接带动了上下游产业链的多种新型就业形态的发展，具备成为产业集群，进而发展成地区新经济增长点的潜力。

7.5.2. 短视频内容产业链

我国短视频内容产业链主要由内容生产方、内容分发方、用户、品牌主/广告代理商、基础支持方、监管部门等构成，如图 7-4 所示。

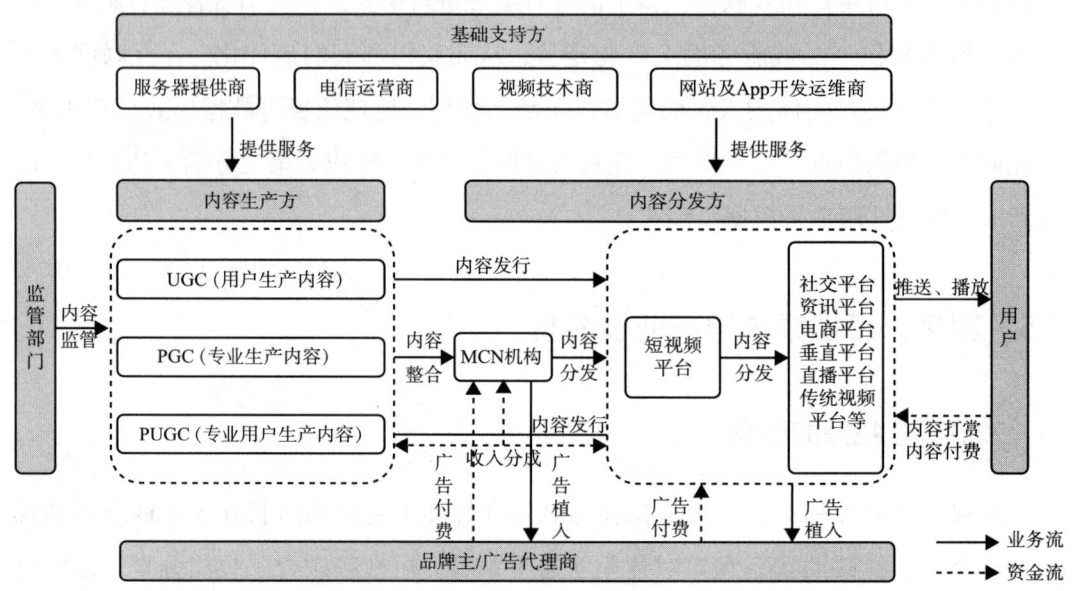

图 7-4 短视频内容产业链的基本结构

7.5.2.1 内容生产方

短视频的内容生产方是指生产短视频的人员和机构，其不断将短视频作品提供给短视频平台，并在平台上发布和获取流量，从而增加自己的粉丝数和知名度。内容生产方包括 UGC（用户生产内容）、PGC（专业生产内容）和 PUGC（专业用户生产内容）三大类。

UGC 生产者为非专业的普通用户，这类群体制作内容的成本较低，因此其具有较强社交属性。UGC 生产者制作的内容以表达自我个性为主，一般制作时长在 15 秒以下，其首选平台有抖音、快手和美拍等。

PGC 的生产者为专业的影视机构，其生产成本、专业度和技术要求均较高，具有较强媒体属性的特点，制作的短视频时长通常在 2~5 分钟，一般通过海量优质内容吸引用户的关注和互动，所吸引的这类人群一般活跃在西瓜视频、梨视频、好看视频等短视频平台。

PUGC生产者指的是拥有粉丝基础或拥有某一领域专业知识的KOL。这类生产者生产内容的成本较低，主要依赖流量盈利，兼具社交属性和媒体属性。一般这类内容生产者制作短视频的时长在1分钟左右，主要以故事情节作为视频的亮点。快手、抖音、抖音火山版等多为这类人群的首选短视频制作平台。

在内容生产方和短视频平台之间还有一个重要的机构——MCN（Multi-Channel Network）。MCN源于国外成熟的网红经济运作模式，本质是一个多频道网络的产品形态，其将PGC或PUGC的内容联合起来，在资本的支持下，对内容进行整合、修改和提升，保障内容的持续输出，从而最终实现稳定变现。作为网红经济和出圈内容背后的机构，MCN行业飞速发展。MCN机构的角色正从中介服务向内容生产商过渡。传统的中介服务主要是帮助内容生产者进行内容运营和管理，促进商业化；而目前部分MCN机构的服务已经延伸到上游的内容制作环节，从内容的孵化、制作到运营、推广、变现，全程参与，由此降低了内容生产到平台发布过程中的沟通成本，保障了内容生产的高质量，加速了内容产品的商业变现。

7.5.2.2 内容分发方

内容分发方是指平台方，包括移动短视频App和传统视频平台。

移动短视频App是指在移动端（手机、平板等）上下载并观看短视频的App应用，如抖音、快手等。这类平台是以短视频为核心，不断向用户传播各类短视频内容。

传统视频平台腾讯视频、优酷视频、哔哩哔哩等本身也有短视频类的内容存在，并且在某种程度上向用户传播短视频内容。

7.5.2.3 用户

用户即观看短视频的人群，往往聚集在短视频平台，观看各类短视频作品。据中国互联网络信息中心（CNNIC）发布的第53次《中国互联网络发展状况统计报告》显示，截至2023年12月，短视频用户规模达10.53亿人，占网民整体的96.4%。通过短视频平台上的深度链接，知识、技术、信息等无形资产流动了起来，降低了信息差，同时每个人都能享受数字化生活带来的便利，普通人与数字经济有了更多触点，越来越多的普通人在数字社区中打开了新的通道。

7.5.2.4 品牌主/广告代理商

在短视频产业链中，品牌方往往扮演广告主的角色，向优秀的内容生产方投放广告，付费给他们，让他们帮助自己宣传品牌或产品，从而提高知名度或产品销售量。由于具有流量与算法的双重优势，短视频平台可以承载的广告类型多种多样。短视频广告已占据互联网广告市场的首位，成为数字营销的重要渠道。

短视频用户规模和活跃渗透率高，用户使用时间长。基于短视频平台积累的大量用户数据，一方面使广告投放具有广泛受众，另一方面使广告投放更加精准，提高转化率，赋予短视频平台在广告业务上的高议价能力。除了流量和算法优势，短视频平台可以通过展示、KOL关键意见领袖营销、流量购买等方式提供丰富的广告类型，最大限度实现广告主的品牌宣传和效果目标，因而短视频广告具备较高的品效合一价值。

7.5.2.5 基础支持方

基础支持方指的是对平台提供一些技术性支持的公司或厂商，包括服务器提供商、电信运营商、技术运营商等，如阿里云、腾讯云、华为云、百度智能云、中国联通、中国移动、中国电信等，它们可以帮助平台更好地运行下去。

7.5.2.6 监管部门

监管部门指的是管理短视频行业的相关政府机构，如国家网信办、国家广电总局等。这些部门会对短视频制作、传播提出严格要求，把控短视频行业的整体发展趋势。例如，为了提升短视频内容质量，遏制错误、虚假、有害内容传播蔓延，营造清朗的网络空间，2019年1月9日中国网络视听节目服务协会发布了《网络短视频平台管理规范》和《网络短视频内容审核标准细则》。《网络短视频平台管理规范》对平台应遵守的总体规范，账户管理、内容管理和技术管理规范提出了20条要求；《网络短视频内容审核标准细则》面向短视频平台一线审核人员，针对短视频领域的突出问题，提供了操作性审核标准100条。

7.5.3 短视频产业链的进化

由于短视频产业去中心化程度较高，平台、内容、品牌、网红等多个端的资源较为分散，MCN、广告投放体系、平台等有了较好的发展机会，它们通过对接内容、广告主、商家及用户等形成了完整的产业生态链。随着短视频平台商业模式越来越丰富，平台概念有望被重新定义。短视频可以链接多元场景，承接更多资源，生态环境愈加清晰，短视频还能与多领域交叉渗透，逐渐演变成一种互联网生活方式。其中平台端的话语权最强。

（1）优质内容是短视频竞争的核心。短视频平台留住用户的关键因素是优质内

第 7 章 基于数字资产开发的内容产业价值链

容,满足用户对高质量和多样化内容的需求将成为短视频平台新的发展方向。短视频平台初期凭借蹭热点、博眼球、二次搬运就能获得流量的内容生产方式,使内容同质化严重,容易造成用户的审美疲劳。当流量红利逐渐消散,低质量、同质化的内容将被淘汰,优质原创内容逐渐得到青睐。随着移动互联网内容领域正逐步进入全面付费时代,内容付费模式将成为新的商业变现方式之一。

(2)以往用户使用短视频平台是为了文娱消遣,而现在很大一部分用户使用的目的是社交、购物,短视频、社交、生活等将会进一步融合。短视频平台不断探索商业化变现途径,而结合电商发展是主要方向之一,短视频平台 + 直播电商仍将成为市场热点。

(3)数据赋能内容营销和内容电商的价值放大。5G 的普及、人工智能和大数据技术的发展,将会为短视频平台提供新的支持,广告主、主播等开始运用数据辅助筛选红人带货才干,分析短视频带货数据,提高品牌销量,完善"人—货"匹配机制。

(4)明星参与品牌营销方式持续升级。明星与品牌的合作日益多元化,从高频参与短视频品牌营销到高频参与工作室拿货,从定制单一视频内容到为品牌定制剧场/秀。其中"明星 + 独立 IP"类型账号有望与品牌进行强绑定,利用定制剧集等方式达成销售目的。

未来,在技术、市场、用户等的需求影响下,短视频产业将继续快速发展。提供细分化个性化内容将是短视频发展的方向,智能媒体技术将推动短视频产业向多元化方向发展,进一步为数字经济和实体经济融合发展提供助力,创造多元化价值。

7.6 本章小结

随着数字化转型和媒体融合的发展,基于数字资产管理的相关理论正在影响和改变广播影视内容产业价值链。本章就数字内容产业价值链的相关问题做了以下几个方面的阐述。

(1)对内容产业价值链进行了一般性描述:提供了价值链的基本定义、内容产业市场链体系及电视内容产业价值链的基本组成等内容,并指出海量数字内容资产对电视内容产业价值链能提供开发利用、内容运营、市场机会等方面的支持;阐述了内容产业价值链的主要特征,有整体性、技术关联性、价值延展性等。

(2)媒体组织价值链活动主要包括六个方面,即媒体产品的创意设计、信息的采集与制作、市场营销、内容产品的传播与流通、受众服务、广告客户服务等。媒体组织通过价值链的这些活动，为受众和客户创造价值并获得效益。媒体组织价值链的优化是在业务流程调研的基础上，尽量消除非增值作业和不可控成本的影响因素，利用价值链分析并重构媒体组织的业务流程。

（3）基于广播影视数字内容产业价值链的基本模型，可以将内容产业价值链延伸到互为依存的上游、中游、下游各个环节，并通过整合资源、协调彼此关系，使一个服务于全社会的大市场产生。广播影视数字内容产业价值链的主要环节包括数字内容资产库与内容整合、生产制作平台和节目内容的增值开发、内容产品交易平台及其运行机制、媒体内容运营平台及其面向社会的服务、受众及消费市场研究、版权管理与控制等。

（4）平台战略的基本要素包括双边（或多边）群体、网络效应、补贴模式、过滤机制、用户对平台的归属感、平台"边"的开放性、核心盈利模式。平台企业发展必须解决好突破临界用户规模界限、提升平台质量、掌握话语权与定价策略、建立有效的产品和服务的营销策略等几个方面的问题。随着互联网行业和数字经济的快速发展，平台企业的竞争日趋激烈，互联网行业平台的竞争特点表现为平台经济、动态竞争、注意力竞争、平台竞争、赢者通吃、跨界竞争、数据统领等。

思考题

1. 如何理解内容产业价值链？
2. 以电视媒体为例，阐述其价值链包括哪些环节及每个环节的主要内容。
3. 什么是平台战略？简要阐述平台战略的基本要素。
4. 基于平台战略，以某一媒体平台企业（如节目版权交易平台、视频网站、短视频平台等）为例，阐述该平台企业健康成长要解决好哪些关键问题。
5. 选择某一互联网平台企业（如长视频、短视频网站平台，知识付费平台等），分析该平台的内容产业价值链的构成及其相互关系。

第 8 章 数字资产的版权管理与保护

网络技术和电子商务的发展使数字内容产品的电子发行成为一种有效的方式。然而，如果数字内容产品的版权不能得到有效保护，就可能使拥有版权的内容被非法广泛传播，从而使数字内容所有者的正当权益受到侵害。数字版权管理（Digital Rights Management，DRM）是一项涉及法律、技术和管理各个领域的系统工程，它能为数字内容产品的商业运作提供一套完整的实现手段。数字版权管理的研究和应用主要集中在法律、技术和管理三个领域。法律领域主要研究如何通过法律机制来解决版权相关权利人之间的利益和冲突问题，涉及知识产权和著作权法等；技术领域主要研究数字版权保护技术及多种技术融合的体系架构和实现方法；管理领域则基于许多组织和公司根据产业和专业背景，在各自领域提出的数字版权管理标准和商业模式来实施。本章重点阐述知识产权与著作权的有关概念、数字版权保护技术、数字版权管理与商业应用等内容。

8.1 知识产权与著作权的相关概念

8.1.1 知识产权的相关概念

8.1.1.1 知识产权的定义

知识产权是指人们就智力创造的成果所依法享有的专有权利。广义上的知识产权，可以包括人类一切智力创造的成果。1967 年国际社会签订的《建立世界知识产权组织公约》对知识产权划定了范围，包括关于文学、艺术和科学作品的权利；关于表演艺术家的演出、录音和广播的权利；关于人们努力在一切领域发明的权利；关于科学发现的权利；关于工业品样式的权利；关于商标、服务商标、厂商名称和标记的权利；关于制止不正当竞争的权利；以及在工业、科学、文学或艺术领域里一切其他来自知识活动的权利。

1994年国际社会签署的《与贸易有关的知识产权协议》，其中第二部分对知识产权的范围作了如下规定：著作权及其相关权利、商标权、地理标记权、工业品外观设计权、专利权、集成电路布图设计权、对未公开信息的保护权、对许可合同中限制竞争行为的控制权。

从上述对知识产权范围的界定可以看出，《与贸易有关的知识产权协议》规定的知识产权范围比《建立世界知识产权组织公约》规定的范围有所扩大。可见，随着社会的发展，人类智力成果新的内容不断涌现，属于知识产权范畴的种类也在不断增加，如在网络环境中的域名权利就是一种知识产权。

在此，将上述国际公约所规定的知识产权范围作一个概括性划分。知识产权可以划分为四部分：著作权（版权）、商标权、专利权、商业秘密专有权。进一步归纳，可将上述四部分划分成两大部分：著作权（版权）、工业产权。

8.1.1.2　知识产权保护对象的特征

知识产权所保护的对象具有如下特征。

（1）具有永久存续性。知识产权的保护对象一旦产生，将成为人类精神财富的一部分，不会因时间的流逝而耗损、消灭。在受法律保护期间，它为权利人所独占控制。法律不再保护以后，这种信息本身不会因权利的消失而消失，而是进入公有领域，成为公共的精神财富而永久存在。物质财产则会在使用中耗损、消灭，甚至仅仅因为时间的推移而逐渐耗损以致最后消灭。

（2）具有可复制性。非物质性的信息可以以平面或立体的、有形或无形（如声音、视频等）的形式被无限复制。这里我们是在广义上使用复制这个概念的，它包括严格意义上的复制和严格保持同一性的重复使用。如按照图纸制作产品，按照一定的方法施工、生产，用印刷、复印、制作光盘等方式复制文学艺术作品等。物质财产不具有这样的特点。对一个有形物的仿制，实质上是对该有形物的造型（其设计）的复制，本质上仍然是对该造型所传达出来的信息的复制。

（3）具有广泛传播性。作为一种信息，它一旦产生，就可以通过各种传播媒介广泛传播。这种传播不能以国界、语言等加以限制。特别是在传播媒介高度发达的今天，除了必须严格保密的信息，一条信息可以在极短的时间内传遍全球，信息的"公共产品"特征凸显；而一项物质财产在同一时间只能存在于一个地方，不可能同时出现在两个及以上的地方。

（4）可以同时被许多人使用。信息一旦公开，就会被广泛传播，任何了解该信息并满足相应条件的个体都可以对其进行使用。因此，知识产权的保护对象可以同时在相同或不同的地方被许多人直接使用，而且这种使用不会给信息本身造成损耗，有可能受到损害的只是权利人的利益。物质财产由于其特定性和唯一性，不可能同时被许多人直接使用，而且使用物质产品必然会对其带来一定的耗损。

（5）不能用控制物质财产的方式控制。由于信息具有非物质性和易于传播的特点，人们不能像对待物质财产那样通过占有控制，防止他人的侵害。因此，对信息所有人的保护更多地要借助法律赋予的独占权利。

保护对象的非物质性是知识产权区别于其他财产权利的最主要法律特征，知识产权的其他法律特征都以此为根据，都是由这一特点派生出来的。知识产权法的各种制度设计也都与其保护对象的这一特点相联系。因此，这一特点是我们理解知识产权法的钥匙。

8.1.1.3 媒体内容资产知识产权的概念

媒体内容资产知识产权主要是指著作权。著作权与版权，在一般语境下没有什么区别。《中华人民共和国著作权法》（以下简称《著作权法》）（2020年修正）第六十二条规定："本法所称的著作权即版权。"著作权是指人们基于文学、艺术和科学领域的创造活动所享有的权利。著作权有广义和狭义之分。广义的著作权包括基于创作作品而享有的权利和基于传播作品而享有的权利；狭义的著作权仅指前者，基于创作作品而享有的权利。后者也被视为邻接权。我国立法采取著作权狭义说，将有关邻接权的内容称为与著作权有关的权利。著作权法则是对确认作者对自己作品的权利以及规定因创作、传播和使用作品而产生的权利和义务关系的法律规范的总称。

著作权法上的作品是指在文学、艺术和科学领域内，具有独创性，并能以一定形式表现的智力成果。构成作品应具备以下条件。

（1）必须是具有独创性或原创性的智力创作成果。

（2）属于文学、艺术和科学领域的智力创作成果。

（3）必须有一定的表现形式，如文字作品、音乐、戏剧、美术、摄影、影视等。

（4）必须能够固定于某种载体上，并能够复制。

媒体内容资产的知识产权（著作权）主体及内容是多元化的，也就是说媒体内容制作中的著作权是指：在媒体内容整个创作和制作中，各个创作和制作主体支配对媒体内容资产的创造性智力成果具有商业价值的信息,并排斥他人干涉的权利。

媒体内容资产知识产权的特征仍然具备知识产权的一般特征:是一种精神财富,具有永久存续性;具有可复制性;具有可广泛传播性;可以同时被许多人使用;不能用控制物质财产的方式进行控制。

8.1.2 著作权人的权利及保护期

《著作权法》(2020年修正)第九条规定,著作权人包括作者,以及其他依照本法享有著作权的自然人、法人或者非法人组织。著作权人的权利是指权利人依法享有哪些方面的人身和财产方面的利益,这是著作权制度的核心部分。

根据我国《著作权法》第十条第一款的规定,著作权包括下列人身权和财产权:①发表权;②署名权;③修改权;④保护作品完整权;⑤复制权;⑥发行权;⑦出租权;⑧展览权;⑨表演权;⑩放映权;⑪广播权;⑫信息网络传播权;⑬摄制权;⑭改编权;⑮翻译权;⑯汇编权;⑰应当由著作权人享有的其他权利。

其中的第①~④项为人身权内容,属于作者专有;第⑤~⑰项为财产权,著作权人可以许可他人行使该财产权,并依照约定或者本法有关规定获得报酬。

8.1.2.1 人身权

人身权又被称为著作精神权利,是指作者对其作品所享有的各种与人身相联系或者密不可分而又无直接财产内容的权利。人身权不能转让、继承。具体来说,我国《著作权法》规定的人身权有四项:发表权、署名权、修改权和保护作品完整权。除发表权外,其他三项权利的保护期不受限制。

(1)发表权,即决定作品是否公之于众的权利,还包括决定以何种形式在何时何地发表的权利。所谓公之于众,是指将未与公众见过面的作品让公众听到或者看到。作者作出的发表或者不发表的决定就是在行使发表权。

(2)署名权,即表明作者身份,在作品上署名的权利。从理论上讲只有具备作者身份的人,才有权在作品上署名。作者可以在其作品上署真名、笔名,也可以不署名,以及禁止他人在自己作品上署名,并要求任何使用作品的人承认和尊重作者的署名权。一般来讲,公众通过作品上的署名来判断其著作权的归属。

法人或非法人单位为著作权人的作品,署名权为法人和非法人单位享有。单位有权决定只署本单位的名称,或者同时署上参加了创作的人的姓名。比如现在许多报刊都署责任编辑、专版专栏编辑的姓名,有的报刊则根本不署,是否署名,主要由报刊社决定。

（3）修改权，即修改或者授权他人修改作品的权利。所谓修改是指作品创作完成后，为该作品增加了一些新的内容，或者删除一些原有部分所做的改动（如某本书的修订本等）。修改权是作品创作者的一项权利，修改与否、如何修改以及是否授权他人修改都应由作者依据自己的意愿作出。未经作者授权，任何人无权擅自修改作品，否则构成侵权。依据《著作权法》第三十六条规定，报社、杂志社可以不经作者授权对作品进行文字性修改、删节，但不得涉及作品内容的增删，否则，修改者要依法承担相应责任。

（4）保护作品完整权，即保护作品不受歪曲、篡改的权利。作者有权保护自己作品的完整性、纯洁性，保护其作品不被歪曲、丑化，不被他人作违背作者意思的删除、增添或其他变动。但这并不等于说一点也不允许他人改动，原作中的误写、错写、漏写之处，杂志社、报社或出版社为排版或发表所需的不损害原作品主题思想的改动，不但未损害作品的完整性，而且这样的改动、润色，将会使作品更成熟，更好地体现出作品的中心思想。

8.1.2.2 财产权

财产权又被称为著作经济权利，是指作者及传播者通过某种形式使用作品，从而依法获得经济报酬的权利。作品的使用可以由作者进行，也可以经作者许可后由他人进行。财产权具体包括下列13项。

（1）复制权，即以印刷、复印、拓印、录音、录像、翻录、翻拍、数字化等方式将作品制成一份或多份的权利。

（2）发行权，即以出售或者赠予方式向公众提供作品的原件或者复制件的权利。

（3）出租权，即有偿许可他人临时使用视听作品、计算机软件的原件或者复制件的权利，计算机软件不是出租的主要标的的除外。

（4）展览权，即公开陈列美术作品、摄影作品的原件或者复制件的权利。

（5）表演权，即公开表演作品，以及用各种手段公开播送作品的表演的权利。

（6）放映权，即通过放映机、幻灯机等技术设备公开再现美术、摄影、视听作品等的权利。

（7）广播权，即以有线或者无线方式公开广播或者传播作品，以及通过扩音器或者其他传送符号、声音、图像的工具向公众传播作品的权利，但不包括《著作权法》第十条第十二项规定的权利。

（8）信息网络传播权，即以有线或者无线方式向公众提供，使公众可以在其选定的时间和地点获得作品的权利。

（9）摄制权，即以摄制视听作品的方法将作品固定在载体上的权利。

（10）改编权，即改编作品，创作出具有独创性的新作品的权利。

（11）翻译权，即将作品从一种语言文字转换成另一种语言文字的权利。

（12）汇编权，即将作品或作品的片段通过选择或者编排，汇集成新作品的权利。

（13）应当由著作权人享有的其他权利。

上述最后一条"应当由著作权人享有的其他权利"是一项概括性权利。这一规定对于在保证法律的稳定性、严肃性的前提下，适应社会生活的不断变化、更好地保护著作权人具有积极的意义。例如，在上述①~⑬项权利中没有包括进去的一些情形，像注释权、整理权、以有线方式直接公开广播或者传播作品的权利、制作录音制品的权利等都可以包括在这一项中。

8.1.2.3 著作的人身权和财产权的区别

（1）归属不同。著作人身权只能由作者或者著作权原始主体所有；而著作财产权不仅可以由作者或者著作权原始主体所有，还可以归著作权继受主体所有。

（2）保护期不同。除发表权外，作者终身享有著作人身权，没有时间限制。作者死后，作者的著作人身权可依法由其继承人、受遗赠人或国家的著作权保护机关予以保护。一般认为，它不能转让、剥夺或继承。而著作财产权有严格的保护期限，在有效期内，财产权可以依法继承、转让和许可他人使用。

（3）内容不同。著作人身权不具有直接的财产的内容；而著作财产权是使著作权人获得财产利益为主要内容的权利。

（4）限制不同。著作人身权基本不受合理使用、法定许可使用、强制许可使用的限制；而著作财产权依法受到合理使用、法定许可使用和强制许可使用的限制。

8.1.2.4 著作权的保护期

著作权的保护期是指著作权人对其作品享有专有使用权的有效期限，即作品从取得著作权到著作权终止的时间，超过了保护期，作品将进入"公有领域"。当然，公有领域并非法律的真空地带，对于进入公有领域的作品，人们在使用时仍然要尊重作者的人身权利，不得随意更改署名、篡改和剽窃。保护期的规定主要目的在于促进作品的传播和使用，促进人类知识财富的积累和科技文化的发展。

根据我国《著作权法》，著作权的保护期分为著作人身权的保护期和著作财产权的保护期。

（1）作者的署名权、修改权、保护作品完整权的保护期不受限制。署名权、修改权、保护作品完整权都属于作者的著作人身权，是与人身紧密相关的精神权利，因此，这种权利应当永久得到保护。

（2）作品的发表权和著作财产权的保护期限。发表权虽然是著作人身权的一种，但它与著作财产权有紧密联系，因此法律规定其保护期与著作财产权的一致。根据我国《著作权法》第二十三条的规定：自然人的作品，其发表权和财产权的保护期为作者终生及其死亡后 50 年，截止于作者死亡后第 50 年的 12 月 31 日；如果是合作作品，截止于最后死亡的作者死亡后第 50 年的 12 月 31 日。

著作权主体是法人或非法人组织的，其作品或职务作品的发表权和财产权的保护期为 50 年，截止于作品首次发表后第 50 年的 12 月 31 日；但作品自创作完成后 50 年内未发表的，不再受著作权法的保护。

视听作品，其发表权和财产权的保护期与法人和非法人组织相同，也是 50 年，截止于作品首次发表后第 50 年的 12 月 31 日，但作品自创作完成后 50 年内未发表的，著作权法不再保护。

我国《著作权法》中第二十三条规定了作品发表权和著作财产权的保护期限，是著作权主体具体拥有权利的核心条款。我们所谈到的有关影视剧制作中的所有参加创作的人员（包括法人），原则上都享有本条的所有权利，但创作人员（包括法人）可以通过合同的方式实现权利的流转。

8.2 数字版权保护技术

数字版权保护技术是采取信息安全技术手段在内的系统解决方案，能够实现对如 eBook、视频、音频、图片、安全文档等版权内容的保护。数字版权保护技术在保证合法、具有权限的用户对数字内容（如数字图像、音频、视频等）正常使用的同时，保护数字内容创作者和拥有者的版权，使其根据版权信息获得合法收益，并在版权受到侵害时能够鉴别数字内容的版权归属及版权信息的真伪。

8.2.1 数字版权管理系统

数字版权管理技术的基本原理：首先建立数字节目授权中心；编码压缩后的数字节目内容，可以利用密钥（key）进行加密保护（lock），加密的数字节目头部存放着 KeyID（密钥标识符）和节目授权中心的 URL；用户在点播时，根据节目头部的 KeyID 和 URL 信息，就可以在数字节目授权中心验证授权后获得相关的密钥解密（unlock），这样方可播放节目。

8.2.1.1 数字版权管理系统基本架构

数字版权管理系统的核心思想是利用各种技术手段，通过对用户发放许可证的方式，控制用户对文件的访问、变更、共享、复制、打印和保存等操作。

一个典型的 DRM 系统架构主要由内容服务器、许可证服务器和客户端三个部分组成，如图 8-1 所示。

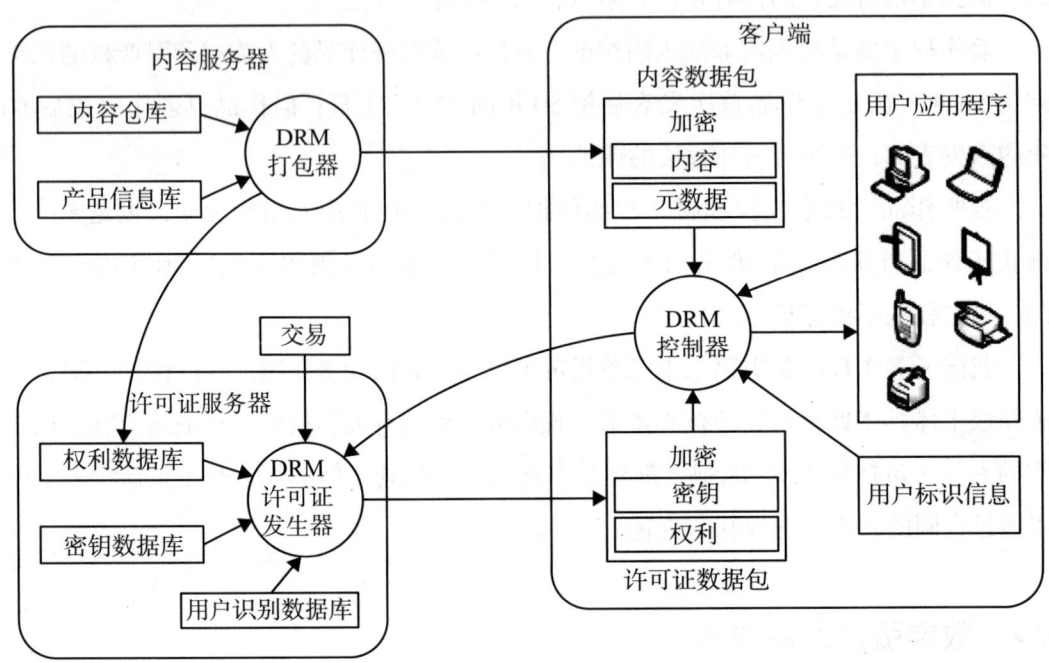

图 8-1　DRM 系统架构

（1）内容服务器通常包括存储数字内容的内容仓库、存储产品信息的产品信息库和对数字内容进行安全处理的 DRM 打包器。该模块主要实现对数字内容的加密、插入数字水印等处理，并将处理结果和内容标识元数据等信息一起打包成可以分发销售的数字内容，然后通过多种承载和传送方式将加密打包后的内容传送到客户端。

（2）许可证服务器包括权利数据库、密钥数据库、用户标识数据库、DRM 许可证发生器四个模块。它的主要作用在于形成加密的用户许可，通常由一个可信的第三方——清算中心负责。该模块主要用来生成并分发数字许可证，还可以实现用户身份认证、触发支付等金融交易事务。数字许可证是一个包含数字内容使用权利（包括使用权限、使用次数、使用期限和使用条件等）、许可证颁发者及拥有者信息的计算机文件，用来描述数字内容授权信息，有权利描述、语言描述。大多数 DRM 系统中，数字内容本身经过加密处理，因此，数字许可证通常还包含数字内容解密密钥等信息。

（3）客户端主要由 DRM 控制器和用户应用程序组成。DRM 控制器负责用户许可的检查或申请，用户应用程序在许可规定的范围内对媒体进行访问操作。当用户使用数字内容时，DRM 应用程序会将受保护的数字内容和相应的权限证书提交至 DRM 控制器。如果数字内容的权限证书不存在，DRM 控制器还负责向权限证书服务器申请获取权限证书。在解析受保护的数字内容过程中，DRM 控制器首先校验权限证书签名，校验数字内容的 Hash 值，解密受保护的数字内容，并将解密后的数字内容发送至应用程序。DRM 应用程序依照数字内容的类型，播放音乐、视频等，向用户展现数字内容。

典型的 DRM 系统工作流程：①用户登录内容服务器，浏览并确认自己感兴趣的内容；②用户向许可服务器申请购买自己确认的数字内容；③许可服务器根据用户的购买要求生成相应的权利包并发送给用户；④用户下载相应的数字内容；⑤客户端解密授权代码和数字内容，确保用户按授权方式使用。

8.2.1.2　DRM 系统涉及的主要技术

DRM 系统中的技术主要涉及加密技术、认证技术、数字水印技术、防篡改硬件模块和智能卡技术等几个领域，现在的技术基本是这几种技术的组合或集成。

（1）加密技术。加密技术是采用一定的数学模型，对原始信息进行再加工，将敏感的明文数据变换成难以识别的密文数据，使用者必须获得密码才能提取正确的原始信息的技术。可以使用对称/非对称密码算法来保护数字内容的安全。版权保护技术首先将作品以可以合法使用的条款和场所进行编码，嵌入文件，只有当条件满足时，作品才被允许使用。通常，被嵌入的信息包括版权管理信息（RMI），如作者、标题、版权和密钥链接。密钥用来对作品进行解密。用户需要授权证书才能访问密钥，授权证书决定了用户的权限。

（2）认证技术。对所有相关设备和存储媒介，如配置点（Point Of Deployment，POD）模块、机顶盒、接收机、DVD 播放/刻录机、硬件、存储卡、PC 机等分配公钥数字证书，用于在通信或工作前进行身份认证。实际上数字证书是证书认证中心（Certificate Authority，CA）审核签发的一个声明，表明拥有证书的合法用户身份。证书通常包括证书申请者的名称和信息、申请者的公钥、证书颁发者 CA 的数字签名和一组控制信息，如有效期限、序列号等，目前数字证书普遍采用的是 X509 国际标准格式。

（3）数字水印技术。数字水印技术通过一定的算法将一些标志性信息直接嵌到多媒体内容当中，但这些标志性信息不影响原内容的价值和使用，并且可以不被人的知觉系统所察觉。水印可以是可见的，也可以是隐形的，用来给某个数字内容产品打上使用者独有的印记，防止使用者非法传播和复制。只有当数据被严重破坏时，水印信息才有可能被去除。即使数据质量降低，只要水印有效，它依然可以被识别出来。

（4）防篡改硬件模块和智能卡技术。这项技术通过相关的硬件技术使得所有水印、密码等运算只能在安全模块中进行，为其他安全技术提供了硬件支持。

8.2.1.3 对 DRM 系统的基本要求

一个实用的 DRM 系统，应该满足实时性、鲁棒性、播放控制、传输安全性等方面的要求。

（1）实时性。一方面，流媒体被大量应用到通过网络进行现场实时播放的环境中；另一方面，用户也需要不间断、实时进行媒体播放。这就需要 DRM 系统在处理时必须满足实时性的条件。

（2）鲁棒性。鲁棒性是指不因图像等文件的某种改动而导致水印信息丢失的能力。这里的"改动"包括传输过程中的信道噪声、滤波操作、重采样、有损编码压缩、D/A 或 A/D 转换等。鲁棒性的强弱直接关系到数字内容在面对入侵者时的抵抗能力，关系到是否能为数字版权提供安全可靠的保护。因此，我们必须从密码学、信息隐藏等角度提高整个系统在数字内容的制作、传输、使用和存储等阶段的鲁棒性，如设法降低水印信息的长度。强的鲁棒性也就意味着低误检率和错检率，即在验证和提取信息时应该具有很高的可信度。

（3）播放控制。数字资产版权保护实用化的一项重要功能就是对媒体的播放进行控制，包括用户的主动控制和被动控制。DRM 系统也必然会考虑如何在控制播放的同时保护数字内容版权不受损害。

（4）传输安全性。数字内容从服务器到达用户需要经过若干个中间节点，每个节点上都可能对数字内容进行重新编码、加密等操作，原有数字内容就可能暴露出来，从而带来非法获取等安全隐患。因此，必须采用某种可靠的方式，如不进行解密和重新编码，来保证数字内容在传输过程中的安全。

8.2.1.4 DRM 中的技术在节目版权管理中的应用

电视节目的版权管理应该贯穿于由策划、制作、播出、传输和消费等环节构成的整个生命周期，电视媒体应该对每个环节都提出相应的数字版权保护要求。

（1）策划阶段。在节目的策划（或立项）阶段，应制订好节目完成后如何利用版权的计划。

（2）制作环节。制作是节目产生的源头。在制作阶段，节目制作机构一方面应与权利人签订书面版权合同，并妥善保存合同；另一方面在节目的素材中应该捆绑基于信息记录的数字版权内容。这些版权记录将一直伴随节目素材存在的整个生命周期。

（3）播出环节。播出系统在播出节目时对节目版权进行审核。因此，建立支持全制播流程的版权信息管理系统至关重要。内容提供商应应用强大的技术手段保护节目版权。数字水印是普遍采用的数字版权保护技术之一。

（4）传输环节。在节目传输过程中的版权保护技术一般采用以数据加密和防拷贝为核心的技术。这些技术将数字内容进行加密，用户得到授权后才能获得解密的密钥，而且密钥通常是与用户的硬件信息绑定的。加密技术加上硬件绑定技术，可以防止传输环节中的非法拷贝、存储和再利用。

（5）消费环节。数字版权管理可以防止数字节目内容被非法消费，但不应给合法消费者带来不便。对合法消费者来说，在欣赏节目时应感觉不到数字版权管理技术的存在。数字版权管理应该支持像数字硬盘录像机这样的家庭娱乐的消费形式，允许消费者在家中存储、拷贝和再播放数字节目。

8.2.2 数字水印技术

数字水印技术通过一定的算法将具有特定意义的标记，利用数字嵌入的方法隐藏在数字文档、音视频等数字产品中，该标记可以用于证明创作者对作品的所有权，也可以作为鉴定、起诉非法侵权时的证据，同时对水印的检测和分析可以保证数字信息的完整可靠。但数字水印不能阻止非法拷贝，可以用作检测分发的拷贝的来源，以及威慑和调查取证的工具。

8.2.2.1 数字水印的分类

（1）数字水印根据特性分为鲁棒数字水印和脆弱数字水印两大类。鲁棒数字水印主要用于版权保护，在数字作品中标识著作权等信息。版权保护的数字水印要求具有很强的鲁棒性和安全性，除了要求能在一般图像处理（如滤波、加噪声、替换、压缩等）中生存，还要求能抵抗一些恶意攻击。脆弱数字水印主要用于完整性保护和认证。这种水印同样是在内容数据中嵌入不可见的信息。当内容发生改变时，这些水印信息会发生相应改变。由此我们就可以鉴定原始数据是否被篡改。

（2）数字水印根据承载水印的媒体分为图像水印、视频水印、音频水印、软件水印、文档水印、数据水印等。

（3）数字水印根据检测过程分为明文水印（非盲水印）和盲水印两大类。明文水印在检测过程中需要原始数据或者预留信息,盲水印在检测过程中不需要任何原始数据和辅助信息。

(4)数字水印根据内容分为有意义水印和无意义水印两大类。有意义水印是指水印本身也是某个数字图像(如商标图像)或数字音频片段的编码;如果水印受到攻击或其他原因使解码后的水印破损,我们仍可以通过视觉观察/听觉判断是否有水印。无意义水印只是对应一个序列号,如果解码后的水印序列有若干码元错误,则我们只能通过统计决策来确定信号中是否含有水印。

(5)数字水印根据用途可划分为票证防伪水印、版权保护水印、篡改提示水印、隐蔽标识水印等种类。

(6)数字水印根据水印隐藏的位置划分为时(空)域数字水印、频域数字水印、时/频域数字水印、时间/尺度域数字水印。

时(空)域数字水印是直接在信号空间上叠加水印信息;频域数字水印是在DCT(离散余弦变换)变换域上隐藏水印;时/频域数字水印是在时/频变换域上隐藏水印;时间/尺度域数字水印是在小波变换域上隐藏水印。

8.2.2.2 数字水印的主要特征

(1)透明性。水印与原始数据紧密结合并隐藏其中,水印的存在不能破坏原数据的欣赏价值和使用价值。

(2)鲁棒性。在经过有损压缩、录制、打印、扫描、旋转、平移等常规处理后仍能检测到水印。

(3)安全性。能抵御攻击者进行未经授权的删除、嵌入和检测等操作,主要用于信息的完整性认证。

(4)标识性。水印应带有标识,用来为数字作品的当前拷贝进行标识。目的是标识出该作品的购买方、被授权方等。

8.2.2.3 数字水印算法的鲁棒性要求

所谓鲁棒性(robustness)是指系统的健壮性,它是在异常和危险情况下系统生存的关键。比如,计算机软件在输入错误、硬盘故障、网络过载或有意攻击的情况下,能否不死机、不崩溃,就取决于该软件的鲁棒性。因此,鲁棒性就是指控制系统在一定(结构、大小)的参数扰动下,保持某些性能的特性。

视频数字水印方法既有简单的算法(如直接将水印数据嵌入视频流中或压缩视频流中),又有复杂的算法(如小波变换以适应新一代的压缩标准并采用各种人体视觉模型)。总体而言,复杂的水印算法一般具有较高的"鲁棒性"。大多数算法对未压缩视频数据进行操作,只有少数算法是针对压缩视频流的,如将水印嵌入 DCT 系数和运动向量。此外也可以将水印嵌入视频的辅助信息。

数字水印必须难以清除。当然从理论上讲,只要具有足够的知识,任何水印都可以去掉。但是如果只能得到部分信息,如水印在图像中的精确位置未知,那么破坏水印将导致图像质量的下降。特别是,一个实用的水印算法应该对信号处理、通常的几何变形(图像或视频数据)以及恶意攻击具有鲁棒性。

数字水印的鲁棒性要求有以下几个方面。

(1)图像压缩。通过图像压缩算法去除图像的冗余量。水印的不可见性要求水印信息驻留于图像不重要的视觉信息中,通常为图像的高频分量中;而一般图像的主要能量集中于低频分量中。经过图像压缩后,高频分量往往被视为冗余信息而被清除掉,因此,有的文献将水印嵌入图像中最显著的低频分量中或使用带低通特性的水印,可能会降低图像的质量。目前一些水印算法对现有的图像压缩标准(如 JPEG、MPEG 等)具有较好的鲁棒性。

(2)滤波。图像中的水印应该具有低通特性,即低通滤波(如均值滤波和中值滤波)应该无法删掉图像中的水印,事实上有很多针对水印的攻击手段是用滤波完成的。

(3)图像量化与图像增强。一些常规的图像操作,如图像在不同灰压级上的量化、亮压与对比压的变化、直方图修正与均衡,均不应对水印的提取和检测有严重影响。

(4)几何失真。几何失真包括图像尺寸大小变化、图像旋转、裁剪、删除或增加图像线条以及反射等。很多水印算法对这些几何操作都比较脆弱,容易被去掉。因此,研究水印在图像几何失真中的鲁棒性已成为人们关注的焦点。

8.2.2.4　数字水印的基本模型和应用

(1)数字水印基本模型。数字水印制作方案都采用密码学中的加密(包括公开密钥、私有密钥)体系来加强,在水印的嵌入、提取时采用一种密钥,甚至几种密钥联合使用。数字水印的基本模型如图 8-2 所示。

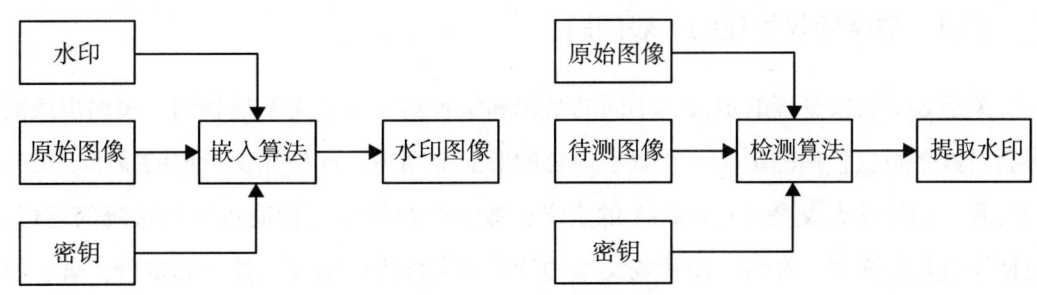

图 8-2　数字水印的基本模型

（2）数字水印的应用。数字水印技术与信息安全、信息隐藏、数据加密等均有密切关系，也是数字资产管理中需要解决的一个关键性技术问题。不同的应用目的产生了不同的设计目的和水印算法。一些水印算法需要原始数据提取嵌入的水印信息，另外一些则不需要。此外，已经发布的一些水印算法可以完全提取出水印，而有些水印算法只能对水印是否存在进行校验。需要指出的是，这两种本质上是一样的，水印提取可以转化为水印校验，反之也是成立的。数字水印的应用领域包括以下几个。

①版权保护。传统的版权保护方法是在图像角落嵌入版权水印，这样做会降低作品质量，且明显可见的标志很容易被篡改。利用数据隐藏原理使版权标志不可见或不可听，既不损害原作品，又达到了版权保护的目的。

②拷贝控制。当录播设备检测到禁止录制的信号后，会阻止设备进行内容复制。

③交易指纹（交易水印）。在数字内容的每个副本中嵌入唯一的水印标识，当发生非法使用时，可以快速追踪泄漏源头。

④商务交易中的票据防伪。精度超过 1 200 dpi 的彩色喷墨、激光打印机和高精度彩色复印机的出现，使票据伪造变得更加容易。在彩色打印机、复印机输出的每幅图像中加入唯一、不可见的数字水印，在需要时可以实时从扫描票据中判断水印的有无，快速辨识真伪。

⑤隐藏标识。数据的标识信息甚至比数据本身更具有保密价值，如遥感图像的拍摄日期、经/纬度等，没有标识信息的数据有时甚至无法使用。数字水印技术隐藏标识，使标识信息在原始文件上看不到，但通过特殊的阅读程序可以读取。

⑥证件真伪鉴别。证明个人身份的有身份证、护照、驾驶证、出入证等；证明能力的有各种学历证书、资格证书等。水印技术可以确认证件的真伪。

8.3 数字版权管理与商业应用

8.3.1 数字版权管理的一般问题

关于数字版权管理的定义，不同的组织和学者给出的定义不尽相同。美国出版商协会对数字版权管理的定义：在数字内容的商业活动中，保护知识产权的技术、工具和过程。国外学者戈登（Gordon）的定义：数字版权管理是指通过控制系统的运行，对使用包含如视频、音频、图片或文本的计算机文件进行监督、控制和定价。著名的国际互联网数据信息中心（Internet Data Center，IDC）对数字版权管理的定义：数字版权管理结合硬件和软件的存取机制,对数字化信息内容在其生命周期内的存取进行控制;它包含了版权使用的描述、识别、交易监控、对使用在有形和无形资产上的各种权限的跟踪和对版权所有人的关系管理等内容。数字版权管理的核心就是通过安全机制和加密技术锁定和限制数字内容及分发途径,从而达到防范对数字产品无授权复制和使用的基本目标。

本书作者综合多种数字版权管理的定义,给出以下定义:数字版权管理是数字化内容在生产、传播、销售、使用过程中知识产权保护与管理的技术工具;它通过在数字空间里真实识别用户、授予用户的权利范围、规范用户的行为方式等来保障数字化内容的所有者和经营者的权利及利益;其主要手段是通过加密和数字水印等技术来防止对内容的非法盗版,从而保护作者、出版商、经销商和使用者的合法权益。因此,采用数字版权管理技术,可使版权所有者不必再耗费大量时间和精力与客户谈判而保证数字内容被合法使用。

知识产权(Intellectual Property Rights,IPR)和数字版权管理是相互关联的两个领域,将它们在一起考虑时就形成了一个自我包含的问题域,应该说知识产权包含更大的范畴。版权情况不明确的数字内容在商业环境中是不能使用的。不遵守法律、契约规则和知识产权而去使用内容可能会引发严重后果。不了解相关知识产权,一个内容对象对一个媒体组织来说不具有商业价值,因为它不能被使用和开发。只有当拥有一个内容对象的版权时,我们才能展示、传播或交易该对象,才能将该对象用于商业开发。

在数字资产管理中,应通过严格的版权管理建立合理的知识产权保护制度。一方面要以法律形式界定版权的归属关系,以保证版权所有者在内容交易市场的安全性和相关利益,防止数字资产被非法访问和使用,使数字资产交易更加规范、合法,这样会增加数字资产交易的动力;另一方面确保消费者享受到应有的权利和服务,甚至规范交易使交易的社会成本降低,从而让消费者在产品价格上直接受益。也就是说,规范数字版权管理可使数字资产的提供者和消费者均获益。

应该通过专门的版权管理系统来维护数字资产的知识产权体系、合同信息和其他与内容对象有关的法律文档,并且版权管理系统管理的信息要和内容管理系统中内容对象的信息联系起来。在版权管理系统,需通过知识产权来描述特定内容对象的所有权和使用权等。这些权利很复杂,通常需要专业人员的解释。该权利包括所有权、演出权、个人权利和其他很多权利。在使用(重用)作品时需充分考虑版权拥有者的具体权利,因此要妥善保管内容对象的法律文档并及时更新。

除了要考虑数字内容的所有权,还要考虑以下限制:①地域限制(通常指地理限制);②传输和传播方法(如通过电视、电影、广播、网络、移动媒体等);③传输和传播时间(先于或后于某一天);④使用期限;⑤用户(传输者)数量;等等。

另外,我们不仅要注意内容管理系统中和内容有关的某些基本版权,还应该注意在内容对象中享有其他版权的对象内容。数字资产管理系统的用户要从法律部门得到更多有关版权的信息,以便在使用内容的情况下,保证尊重所有的版权要求。

我们作为媒体内容产品的开发部门,应该从一开始就规划内容版权的使用形式。例如,在电视台制作节目时,要考虑哪些节目只用作本台播出,哪些节目除播出外还要出版发行音像制品、图书,哪些节目还要在视频网站上播放等。这些问题在选题策划时就应该有所考虑。因为不同的版权利用形式决定了处理与著作权人、表演者、嘉宾的关系和支付报酬的不同标准。为了规范版权管理,在节目播出后,还需要将节目内容连同版权信息和播出记录及版权合同等一并入库存档,以便节目再利用时,根据计算机系统中的版权信息,在已获得的使用权限范围内进行开发利用。

版权管理是一个复杂的问题,它要求有相关专业知识。一个好的数字资产管理系统必须对其数字内容的版权进行有效管理和控制。媒体组织在其法律部门内建立一个基于软件的版权管理系统,并决定哪些内容不对外部的用户开放,哪些内容可以有条件地开放。数字资产管理系统应该对用户提供一些关于内容对象的版权信息,并且人们可以选择那些能被访问信息的数据类型及它们的表现方式。为了确保版权状态是完全清晰的,版权部门必须对各类内容的版权状态进行说明。

8.3.2 数字版权管理的商业应用模型

通过上述分析我们知道,数字版权管理是一项涉及法律、技术、商业应用等诸多层面的系统工程,包括数字内容产品生产、传输、发行和管理等一套完整的体系方案,强调一种系统化理念。它通过在数字空间里真实识别用户、授予用户的权利范围、规范用户的行为方式等来进一步保障和管理整个数字产品价值链中所有参与者的权益。

数字资产管理中的版权属性包括三个方面:许可、限制和权益分配。许可解决的是如何使用的问题,即授权使用,如电视播出、新媒体传播、素材使用、衍生产品开发等权利;限制是在某一许可下对内容使用的限制,如某一节目内容可在电视台播出三次,某一重大历史素材片段可以在某某电视剧中使用等;权益分配是指当某种内容被使用时,权利人应该得到什么样的回报或使用者必须履行什么样的义务,如使用者需支付使用费用、在指定场景显示权利人的署名等。拥有数字资产的机构必须密切关注被出售的数字内容的许可、限制和权益分配，以确保自身的版权受到保护，核心价值没有受到侵害。从市场开发角度来看，数字内容资产的主体方应设计基于市场价值的均衡投资分配模型，以保证投资人的积极性与连续获利性。

数字版权管理要平衡好版权发行者、内容提供商、发行商和用户等各方之间的利益关系，图8-3给出了一种数字版权管理的商业应用模型。其中，内容提供商是合法版权内容的供给者。内容提供商首先将数字内容编码成系统支持的格式，然后加密、插入数字水印、封装，并标注内容的权限和使用规则；发行商提供分销渠道，将从内容提供商那里得到的受保护内容分发给终端用户；用户则通过版权管理系统获得内容和使用内容；版权发行者则处理财务上的交易往来，负责给用户发放许可证、给内容提供商和发行商分配费用，并监督版权的发行和使用情况。在这里，所发行的内容是被保护的（如采用加密和水印技术），因此需要验证用户身份，没有密钥是不能访问的。用户为了获得对内容的合法访问，必须与版权发行者签订有效合同，通过电子商务系统付费后用户才能按照合同规定的条款使用从发行商那里购买的内容，签订的合同中也会包含访问这部分内容的密钥，但是用户的访问权限是有一定时间限制的。

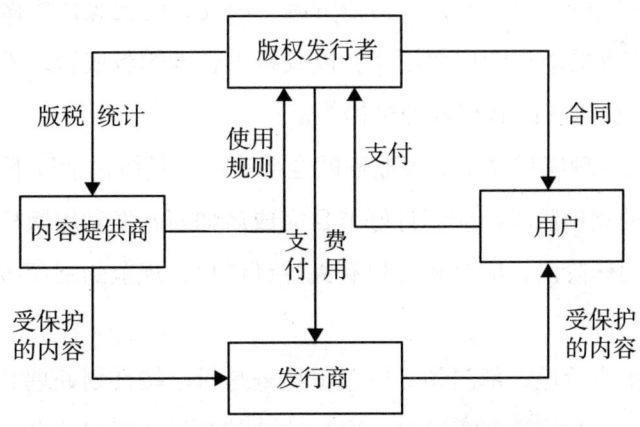

图8-3　数字版权管理的商业应用模型

在具体的应用方案中，数字版权交易系统需要管理那些描述性元数据和版权元数据，如各方的交易数据、使用数据和支付数据等。同时，需要将许可权赋予拥有内容交易协议的各方。在某些情形下，数字版权交易系统要对内容进行一定的处理以满足许可协议的要求，如对内容进行加密或打包，以适应某种特定的用户使用环境。实际应用时，只有当该版权管理系统模型中的各方权益得到充分保护、达到一种和谐共存的状态时，整个内容管理系统才能发挥出最大的社会效能和经济效能。

上述应用模型存在的一个问题是，不同的数字版权管理系统所遵循的体系是不一样的。这些版权管理体系通常是由一些专门的技术供应商或标准组织定义的，每种体系都定义了各自的文件格式、加密方法、认证协议等。原因是 DRM 应用的本质在于其独有性。运营商为了追求利润最大化，通过独有的技术及格式等提供内容，以互不相通的使用方式锁定消费者。例如，微软的 Windows Media DRM 和苹果的 FairPlay 这两个系统是不兼容的，它们有不同的文件格式、保护机制、权利管理系统和设备支持，用户在一个平台上获得的内容不能在另一个平台上工作，即苹果的 FairPlay DRM 保护功能可防止媒体内容在未经苹果授权的设备上播放。目前还缺少普遍认可的统一标准来解决这些问题。

8.3.3 电视媒体业务全流程的数字版权管理

节目版权是电视媒体的核心无形资产，通过版权管理电视媒体可整体提高管理水平、实现资产的保值增值；版权管理也是品牌建设和海外传播的重要内容。版权管理作为电视媒体的一项基础工作，事关电视媒体的长远利益和竞争优势，必须高度重视。同时，电视媒体内容版权的数字化管理是一项复杂、系统性的工作，要做好这项工作，必须投入一定的人力、财力、物力资源。因此，电视媒体要做好数字版权管理必须建立翔实、准确的版权管理数据库，以及科学合理的版权管理工作流程，必须配备拥有一定数量工作人员的版权管理机构等。

电视节目版权管理应贯穿于电视业务的全部流程，具体包括以下几个方面。

（1）在节目的立项阶段，应制订好节目完成后如何开发利用版权的计划。

（2）在节目制作阶段，应与相关权利人签订详尽、规范的书面版权合同，并妥善保存合同。

（3）在节目审查阶段，部门领导应监督检查是否已按计划处理好版权关系。

（4）在节目进入数字资产库阶段，要标注清楚节目的版权信息，同时将相应的文档资料一并入库。

（5）在节目播出阶段，要查明已列入播出计划的节目是否有播出限制（如次数、时间期限等），并保留播出记录。

（6）在节目出库阶段，记录版权使用信息，防止超权限使用和不当利用行为。

（7）在节目（素材）开发阶段，应在版权权限范围内进行，对仅有播放权的节目再开发时，须再次取得相关权利人许可，并详细记录开发信息。

（8）在节目对外销售阶段，要制定详细的版权销售合同，规定购买方的版权使用范围，并长期和妥善保存。

（9）建立版权保护与维权机制，对销售的节目内容应追踪版权的使用情况，发现侵权行为及时采取措施处理。

（10）不断提升内容资产的版权价值。内容资产的版权价值不是一成不变的，有些内容会随着时间的推移增值或贬值；另外，针对不同用户、不同市场可制定不同的版权价格策略。

通过解决这些问题，有效的版权管理可以为电视媒体组织带来以下益处：①大幅提高组织管理的效率，降低生产成本；②便捷存取和了解组织的内容资产信息，从而促进内容资产的销售；③能够精确追踪相关资产和相关合同之间的关系，创造更多的商业机会；④防止违反合约的条款，从而减少法律责任；⑤严密的安全措施，使员工只能访问到同他们的责任和级别相匹配的数据。

8.3.4 国外媒体组织的版权管理

国外媒体组织非常重视媒体内容的版权管理，其无论在机构设置还是人员配备方面都比国内力量要强大。国外广播电视组织版权管理的通行做法有以下几点：①媒体组织通过版权部门集中统一管理版权事务；②与社会著作权集体管理组织开展合作；③以规范的格式合同处理任何版权关系；④记录汇总各类版权信息；⑤制定内部版权付酬标准；⑥合理有序地开发版权资源。

国外大型媒体组织重视版权战略的制定和执行。这主要体现在以下几个方面：一是全方位挖掘内容产品的版权价值，如英国风靡全球的《哈利·波特》系列作品，在全世界范围内展开的多元版权开发；二是洞察用户需求，注重用户体验，媒体组织必须以用户价值为导向，创新性地开展产品研发和生产，要有清晰而独特的用户市场定位，并在激烈的市场竞争中占据一席之地；三是开发新的版权产业增长点，如国外有大型媒体组织通过获得对超级足球赛事的转播权，并对转播权的使用、处置、收益、让渡条件等进行多种细分，重新组合，从而进行集中竞买、打包销售或签署独家协议等进行版权的深度开发；四是强势企业介入相关产业的生产和发行环节，如一些迅猛发展的互联网强势企业能够为版权产业带来资本、技术、人才等关键要素，从而带动该产业的创新和进步。

以英国广播公司（BBC）为例，其基本版权战略为：①不断获得最新的节目创意和构想，强调节目创新的重要性；②全方位购买节目和创意产品的版权，并在节目制作之初就考虑好产品的使用和服务；③保证自制全版权节目比例不少于50%。

通过多功能数字版权管理系统来提升工作效率也是版权管理的一个重要方面。例如，福克斯、迪士尼等公司，采用高效的搜索工具跟踪每一部电影和电视节目的成本，在世界范围通过发行、权利许可等获取收益，将许可费、版税管理自动化；对节目版权进行分类管理，实时进行版权可用性查询、统计分析，从而减少管理成本、提高效率。

此外，国外媒体组织还非常重视版权管理部门的侵权处理作用。具体包括以下几个方面：①通过技术手段监控合作网站的盗版情况，定期开展评估，提出建议对策；②借助外部力量，积极与专业版权机构合作开展侵权处理；③制定内容产品的合理价格，让受众合法获取影视等作品，抵消盗版的负面影响。

下面以油管（Youtube）为例，其内容审查机制的原理如下。

（1）油管版权审核机制的系统运行原理：其 Content ID（内容身份）系统包含了视频 ID（VideoID）和音频 ID（AudioID）监测两种功能，分别具有比对视频和音频是否侵权的功能，视频功能采用热图（heat map）的方式比对视频。

（2）它会将上传者提交的数据与油管视频库中的数据进行扫描比对，而这个视频库是与众多影视公司合作搭建起来的。如果油管上的视频或音频内容与上传内容存在重复，官方就会通过邮件等方式自动给上传者及版权拥有者发送 Content ID 版权声明，并且不会采用上传内容。

（3）油管对版权的合理使用有其原则。针对所引用的部分占完整版权作品比例的规则：引用少量原创作品内容可能符合合理使用原则；但如果引用内容属于原创作品的"核心"部分，即使只占整体的一小部分，在某些情况下仍可能违反合理使用原则；如果使用行为对于版权拥有者透过原创作品获利造成损害，通常不太可能符合合理使用原则。

8.4 爱奇艺的 DRM 系统应用案例

8.4.1 版权管理主要问题

目前网络音乐版权秩序已经得到明显改善，但网络视频纠纷案仍时有发生，如网络图片侵权案件中"商业化维权"现象突出，文学作品侵权情况仍不容乐观。结合爱奇艺的版权管理经验，爱奇艺法律部门认为互联网视频企业版权管理可以划分为事前布局、事中防控与事后维权三个层面。

（1）版权管理事前布局中的版权登记很重要。虽然著作权自作品创作完成之日自动产生，但登记对于在著作权权属纠纷中提供初步权利证明、版权作品交易以及企业资质提升等具有重要作用。2021年6月1日起施行的《著作权法》增加了作品登记制度，明确了有关作品的著作权人可以向国家著作权主管部门认定的登记机构办理作品登记，以方便公众了解作品权利归属情况。在采购版权环节，优质版权剧费用高昂，视频企业在采购版权合同中，应当对相关权利和责任进行详细规定，避免因约定不明产生纠纷的情况。

（2）针对事中防控环节，应从版权合规与权属管理、优化版权链管理、建立版权监控系统等方面着手。版权管理具体工作的核心：一方面是内容与资源的管理，包括内容梳理整合、建立资源数据库；另一方面是权利与流程的管理，即以合规为基础的资源权属关系管理。

（3）在版权监控方面，应建立跨地区、全时段、多途径、全平台/终端的版权监测系统。同时，企业法务部门应加强与业务部门的沟通，了解市场需求，并与同行、专家学者等研究侵权新类型、新模式，关注政策走向、同类案件，不断完善版权监控机制。

以热播作品非法传播为例，一部作品只要拍摄完成，就有可能在后续的渠道环节出现非法传播。为了打击盗版行为，互联网视频企业可以在事中通过DRM系统对上游的内容源头采取版权保护措施，减少正版作品的非法传播。

8.4.2 爱奇艺的DRM系统

爱奇艺（IQIYI）自2013年起开始自主研发数字版权保护技术，在DRM软件、加解密、数字水印技术等领域持续突破，目前已建立起一套从视频源、播放端保护，到盗版行为追踪的全链路版权保护体系。区别于第三方的数字版权保护技术，爱奇艺自主研发技术能够快速与其现有内容系统结合，在效率、成本、迭代速度方面优势显著。

8.4.2.1 DRM系统基本架构

爱奇艺的DRM系统技术架构如图8-4所示，工作原理如下。

（1）版权内容会通过iQIYI DRM服务器获得播放权声明并被传输至PKI（Public Key Infrastructure，公开密钥基础设施）。PKI技术是利用现代密码学中的公钥理论和技术建立的提供信息安全服务的基础设施，它的基础技术包括数据加密、数字签名、数据完整性机制等。

（2）同时版权内容会通过内容加密处理，然后被上传到转码服务。

（3）经过转码服务处理后的内容被上传至 HCDN（High resolution Content Delivery Network，混合分发传输网络）。HCDN 能够提供对全平台和主流协议的全面支持，最大限度满足视频用户需求。

（4）用户从 HCDN 端下载版权内容。

（5）用户通过 PKI 获取解密密钥方可打开数字节目并播放收看。

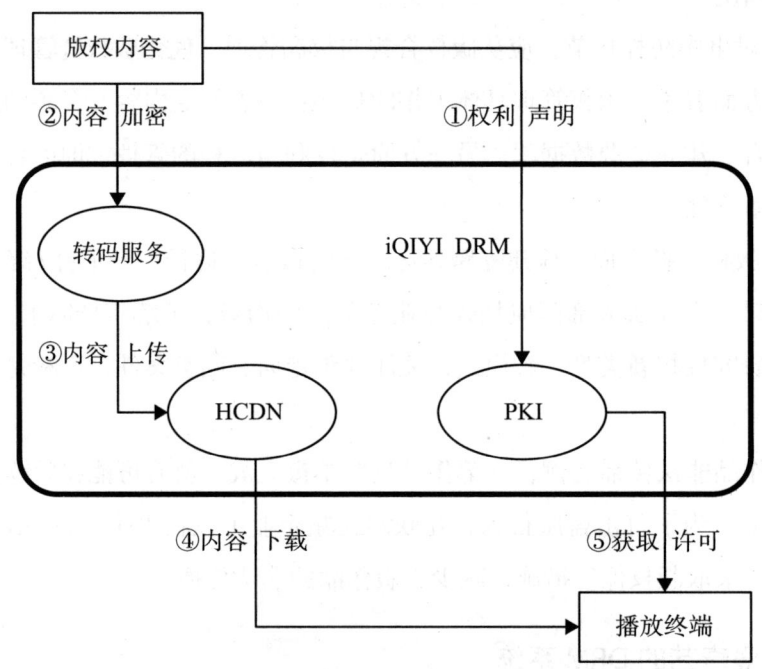

图 8-4　爱奇艺的 DRM 系统技术架构

8.4.2.2　DRM 系统的其他技术

除上面提到的 KPI 等技术外，爱奇艺 DRM 系统还包含如下的主要技术。

（1）防盗链技术，用于鉴定从播放前端开始的和视频播放相关的所有请求。

（2）视频指纹，爱奇艺 DRM 系统利用视频指纹技术对用户上传的作品进行版权鉴别，如果存在侵权则立即将其下线。

（3）版权区块链，基于区块链的不可篡改性，搭建一个版权存证平台，从而构建版权保护的确权基础。

（4）视频全网监控，通过"策略系统"关系型模块，利用全网爬虫检索可疑侵权对象，定期监控并下线侵权内容。

视频全网监控过程：全网监控的主要渠道为网盘、视频网站、搜索引擎、社交软件等（以网盘为主）；全网爬虫全面检索可疑侵权对象。评估系统分析爬取的内容，侵权概率系统会依照视频时长、渠道播放量与用户数量及行为等来判断其为侵权文件的概率；借助视频指纹技术，评估系统提取音视频指纹并做相似度分析，从而判断侵权类型，评估系统分析后会生成一份监控报告，包括侵权内容的列表、侵权渠道的严重程度以及类型；报告被呈递到法务部门，法务部门通过司法途径维护版权，同时定期监控并下线侵权内容。

8.4.3 爱奇艺 DRM 获得的认证

2017年，爱奇艺成为中国广播影视数字版权管理论坛（China DRM Forum）成员单位，并积极推动中国广播影视数字版权管理解决方案在行业版权保护的应用落地。爱奇艺的 DRM 系统包含中国广播影视数字版权管理标准的实现及安全防护两部分，通过采取对视频直接加密的形式，对解密的代码进行特别保护，既可有效防止攻击者直接盗取视频文件，又防止了普通用户的非法观看行为。通过多年的技术积累，爱奇艺自主研发的 DRM 系统于2018年5月获得中国最权威的广播影视数字版权组织中国广播影视数字版权管理实验室的认证，表明其在 DRM 技术上已达国际水平。

2018年11月，爱奇艺与谷歌在 DRM 领域达成合作，将谷歌 Widevine DRM 技术接入爱奇艺 Multi-DRM 数字版权管理系统。Widevine DRM 是目前 Chrome 内核浏览器上用户体验最佳的 DRM 技术，得到几乎所有主流在线视频平台的认可。爱奇艺应用 Widevine DRM 技术后，能够为使用 Chrome 内核浏览器的 Windows/macOS 平台用户带来更高清晰度的视频观看体验，同时能保证内容的版权安全。

2022年2月，爱奇艺的 DRM 解决方案"iQIYI DRM-S"通过了国际权威的数字娱乐和媒体行业安全评估公司笛卡尔（Cartesian）旗下 Farncombe Security Audit 的安全认证。爱奇艺成为国内唯一通过此认证的流媒体平台。该认证备受好莱坞等国际影视工业界信赖，这表明爱奇艺的数字版权保护能力已达到国际一流标准。

8.5 本章小结

本章阐述了数字资产的版权管理与保护的相关问题。

（1）知识产权与著作权的相关概念包括知识产权的定义、知识产权保护对象的特征、媒体内容资产知识产权的概念，著作权人的人身权、财产权及保护期等。版权法立法的宗旨：一是充分保护版权所有者和传播者的合法权益，保障版权人能够通过控制和行使自己的权利而获得必要利益；二是帮助并促进消费者能最大限度享受智力成果和知识财富，担负起维护更广泛的社会公共利益的责任。

（2）数字版权管理系统的内容包括DRM系统的结构、主要技术、对DRM系统的基本要求等；数字水印技术包括数字水印的分类、主要特征、基本模型和应用等内容。数字版权保护技术就是对各类数字内容的知识产权进行保护的一系列软硬件技术，有效运用DRM技术，对防止数字内容的盗版和非法传播，保护版权所有者的权益和用户的利益，具有不可替代的作用。

（3）阐述了数字版权管理的一般问题，给出了数字版权管理的商业应用模型，介绍了电视媒体业务全流程的数字版权管理及国外媒体组织版权管理的基本做法，解读了爱奇艺DRM系统商业应用的成功案例。基于DRM系统的商业模式可以保证数字内容在整个生命周期内的合法使用，平衡数字内容价值链中各个角色的利益和需求，促进整个数字化市场内容创作和信息传播，具体来说包括对数字资产各种形式的使用进行描述、识别、交易、保护、监控和跟踪等各个过程。数字版权保护技术贯穿于数字内容从产生到分发、从销售到使用的整个内容流通过程，涉及整个数字内容价值链。

总之，在版权管理和保护的过程中，一方面，要发挥版权管理的技术优势，根据不同数字内容产品的版权特点，设计不同特色的数字版权管理技术系统，堵住非法使用的漏洞，有效保护版权人的利益；另一方面，版权人和内容提供商为了扩大和形成稳定的用户群体，并逐渐培养起适应数字版权管理的消费习惯，应该加强与用户的互动，并提供人性化服务，以方便用户的灵活使用。因此，数字版权管理的最终成功，需要的是法律、技术和市场的三方力量协同，通过经营理念和商业模式的创新，克服数字版权管理技术的限制与反限制之间的矛盾，最终形成权利人、技术方和使用者之间相对公平的利益分配机制。

思考题

1. 如何理解知识产权和著作权法关于人身权和财产权的定义？
2. 著作权法上的作品含义是什么？构成作品应具备哪些条件？
3. DRM系统主要涉及哪些技术？阐述每种技术的基本功能。
4. 结合某一案例，如某视频网站、音乐网站、短视频平台、知识付费平台等，阐述其 DRM 保护方式及商业上的可行性。

5. 从国内的短视频平台、视频网站、知识付费平台等选择一项进行相关研究。具体要求如下：①以某一具体的研究对象为案例，分析其发展现状及在该行业所处的地位；②分析其基于内容产品的盈利模式；③指出其在内容版权管理和运营中存在的问题，并提出改进的对策建议。

第9章 数字资产的价值评价方法

数字资产属于无形资产，可以作为经营性资产进行投资、产权转让、上市融资等，无论是资本层面还是运营层面，数字资产的价值评价对数字内容产业的发展都至关重要。本章首先探讨了数字资产的价值评价系统，包括价值评价系统模型、价值评价的概念表达式、价值评价概念表达式的两种扩展。然后介绍了数字资产价值的模糊综合评价方法、层次分析评价方法以及基于层次分析法的人工神经网络模型评价方法。

9.1 数字资产的价值评价系统

9.1.1 数字资产的特性分析

数字资产是一种无形资产，无形资产同实物资产和金融资产一样都需要遵循最基本的成本效益均衡这一经济学规律。经济学研究把无形资产的特性概括为非竞争性、网络效应、部分独占性和难交易性。

（1）非竞争性是指无形资产能够被同时用于多种用途，在一个地方使用无形资产并不会妨碍它在其他地方的使用。这一特性赋予了无形资产"规模报酬递增性"的特质，意味着其价值创造潜力通常只受市场规模的制约。

（2）网络效应是指客户作为网络中的一员而得到的好处，其随着网络中人数和公司数量的增多而增大。无形资产一旦形成网络效应，就会随着网络规模的扩大而不断获得网络收益，进而形成良性反馈效应，并降低无形资产的未来收益风险。

（3）部分独占性是指无形资产的所有者很难阻止其他方（非所有者）分享这些资产的投资收益。尽管无形资产在某种程度上受到特定主体的控制，其所有者可以通过多种手段对无形资产实施排他性占有，然而由于无形资产的非实体性等特征，其产权界定往往较为模糊，权益维护比有形资产更为困难，其所有者通常缺乏对无形资产的严格法定控制权。

（4）难交易性是指无形资产的本质决定了它通常难以交易，也缺少有组织、竞争性、活跃的无形资产市场。法定产权不明晰，难以达成灵活的契约，以及许多无形资产的成本模式（巨大的沉淀成本和微乎其微的边际成本）阻碍了无形资产市场稳定的价格体系的建立。

上述这些特性，从经济学基本原理出发，揭示了无形资产的价值驱动力和制约因素。在资产评估中，评估人员必须熟悉无形资产作为个体生产要素在形成和使用过程中的特性。经济学家奥兹·谢伊指出：鉴于信息产品具有较低（在很多情形中可以忽略不计）的边际成本，这就意味着信息产品在定价方面，以成本为基础的定价意义不大，而以价值为基础的定价更加适宜。所以普遍认为，无形资产的交易价值主要由无形资产的收益能力决定。但无形资产的收益能力是很难确定的，会受到社会经济、文化消费、科技水平、替代产品、市场竞争等多方面因素的影响。因此，无形资产的价值具有显著的不确定性，准确衡量其价值有一定的难度。

数字资产管理的价值活动应该包括价值评价、价值选择、价值创造和价值实现等，评价先于选择，而价值创造又是在价值选择的基础上展开的，因此，人们将目标由可能变为现实的过程便是价值创造的过程。所以价值评价是价值选择和创造的基础和前提。鉴于数字资产价值本身是具有空间和时间意义的，价值评价所涉及的因素较多，既包括客观因素，又包括评价者的主观因素，所以很难确定定量、统一的评价标准，但是，我们可以首先通过对其建立评价的系统模型来进行描述。

9.1.2 价值评价的系统模型

图 9-1 给出了价值评价的系统模型。在这个系统 S 中，其要素包括价值评价主体 H、价值评价客体 O，系统的联系只有一个，即价值关系 V。另外这个系统还有特定的环境 E，因此存在关系：$R\{S[H, O, V], E\} = 0$。

显然，在系统 S 中，当价值评价主体 H 是单个人，所评价的是单个客体 O 的一个具体属性时，相互的价值关系 V 也是单一的。这时的价值评价系统可称为元系统，记

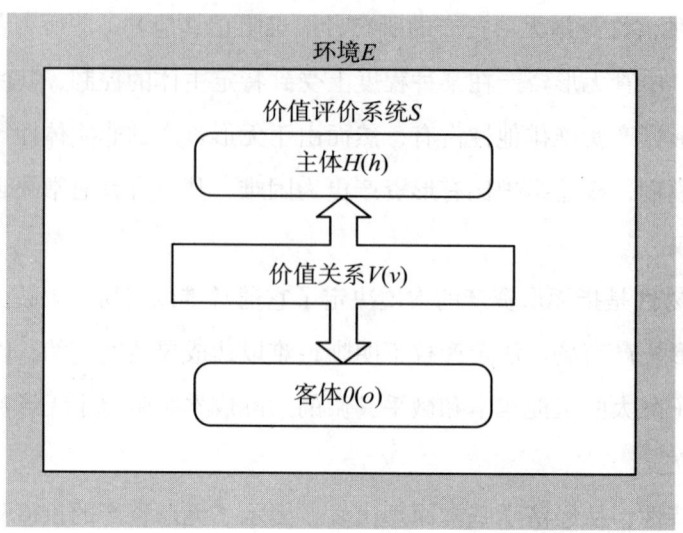

图 9-1 价值评价的系统模型

为 S_u。这时子系统中的 H、O 实际上是最简单的要素,价值关系 V 也被简化为一个单一的联系,它们分别由 h,o,v 表示,则有 $R\{S_u[h, o, v], E\} = 0$。

这种价值评价的元系统可以向各个方向扩展,此时,价值评价主体 H、价值评价客体 O,系统的价值关系 V,可分别或同时扩展,变为系统 S 的不同子系统。具体情况如下。

(1)价值评价主体 H,由单个的主体向某种特定结构的群体发展,由单个的特定群体向多个不同组成关系的群体、特定的社会阶层发展,比如将单个的人扩充为特定的集体,如行业专家组团队、媒体组织的各部门等。这时,H 是一个系统,$H = \{\alpha, g, l\}$,其中 α,g,l 分别表示 H 中不同个人 α、不同群体 g 及其相互关系和 H 的层次性 l。

(2)价值评价的客体 O,由单个客体向多客体扩展,单客体也可以由单属性向多属性方向发展。而且不同的客体可以按照某种方式集结扩充为特定的客体集合体 P,如电视节目资产由镜头或帧扩充为场景,由场景扩充为节目,再扩充为频道。这样,客体 O 演变为客体子系统,$O = \{o, p, l\}$。其中 o,p,l 分别表示 O 中不同客体 o 和客体集合 p 及其相互关系,以及 O 的层次性 l。

(3)价值关系 V 也可扩展为一个价值关系系统,涉及不同内涵的价值、不同层次的价值标准等,$V = V\{v, a, b, l\}$。其中 v,a,b,l 分别表示价值要素 v、价值标准 a、价值尺度 b 和价值层次 l。

9.1.3　价值评价的概念表达式

根据上述对价值评价系统的分析，这里给出价值评价的概念表达式：

$$V = f\left[\,r(h, o),\, g(v, a, b, l),\, e,\, t\,\right]$$

式中的符号含义如下：

V 为价值评价结果，既可以是定量的评价结果，也可以是定性的评价结果；

$f[\ ]$ 为价值评价函数，是价值评价的具体表达式，由 $r(h, o)$、$g(v, a, b, l)$、e、t 四个变量组成；

$r(h, o)$ 为一种关系函数，指出这种价值评价是特定评价主体 h 对特定客体 o 的评价；

$g(v, a, b, l)$ 为价值衡量函数，指出这种价值评价是评价主体 h 对特定客体 o 的某个属性的价值要素 v 的评价，其评价的价值标准为 a，价值尺度为 b，价值层次为 l；

e 为价值评价的环境因素，是一种约束变量；

t 为价值评价的时间因素。

下面对价值评价的概念表达式进一步解释。

（1）这种价值评价表达式具有概念性的，也就是说，不同的价值评价问题涉及的具体变量的实际内容是千差万别的，所以上述公式中的函数、变量也是概念性的，既可以指某一具体变量，又可以指复合的变量，甚至是指复杂系统的某种变量（或是复杂函数）。

（2）作为概念性表达式，其既可以代表数字资产中最简单的价值评价，如一个节目中某个画面的购买，又可以代表复杂的价值衡量，如对某电视台新闻类资产或全部资产的衡量等。

（3）当价值评价的一些变量不言自明时，就可以省略。这在现实的社会生活实践中是较为普遍的。最简单的是将概念表达式简化为：$V = v$ 或 $V = f(v)$、$V = f(v, b)$，如消费者 h 要在某视频网站购买一部新影片的观看权 o，他的价值评价是针对该影片的属性 v 的，这种属性 v 能满足购买者的需要。进一步来说，属性 v 是使用价值，价值衡量往往用货币这种价值尺度 b 来评价属性 v，因此，得出商品 o 所具有的属性 v 的价值为 f。

（4）这里特别将价值层次 l 单独列出来，主要是强调价值层次在价值评价中的重要作用。实际上，l 包含在价值要素 v、价值标准 a 和价值尺度 b 的函数中，即 $v = \lambda(l)$，$a = \xi(l)$，$b = \xi(l)$。在现实的理论认识和实践中，常常会出现层次错位的现象，比如用一个层次的评价标准去衡量另一个层次的价值，用工程技术领域的价值标准去衡量艺术、道德和伦理等方面的价值，这样的评价结果必然失去意义，起码效果会降低。

（5）情景在价值评价的过程中非常重要，可以把其归入价值评价的环境因素 e，成为一种约束变量。当评价系统由简单系统向复杂系统发展时，情景的重要性日益突显。例如，大型数字媒体资料库（馆）的建设，有时工程本身的价值可能退居次要位置，媒体组织的战略竞争、可持续发展、数字资产的开发和利用策略等方面的影响则变得十分重要且复杂，价值评价主体必须花很大的人力物力来分析和处理这些影响。

（6）在不同的价值评价系统中，价值要素 v、价值标准 a 和价值尺度 b 的可获取性存在差异。例如，在数字资产管理系统建设的硬件系统工程中，价值要素 v、价值标准 a 和价值尺度 b 有比较好的可获得性或可识别性，然而对于数字资产管理系统建成后的软系统，要识别和获取价值要素 v、价值标准 a 和价值尺度 b 就比较困难。同时，单评价主体、单客体、单层、单价值属性情况下要比多评价主体、多客体、多层、多价值属性的情况下识别和获取价值要素 v、价值标准 a 和价值尺度 b 容易得多。因此，价值评价的环境因素 e 对价值要素 v、价值标准 a 和价值尺度 b 的可获得性也会有很大影响。

9.1.4 价值评价概念表达式的扩展

价值评价概念表达式有很多扩展方式，这里主要讨论多客体价值要素评价扩展和多主体评价扩展。

9.1.4.1 多客体价值要素评价扩展

当评价客体 o 存在多种价值属性时，如有 n 种属性 v_1，$v_2 \cdots v_n$。这时，相应地存在 n 种价值标准 a_1，$a_2 \cdots a_n$ 和 n 种价值尺度 b_1，$b_2 \cdots b_n$，还有层次等。这时价值评价概念表达式可扩充为：

$$V = f\{r(h, o), p[g_1(v_1, a_1, b_1, l_1), g_2(v_2, a_2, b_2, l_2) \cdots g_n(v_n, a_n, b_n, l_n)], e, t\}$$

$p[\ ]$ 表述了多种价值属性、价值标准和价值尺度之间的聚合关系。这种价值评价根据不同的聚合关系可以细分，两种极端情况是完全可加（乘）性和完全不可加（乘）性。当为完全可加性时，有：

$$p[g_1(v_1, a_1, b_1, l_1), g_2(v_2, a_2, b_2, l_2) \cdots g_n(v_n, a_n, b_n, l_n)] = \sum_{i=1}^{n} w_i g_i(v_i, a_i, b_i, l_i)$$

式中的 w_i 为加权系数，如图 9-2 所示。

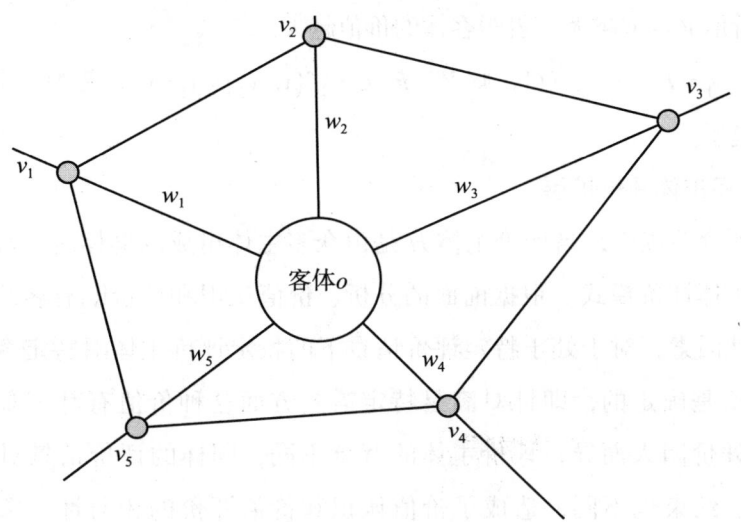

图 9-2 评价客体 o 的多重价值属性

当为完全可乘性时，有：

$$p\left[g_1(v_1, a_1, b_1, l_1), g_2(v_2, a_2, b_2, l_2) \cdots g_n(v_n, a_n, b_n, l_n)\right] = \prod_{i=1}^{n} g_i(v_i, a_i, b_i, l_i)$$

当完全可加（乘）性弱化时，会演变为拟加、拟乘性，直到完全不可加（乘）性。下面通过两个例子来分析完全可加性及完全可乘性。

（1）完全可加性的例子。通常一件商品具有多种价值属性，如笔记本电脑，既有处理文字、表格的功能，又有供上网浏览新闻和查阅信息的功能，还有供人们玩电子游戏、在线观看电影、电视剧等功能。购买者往往有多方面的需求，他们会根据需求的欲望程度、商品价值属性的大小，按一定权重分配他的预算来分别购买这些价值属性。只要这种购买行为不超出预算，当然实际购买是一次性完成的。同样性质的问题如媒体机构建设一个数字资产管理系统，价值属性包括数字内容资产的存储、检索、传输、共享及开发利用等，媒体机构通过分析对这些需求的紧迫程度，分别用货币成本来衡量总体费用，从而决定是否建设该系统，以及如何进行建设等问题。

（2）完全可乘性的例子。价值工程（Value Engineering，VE）是围绕待改进的客体进行的，如制作一个电视节目，通过改进客体的功能费用比来提升客体的价值，其公式为 $V = F/C$。其中 V 为价值活动设定的价值，是价值活动的目标；F 为客体（电视节目）的某种性能或功能，能满足人们（受众）的需要；C 是为了获取功能 F 而花费的成本。价值工程中的价值是功能与成本的综合反映，通过计算比值 F/C，我们

得到客体的价值 V。V 越大，表明客体的价值越大。

这里，令 $v_1 = F$，$v_2 = 1/C$，则 $V = F/C = f(v_1, v_2) = v_1 \times v_2$，变为一个完全可乘性的价值评价模型。

9.1.4.2 多主体评价扩展

在价值评价系统中，当评价主体 H 是由众多主体组成的群体时，价值评价系统就演变为多主体评价模式。根据前面的分析，价值认识和评价既有客观性因素，也有主观相对性因素，对于处于特定评价情景下的特定评价主体对特定客体的某一价值属性的评价是确定的，即针对满足特定需要方面这种价值有其客观性。但是价值的认识和评价因人而异，评价主体的背景不同，同样的评价情景对不同的主体所起的作用、约束也不同，造成了价值认识和价值评价的相对性，像电视节目这类精神产品和艺术品相对性更为显著。因此，这也使得多主体评价问题变得更加复杂。

从系统的角度来看，上述两种评价问题的扩展实际上是评价元系统向两个不同方向的延伸。多客体价值要素评价扩展，是在元系统中对客体要素 o 的扩展，由单个元素扩展为子系统 O；多主体评价扩展则是在元系统中对主体要素 h 的扩展，由单个元素 h 扩展为子系统 H。这两种子系统的扩展均会导致评价问题系统的复杂化，但它们是两种不同性质的复杂化，而且多主体评价往往比多客体价值要素评价带来的困难更大，这主要是人的认识复杂性造成的。这种复杂性还与特定群体的组成结构密切相关，从规模上，多主体评价中的多主体可以是由少数专家组成的小组，也可以是由受众、同行、专家、学者等不同层次结构的团队组成。

当多主体评价需要对评价结果进行聚合时，同样产生可加性、可乘性等问题。具体分析如下。

设价值评价的群体 H 可以依据价值认知和价值标准的差异分为 m 个子群体，在这 m 个子群体中，可以是单独个体，也可以是具有共同或相似价值观的一群子主体，记为 h_1，$h_2 \cdots h_j \cdots h_m$，$h_j \in H$，同时 $\sum_{j=1}^{m} h_j \in H$，并且 $\bar{h}_j + h_j = H$，即 $\bar{h}_j$ 为 h_j 的补集。

同样，存在 m 种价值衡量函数 g_1，$g_2 \cdots g_j \cdots g_m$，用 R、G 分别表示评价主体 H 的关系函数和价值衡量函数，K 为其复合函数，则有：

$$V = f\{K[R(H, O), G(v, a, b, l)], e, t\}$$

$$K[R(H, O), G(v, a, b, l)] = K\{q_1[r_1(h_1, \bar{h}_1, o), g_1(v_1, a_1, b_1, l_1)],$$

$$q_2\left[r_2\left(h_2,\bar{h}_2,o\right),g_2\left(v_2,a_2,b_2,l_2\right)\right]\cdots q_j\left[r_j\left(h_j,\bar{h}_j,o\right),g_j\left(v_j,a_j,b_j,l_j\right)\right]\cdots$$
$$q_m\left[r_m\left(h_m,\bar{h}_m,o\right),g_m\left(v_m,a_m,b_m,l_m\right)\right]\}$$

K 实际上是多主体评价的聚合方式。对于每一个评价主体 h_j，其外部环境 e 通常是不一样的。然而当把 e 看成 H、R、O 组成的系统外部环境时，各评价主体 h_j 的外部环境都是 e。故在上面的概念表达式中不再仔细区别。

上述价值评价只是体现在评价主体上，而评价客体只有一个 o。对 m 个子群体来说，该客体价值属性也是 m 个，即 v_1，$v_2\cdots v_j\cdots v_m$。如果评价主体和评价客体子系统同时扩展，评价系统就综合扩展为多主体多价值属性的评价系统了。

在多主体评价的基础上，下面来分析这种综合扩展的形式。显然，对于一个被评价的客体 o 来说，如果它存在 n 个价值属性 v_1，$v_2\cdots v_i\cdots v_n$，那么在第 j 个评价子群体 h_j 看来，其价值评价如下：

$$V_j=f_j\{q_j\{r_j(h_j,\bar{h}_j,o),p_j[g_{j1}(v_{j1},a_{j1},b_{j1},l_{j1}),g_{j2}(v_{j2},a_{j2},b_{j2},l_{j2}),\cdots,$$
$$g_{ji}(v_{ji},a_{ji},b_{ji},l_{ji})\cdots g_{jn}(v_{jn},a_{jn},b_{jn},l_{jn})]\},e,t\}$$

上式中，p_j 为第 j 个评价子群体 h_j 的价值衡量函数，g_{ji} 为针对第 i 个价值属性 v_i 的价值衡量子函数。v_{ji}、a_{ji}、b_{ji}、l_{ji} 分别为其价值属性、价值标准、价值尺度和价值层次。显然对于不同的评价子群体 h_j，会有不同的 v_{ji}、a_{ji}、b_{ji}、l_{ji} 和 p_j。下面来仔细分析一下价值属性 v_i。

对于被评价的价值客体 o 来说，在第 j 个评价子群体 h_j 看来，其对应的 n 个价值属性是 v_{j1}，$v_{j2}\cdots v_{ji}\cdots v_{jn}$。设 v_i 的取值集合为 Ω_i，v_1，$v_2\cdots v_i\cdots v_n$ 的取值集合为 Ω_1，$\Omega_2\cdots\Omega_i\cdots\Omega_n$ 的笛卡尔乘积空间 $\Omega=\Omega_1\times\Omega_2\times\cdots\times\Omega_i\times\cdots\times\Omega_n$。令 v_1，$v_2\cdots v_i\cdots v_n$ 的一个取值组合为 $v=v_1\times v_2\times\cdots\times v_i\times\cdots\times v_n$，则第 j 个评价子群体 h_j 的一个价值属性取值组合为 $v_j=v_{j1}\times v_{j2}\times\cdots\times v_{ji}\times\cdots\times v_{jn}$。这样，这个取值组合就相当于图 9-2 中的一个价值属性环，第 j 个评价子群体 h_j 的价值属性取值组合产生的价值属性环为 Ring_j。对于一个特定的价值评价群体 H 来说，当评价价值客体为 o 时，其 n 个价值属性 v_1，$v_2\cdots v_i\cdots v_n$ 会有一个取值的上下限，也就是存在取值域：$[v_{i,\min},v_{i,\max}]$，$v_{i,\min}\leqslant v_{ix}\leqslant v_{i,\max}$，$i=1,2\cdots n$，即评价取值只在 $\Omega=\Omega_1\times\Omega_2\times\cdots\times\Omega_i\times\cdots\times\Omega_n$ 的一定空间内变化，设此空间为 τ。这样，不同评价子群体 h_j 的价值属性取值组合产生的价值属性环 Ring_j 也不同，它们在 H 的价值评价取值空间 τ 内变化。这种变化最终取决于个体的价值认知，因而产生了群体价值认知的混沌现象，这使价值评价产生困难，

如图 9-3 所示。

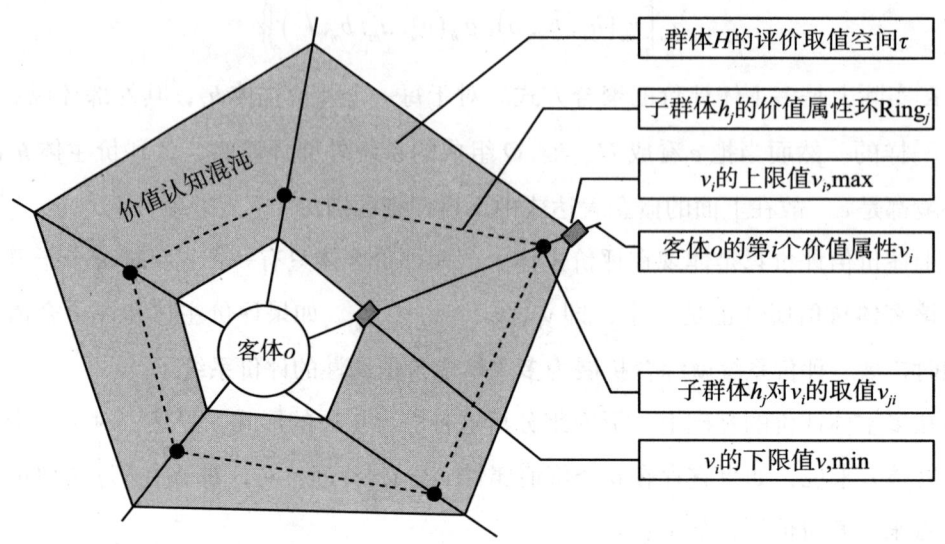

图 9-3　群体价值认知的混沌现象

如果价值评价主体的共同价值认知比较一致，即相对而言，有比较相似的价值属性、价值标准、价值尺度和价值层次。这时群体 H 的价值评价取值空间 τ 就会缩小，极端情况是所有子群体 h_j 的价值属性环 $Ring_j$ 相互重合，从而消除群体价值认知的混沌区域。例如，在对某档电视节目的评价中，多主体评价的所有参评人员都有非常一致的观点。但在现实中，这种情况并不具有普遍意义。所以当群体在价值认知发生差异的时候，价值评价会变得较为困难。

9.2　数字资产价值的模糊综合评价方法

1965 年，美国加利福尼亚大学控制论专家扎德（L. A. Zadeh）教授创立了模糊数学。作为数学的一个分支，模糊数学的发展极为迅速，已广泛应用于工程技术和社会科学研究等众多领域。在对数字资产的价值评价中，需要考虑多种因素的影响，而且这些因素往往带有一定程度的模糊性。模糊数学中的隶属规律可以对一大类模糊现象进行客观的数量描述，所以可以引入以模糊集论为基础的模糊数学理论来对数字资产进行价值评价。

9.2.1　模糊综合评价的实现方法

模糊综合评价方法主要运用模糊集合隶属度函数等概念，应用模糊变换原理，采用定量与定性相结合的方法，从多个维度对事物隶属等级状况进行整体评价。

模糊综合评价方法是一种行之有效的多因素决策方法，其评价指标既有定量指标，又有定性指标，并且各因素之间还有层次之分，因此，它可以作为数字资产价值评价的一种方法。

模糊综合评价方法的具体实现过程如下。

9.2.1.1 建立模糊集合

（1）评价对象集。 $X = \{X_1\ X_2 \cdots X_k\}$

评价对象集就是数字资产库中不同类资产区分方案的集合，或同一类资产所对应的不同拆解方案的集合。$X_1, X_2 \cdots X_k$ 分别代表不同的方案。

（2）评价因素集。 $U = \{U_1, U_2 \cdots U_n\}$

评价因素集就是不同类数字资产在形成和使用过程中需要考虑的评价因素的集合，或对于同类资产进行拆解决策时需要考虑的评价因素的集合。$U_1, U_2 \cdots U_n$ 分别代表不同的评价因素。

（3）评价等级集。 $V = \{V_1, V_2 \cdots V_m\}$

V 代表所有评语等级所组成的集合。评价等级集可用某一组定性形容词（如优、良、一般、差、很差等）的集合来定义。

（4）评价权重集。 $A = \{a_1, a_2 \cdots a_n\}$

权重集就是所有评价因素的各自权重系数的集合。个数 n 与评价因素的个数一致。权重集的确定方法，就是要考虑评价集中各评价因素的重要程度，通过排序结果对评价因素进行分析判断，并检验判断的逻辑一致性，由此来确定各评价因素的权重。

9.2.1.2 建立模糊关系矩阵

在建立了决策的模糊集合后，要进行模糊综合评价，就必须确定评价因素集中各因素与权重系数集中各权重系数的模糊隶属关系，也就是各因素对应各权重系数的隶属度。这种隶属度可以用下列方法求出。

（1）首先用已确定的评价因素集与权重系数集制作表，并且尽可能给出每个等级的说明。

（2）请参加评价的每位成员分别根据等级说明和自己的判断，确定每个评价因素所属的等级，并填入表中，见表9-1。

表 9-1 评价因素判断表

指标	U_1				U_2				...				U_n			
	V_1	V_2	...	V_m	V_1	V_2	...	V_m	V_1	V_2	...	V_m	V_1	V_2	...	V_m
Y_1																
Y_1																
...																
Y_k																

在同一因素中,把选择相同等级的人数相加,再除以参加评价的总人数,可得出各因素隶属于各等级的隶属度。由此可组成如下各因素与各等级之间的模糊关系矩阵。

$$R = \begin{bmatrix} r_{11} & r_{12} & \cdots & r_{1m} \\ r_{21} & r_{22} & \cdots & r_{2m} \\ \vdots & \vdots & \vdots & \vdots \\ r_{n1} & r_{n2} & \cdots & r_{nm} \end{bmatrix} \begin{matrix} U_1 \\ U_2 \\ \vdots \\ U_n \end{matrix}$$

其中,$r_{ij} = s_{ij}/k$;

s_{ij} 是把第 i 个评价因素评价为第 j 个等级的人数;

k 是参加评价的人员总数。

9.2.1.3 建立综合评价模型及计算

由前面的模糊集合和模糊矩阵,可以建立如下的模糊综合评价模型:

$$B = A \square R = (b_1, b_2 \cdots b_m)$$

式中:□代表运算子,我们取乘和加运算,则上式可写成矩阵形式:

$$B = [A]_{1 \times n} \cdot [R]_{n \times m} = [b_1, b_2 \cdots b_m]$$

式中 $b_1, b_2 \cdots b_m$ 即为对评价因素的综合评价结果,反映了该层次所有评价因素总体对应于各评价等级的隶属情况。

9.2.1.4 数据结果的处理

我们利用已建立的模糊综合评价模型,对得出的下述数据结果进行处理:

$$B = (b_1, b_2 \cdots b_m)$$

方法一：如果对于评价人的评语等级也有优先性考虑，那么各评判准则的权数分配如下：

$C = [c_1, c_2 \cdots c_n]$，且 $0 \leq c_i \leq 1$，$c_1 + c_2 + \cdots + c_n = 1$，则最终的综合评判结果如下：

$$D = C \cdot B$$

方法二：用100%分别乘式中的每个数字，可以得到一组百分数，其含义可以认为是赞成评价为 $V_1, V_2 \cdots V_m$ 等级的人各有百分之几。

通过观察这种处理方法所得到的结果，决策者能判断出把评价对象评价为哪一等级的人数最多，因此，决策者可以认为评价对象在多大程度上属于该等级，并据此做出最终决策。利用此种处理结果进行决策，决策者虽然不能直接判定评价对象属于哪一评价等级，但可以清楚地看到评价对象的整体评价情况，有利于决策者依据评价结果，结合自己的经验和判断，作出决策。

方法三：可以给每个等级 $V_1, V_2 \cdots V_m$ 从高到低确定一个百分比。例如，如果分为优、良、一般、差、很差五个等级，则可以分别确定为优 85~100；良 70~84；一般 55~69；差 40~54；很差 40 以下。然后用下式计算其总得分：

$$BQ = \sum_{i=1}^{m}(b_i Q_i) \quad i = 1, 2 \cdots m \quad (9-1)$$

BQ：实际上可理解为评价对象经过评价所得到的平均等级分。

Q_i：相应评价等级分数范围的中间值。

如果以数理统计的观点来看，则此平均等级得分 BQ 就是抽样检测的结果。我们可以假设当参加评判的人数很多时，抽样结果的分布属于正态分布，这时就可以对式（9-1）的结果，用下式进行置信度估计：

$$t_a(n-1) > (BQ - \mu)\sqrt{n}/s$$

式中，μ 取可行性方案分数的下限值，BQ 为前述的平均等级分，其他符号的含义见有关数理统计的书籍。

采用该方法进行处理时，等级划分不宜太粗，每一等级分值的跨度应尽可能接近，以减少计算误差。决策者可以使用该模糊综合评价处理方法得到分数，并看分数落在哪个等级的分数范围内，然后根据置信度的估计值进行判断，再作出最终决策。

9.2.2　用例研究

现设定有四位专家（甲乙丙丁）参与某个电视纪录片数字资产的价值评价，为简化起见，评价指标只选用三个主要指标描述，则首先给定的有限论域如下：

$$U = \{思想性, 艺术性, 创新性\}$$

$$V = \{甲, 乙, 丙, 丁\}$$

假设第一个评判指标是思想性，评价结果是 $R_1 = \{优, 良, 中, 优\}$，这四个结果分别来自四位专家甲、乙、丙、丁。那么针对艺术性、创新性的评价结果也计入其中，就会得到如下矩阵：

$$R = \begin{bmatrix} 优 & 良 & 中 & 优 \\ 中 & 优 & 一般 & 差 \\ 良 & 中 & 中 & 优 \end{bmatrix}$$，如果用分数来替代等级（分为五级），则这个矩阵可以写作：

$$R = \begin{bmatrix} 5 & 4 & 3 & 5 \\ 3 & 5 & 2 & 1 \\ 4 & 3 & 3 & 5 \end{bmatrix}$$

政府职能部门还要考虑思想性、艺术性、创新性这三个指标的权重系数，如分配给最重要的思想性一个较大的权数为0.5，分配给艺术性、创新性的权数分别为0.3、0.2，总之要保证三者相加等于1。那么就得到了论域 U 的一个模糊子集 $A = \{0.5, 0.3, 0.2\}$。

则综合评价结果如下：

$$B = A \cdot R = \{0.5, 0.3, 0.2\} \times \begin{bmatrix} 5 & 4 & 3 & 5 \\ 3 & 5 & 2 & 1 \\ 4 & 3 & 3 & 5 \end{bmatrix} = \{4.2, 4.1, 2.7, 3.8\}$$

假设根据四位专家甲、乙、丙、丁的权威程度不同，每个人所对应的权重系数也不完全相同，如定义 C 为 $C = \{0.3, 0.3, 0.2, 0.2\}$，其中 $0.3 + 0.3 + 0.2 + 0.2 = 1$，则最终的综合评价结果如下：

$$D = C \cdot B = 0.3 \times 4.2 + 0.3 \times 4.1 + 0.2 \times 2.7 + 0.2 \times 3.8 = 3.79$$

根据之前划分的等级，这个结果接近于"良"。

9.3　数字资产价值的层次分析评价法

层次分析评价法是一种将定性与定量分析相结合的多目标决策分析方法。它通过将多目标、多准则的决策分解为多层次、单目标的两两比较，简化决策过程。然后，只进行简单的数学运算即可得出结论。层次分析评价法的整个过程体现了思维活动中分析、判断、综合的基本特征，并将主观比较和判断用数量形式进行表达和处理。本节将层次分析评价法引入数字资产的价值评价。

9.3.1 层次分析评价法的原理与实现过程

层次分析评价法的实现原理如下。

（1）将复杂问题分解成多个组成元素，按系统各因素间的隶属关系由高到低排成若干层次，建立不同层次间的相互关系，构造一个各元素之间相互联结的、有序的递阶层次结构。

（2）根据层次结构，通过对一定客观现实的判断，就每一层次的相对重要性给予定量表示，运用数学方法，确定每一层中各元素之间的相对重要性。

（3）检验判断逻辑的一致性，综合这些判断，确定各元素的相对权重，通过排序结果对问题进行分析决策。

层次分析评价法可以将决策者的经验判断转化为可量化的数据，是系统工程中对专家的主观性判断作客观性描述的一种有效方法。这种方法在目标结构复杂且缺少必要数据的情况下更为实用。但层次分析法在实际应用中还存在着两个方面的不足：一是对判断矩阵的处理较为简化，因而所得结果的精度较差；二是由于判断矩阵是通过专家调查主观给出的，因此不可避免地会出现逻辑不一致的现象。在处理第二个问题时，虽然已有调整判断矩阵方法，但目前尚未给出一个较为规范、便于操作的调整流程。层次分析评价方法的具体实现过程如下。

9.3.1.1 求解各因素的权重

为不失一般性，设某一层次判断矩阵的形式如下：

$$A = \left(a_{ij}\right)_{n \times n} = \begin{bmatrix} a_{11} & a_{12} & \cdots & a_{1n} \\ a_{21} & a_{22} & \cdots & a_{2n} \\ \cdots & \cdots & \cdots & \vdots \\ a_{n1} & a_{n2} & \cdots & a_{nn} \end{bmatrix} \quad (9-2)$$

A 中 a_{ij} 的含义：对于该层次上一层的某一因素来说，该层次中第 i 个因素相对于第 j 个因素的重要程度。在满足完全一致性的条件下，A 中元素 a_{ij} 存在着以下关系：

（1）$a_{ij} = a_{ik}/a_{jk}$ $(i, j, k = 1, 2 \cdots n)$；

（2）$a_{ij} = W_i/W_j$ $(i, j = 1, 2 \cdots n$；W_i 和 W_j 分别是第 i、j 个因素将分配到的权重）。

依据层次分析评价法得：

$$\begin{cases} \mathbf{AW} = n\mathbf{W} \\ \mathbf{BW} = 1 \end{cases} \quad (9-3)$$

其中，$\mathbf{A}$ 是判断矩阵（后文将给出具体数字，这里仅为理论推导而泛指）；$\mathbf{B}$ 是常系数向量，$\mathbf{B} = (1, 1, 1 \cdots 1)$；$\mathbf{W}$ 是层次中各因素将分配到的权重系数所构成的权向量。由于 $\mathbf{A}$ 由主观判断给出，常常不能满足完全一致性条件，因此方程组（9-3）常常是无解的。为了使方法组（9-3）有解，我们引入调节误差向量 $\mathbf{E}$，$\mathbf{E} = (\mathbf{E}_1, \mathbf{E}_2 \cdots \mathbf{E}_n)^T$，将方程组（9-3）变换为以下这种：

$$\begin{cases} \mathbf{AW} = n\mathbf{W} + \mathbf{E} \\ \mathbf{BW} = 1 \end{cases} \quad (9-4)$$

方程组（9-4）由于加入了误差向量 $\mathbf{E}$，将有多组甚至无穷多组解。为了对方程组（9-4）实行控制，使调节误差向量 $\mathbf{E}$ 尽可能小，我们可以以不改变判断矩阵为基本思想，引入一个目标来约束方程组（9-4）。

这个目标条件是使各个 $|e_i|$ 达到最小，用目标函数表示是，

$$\text{Min} Z = \sum_{i=1}^{n} e_i^2$$

至此，得出非线性优化问题如下：

$$\begin{cases} \mathbf{AW} = n\mathbf{W} + \mathbf{E} \\ \mathbf{BW} = 1 \\ \mathbf{W} \geq 0 \end{cases} \quad (9-5)$$

$$\text{Min} Z = \sum_{i=1}^{n} e_i^2 = \mathbf{E}^T \mathbf{E}$$

解（9-5）得

$$\mathbf{W} = \frac{1}{\sum_{j=1}^{n}\sum_{i=1}^{n} p_{ij}} \begin{bmatrix} p_{11} & p_{12} & \cdots & p_{1n} \\ p_{21} & p_{22} & \cdots & p_{2n} \\ \cdots & \cdots & \cdots & \vdots \\ p_{n1} & p_{n2} & \cdots & p_{nn} \end{bmatrix} \begin{bmatrix} 1 \\ 1 \\ 1 \\ 1 \end{bmatrix} = \begin{bmatrix} \sum_{j=1}^{n} p_{1j} / \sum_{j=1}^{n}\sum_{i=1}^{n} p_{ij} \\ \sum_{j=1}^{n} p_{2j} / \sum_{j=1}^{n}\sum_{i=1}^{n} p_{ij} \\ \cdots \cdots \\ \sum_{j=1}^{n} p_{nj} / \sum_{j=1}^{n}\sum_{i=1}^{n} p_{ij} \end{bmatrix}$$

其中，$\mathbf{P} = (p_{ij})_{n \times n} = (\mathbf{A} - n\mathbf{I})^T (\mathbf{A} - n\mathbf{I})^{-1}$。

9.3.1.2 判断矩阵的一致性检验和调整方法

记 $\lambda_{\max}$ 为判断矩阵 **A** 的最大特征根，$CI = \dfrac{\lambda_{\max} - n}{n - 1}$，对于 1～9 阶矩阵，平均随机一致性指标 RI 见表 9-2。

表 9-2 平均随机一致性指标

阶数	1	2	3	4	5	6	7	8	9
RI	0.00	0.00	0.58	0.90	1.12	1.24	1.32	1.41	1.45

对于 1 阶、2 阶的判断矩阵，总有满意的一致性。当阶数大于 2 时，判断矩阵的一致性指标 CI 与同阶平均随机一致性指标 RI 之比，被称为随机一致性比率，记为 $CR = \dfrac{CI}{RI}$。

若 $CR < 0.1$ 时，我们认为判断矩阵 **A** 满足一致性检验，即我们认为各层次的思维是一致的，层次分析评价法得出的结论是一致的；否则，就需要对判断矩阵 **A** 进行调整，使之具有满意的一致性。这种调整方法仍是基于 9 级评分标准进行的。

$$\mathbf{A} = \left(a_{ij}\right)_{n \times n}$$

其中

$$a_{ij} = \begin{cases} \dfrac{1}{9} & \left(W_i \leqslant \dfrac{1}{9} W_j \text{时}\right) \\ \dfrac{1}{W_i / W_j} & \left(\dfrac{1}{9} W_j \leqslant W_i \leqslant W_j \text{时}\right) \\ \left[\dfrac{W_i}{W_j}\right] & \left(\text{当} W_j \leqslant W_i \leqslant 9 W_j \text{时}\right) \\ 9 & \left(\text{当} W_i \geqslant 9 W_j \text{时}\right) \end{cases}$$

$\left[\dfrac{W_i}{W_j}\right]$ 表示取整数部分。

9.3.1.3 判断矩阵的构造和处理

判断矩阵是层次分析评价法的核心部分之一，它要求在层次结构上建立定额管理，对各层次找同一层次上的各因素，并按其优良程度或重要程度划分成若干等级，赋予定量值。一般引用数字 1～9 及其倒数作为标度来确定 a_{ij} 的值，见表 9-3。

表 9-3　判断矩阵标度及其含义

序号	重要性等级	a_{ij} 赋值
1	i, j 两元素同样重要	1
2	i 元素比 j 元素稍重要	3
3	i 元素比 j 元素明显重要	5
4	i 元素比 j 元素强烈重要	7
5	i 元素比 j 元素极端重要	9
6	i 元素比 j 元素稍不重要	1/3
7	i 元素比 j 元素明显不重要	1/5
8	i 元素比 j 元素强烈不重要	1/7
9	i 元素比 j 元素极端不重要	1/9

9.3.1.4　评价指标的无量纲处理

在评价指标体系中，由于指标单位不同，不利于计算，也不能直观反映问题，故需要对其进行无量纲处理，可以采用指标归一化来解决这个问题。

在选定的样本中，对于指标 $\mathbf{C}_{ij}$，其值为 d_{ij}，样本中不同个体的指标 $\mathbf{C}_{ij}$ 的值 d_{ij} 不同，但 d_{ij} 一定落在 $\left[d_{ij}^{\min}, d_{ij}^{\max}\right]$ 中。其中 $d_{ij}^{\min}$、$d_{ij}^{\max}$ 是指标 $\mathbf{C}_{ij}$ 对于不同个体所得的最小值和最大值，指标 $\mathbf{C}_{ij}$ 的值 d_{ij} 对应的评分值如下：

$$M_{ij} = \frac{d_{ij} - d_{ij}^{\min}}{d_{ij}^{\max} - d_{ij}^{\min}}$$

可见，当 $d_{ij} = d_{ij}^{\min}$ 时，$M_{ij} = 0$；

当 $d_{ij} = d_{ij}^{\max}$ 时，$M_{ij} = 1$；

当 $d_{ij}^{\min} < d_{ij} < d_{ij}^{\max}$ 时，$0 < M_{ij} < 1$。

故指标 $\mathbf{C}_{ij}$ 的值 d_{ij} 对应的评分值 M_{ij} 落在 $[0,1]$ 中，实现了归一化。

9.3.1.5　综合评价值的算法

经过上述对指标的无量纲处理，可以得到各项评价指标的评分值 $\mathbf{M}_{ij}$，且 $\mathbf{M}_{ij} \in [0,1]$，则可以得出数字资产价值评价的综合值：

$$\mathbf{M} = \sum_{i=1}^{n}\sum_{j=1}^{n} W_{ij} \cdot M_{ij}$$

式中，W_{ij} 为指标 $\mathbf{C}_{ij}$ 的复合权系数，M_{ij} 为指标 $\mathbf{C}_{ij}$ 的评分值。

9.3.2 数字资产价值层次分析评价法的用例研究

9.3.2.1 评价指标的构建原则

如果评价指标选择不当，或者缺少关键指标，就会影响评价结论的精度，甚至会产生错误的结果。因此，科学建立评价指标体系是决定评价工作成功与否的关键环节。在建立数字资产价值评价指标体系时，一般要遵循以下原则。

（1）整体性原则。评价指标的设定应该全面覆盖评价对象的各个方面，并且合理构造层次数量和指标数量，这样，才能科学反映评价的对象，才能确保准确传达评价的目的。如何划分层次和指标没有绝对的客观标准，要根据实际情况而定。选择评价指标，既要考虑收益，又要考虑风险，只有全方位指标才能保证评价内容的完整性。

（2）重点性原则。在选择评价指标时，我们无法做到事无巨细，面面俱到。如果将影响数字资产价值的多项指标一并罗列，既无法突出综合指标的高度概括功能和在评价中的主导作用，也夸大了一些具体指标对评价工作的影响程度，导致评价过程中的逻辑混乱、主次不明。这将妨碍我们难以全面、准确地反映数字资产的价值。因此，我们要尽可能筛选出与目标关联最紧密的重要指标，指标设置数量要尽可能精简和概括，对于次要指标可以适当粗略化。

（3）层次性原则。对于反映数字资产价值的多重指标应该进行分析归类。一方面将主要的、概括性强的指标作为评价的主导指标，放在评价的第一层次，形成价值评价的内在核心；另一方面，将概括性稍差、从属性的指标放在第二层次，以此类推。这样有助于明确指标之间的内在联系，利于简化评价过程。

（4）准确性原则。在选择评价指标时，必须明确评价指标所反映的内容，确保指标的含义清楚。如果评价指标模棱两可，就会影响评价结果，甚至使评价无法进行。

（5）可比性原则。评价指标的建立要能够保证指标体系内部及外部同类指标之间可比较，同一指标要具有历史可比性。

（6）可度量原则。在选择关键价值指标时，我们需要遵循可度量原则。可度量是指指标本身或者是定量的，或者是行为化的，验证这些指标的数据与信息可以获得结果，此结果容易度量与界定。此外，数据资料应收集方便、计算简单。

（7）独立性原则。同一层次的评价指标之间应该尽可能独立，指标的关联性应该尽可能小。

（8）动态性原则。价值评价要综合考虑社会环境、经济环境、技术应用、时间性价值等动态因素。不同的支付方式、不同的货币报酬、变化的汇率等，对数字资产价值的变化均有一定影响。

9.3.2.2 建立数字内容资产价值评价的综合指标体系

数字内容资产价值评价的指标体系除了参考媒体行业原有评价中的常用指标，还应体现正确性、权威性、可获得性、范围性、客观性、时效性等原则。为了避免在实际操作中只注重数字资产的经济价值而忽略社会价值、注重当前价值而忽略潜在价值，我们应当采用一种多维度的资产价值衡量方法。为了通过案例说明层次分析法的应用，图9-4给出了一种针对电视媒体数字内容资产价值评价的综合指标体系，其一级指标分为当前价值和潜在价值两部分。

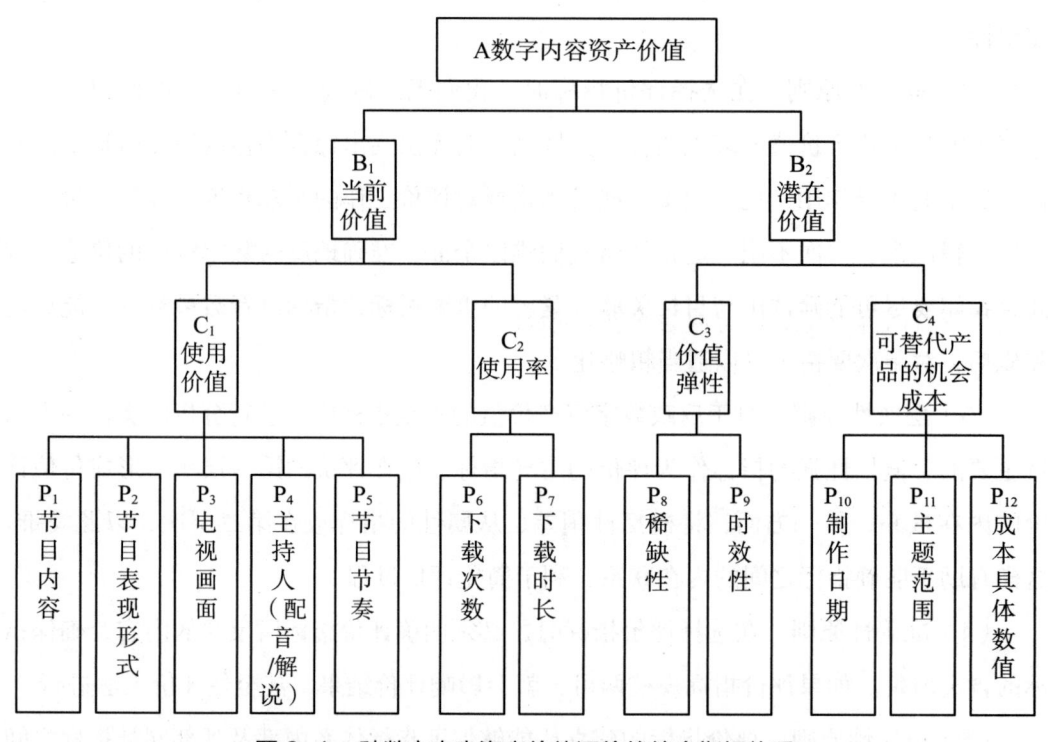

图9-4 一种数字内容资产价值评价的综合指标体系

（1）当前价值指标。当前价值指标包括数字内容资产的使用价值和使用率指标。价值影响因素一般很难直接度量。为了方便定量化分析，我们应尽可能地沿用经验指标，充分利用现有的统计数据。

①资产使用价值指标。资产的使用价值取决于资产本身的质量，需要确定可操作性的评价指标。观众满意度反映了受众所得到的使用价值的状况，是事后评价，属于当前价值类。

观众满意度指标是观众对一个频道节目品质的直观评价。电视节目的吸引力与节目质量有很大关系。某电视台施行的栏目满意度的五个细化指标包括节目内容、节目表现形式、电视画面、主持人（配音/解说）、节目节奏。针对不同的节目类型主观评价要素也不同。现有的满意度指标被实践证明是较为成熟的评价工具，比较有概括性和普及性，最重要的是数据可得，每季度每年各个电视台以及市场调查公司都会出具相应的报告，数据较为完备，适于操作。同时继承并应用这些经验指标，有利于更有效地推广和应用满意度评价体系，因此这里的使用价值指标，沿用了满意度评价的五个维度。

节目内容。对于新闻资讯类节目可从其时效性、真实性、全面性、客观性、权威性、新闻评论的深度和广度来考虑；对于综艺益智（娱乐）类节目，包括综艺、戏曲、音乐和影视剧，可从是否能使人们感到快乐与愉悦、节目的格调品位、贴近性、知识性、启发性以及能否寓教于乐、鼓励人们积极向上等方面来考虑；对于经济、法制、体育、科教、军事等专题服务类节目，可从客观性、真实性、全面性、权威性、独到性、知识性、启发性等方面来考虑。

节目表现形式。主要从节目内容的表现形式，如播报式、访谈式、竞赛式等形式以及与节目内容表现适合与否的程度来考虑。

电视画面。主要从节目在色彩、画面构成方面的美感或愉悦感上来考虑。

主持人（配音/解说）。主要从适合其节目或岗位表现的仪表仪容、亲和力、专业性等方面来考虑。

节目节奏。主要从节目时间长短是否合适，内容安排上是否舒缓、紧凑合理等方面来考虑。

评分标准：0～19分，不满意；20～49分，不太满意；50～69分，一般；70～89分，比较满意；90～100分，非常满意。每个区间内，分数越高表示对它越满意。

②资产使用率指标。当数字资产使用的范围、方式或者环境发生变化时，会在数据库的下载次数和下载时长上有所体现。下载次数和下载时长能够动态反映市场的需求状况，进而影响价值的变化。该类指标数据可由系统自动记录、统计。如果数字资产管理系统是开放的，那么资产的下载次数和下载时长可以大致反映出外部社会市场环境下的市场需求变化。数字内容资产具有公共产品的属性，流通次数增多，则社会效用增大，价值也就随之升高。

（2）潜在价值指标。潜在价值指标即价值创造能力，按照资产库中的节目和素材通过生产活动产生价值增值的能力，可将潜在价值指标分为数字资产的价值弹性指标和可替代产品的机会成本指标。

① 价值弹性指标。这类指标主要包括两项定性指标：稀缺性和时效性。稀缺性反映的是有效资产供给量的大小；时效性则反映的是是不是新近发生的或者是不是与现场同步的内容资产。从需求的角度理解，时效性强、资产需求量大，表现为相对稀缺。这时用户的需求价格弹性小，因而价值增大。价值弹性受供给造成的绝对稀缺性和需求带来的相对稀缺性影响，与潜在价值指标挂钩。

② 可替代产品的机会成本指标。这类指标包括成本（如制作成本、存储维护成本、法律成本、数据库次均服务成本等）、主题范围的广度、制作日期是否久远。制作日期与产品的重置成本密切相关，可提供的内容类型与主题范围是否能够满足多主题要求，也是需要考虑的因素。成本和制作日期是数字资产库已经收集、记录的数据指标，主题范围是否广泛这项定性描述从一个角度反映了资产的潜在效用。

9.3.2.3 指标权重的确定

（1）各级指标权重的确定。针对上述的数字资产价值评价指标体系，我们利用德尔菲法与系统模拟相结合，参照判断矩阵标度及其含义（见表9-3），可以给出表9-4中的判断矩阵。

对于总指标 A，参与模型构建的专家认为第一层指标的潜在价值（B_2）比当前价值（B_1）重要，记 a_{21} 为2。

表9-4　判断矩阵 A–B

A	B_1	B_2
B_1	1	1/2
B_2	2	1

① 将判断矩阵每一列正规化，判断矩阵变成：

$$\begin{bmatrix} 0.3333 & 0.3333 \\ 0.6667 & 0.6667 \end{bmatrix}$$

② 将正规化的判断矩阵按行相加，结果如下：

$$\bar{w}_1 = 0.6667, \quad \bar{w}_2 = 1.3333$$

③ 将行向量正规化

$$W_i = \frac{\bar{w}_j}{\sum_{j=1}^{n} \bar{w}_j} \quad (i = 1, 2 \cdots n)$$

这样得到的排序权向量，分别为各指标的权重系数。

经计算得：$W_{b1} = 0.33$，$W_{b2} = 0.67$。

二阶矩阵满足一致性，故不需要进行一致性检验。

同样可以建立下列矩阵，见表 9-5、表 9-6。

表 9-5 判断矩阵 B_1-C

B_1	C_1	C_2
C_1	1	5
C_2	1/5	1

经计算得：$W_{c1} = 0.83$，$W_{c2} = 0.17$。

二阶矩阵满足一致性，不需要进行一致性检验。

表 9-6 判断矩阵 B_2-C

B_2	C_3	C_4
C_3	1	2
C_4	1/2	1

经计算得：$W_{c3} = 0.67$，$W_{c4} = 0.33$。

二阶矩阵满足一致性，不需要进行一致性检验，见表 9-7。

表 9-7 判断矩阵 C_1-P

C_1	P_1	P_2	P_3	P_4	P_5
P_1	1	5	3	6	7
P_2	1/5	1	1/3	3	4
P_3	1/3	3	1	4	5
P_4	1/6	1/3	1/4	1	2
P_5	1/7	1/4	1/5	1/2	1

经计算得到的排序权向量，分别为各指标的权重系数：

$W_1 = 0.4947$, $W_2 = 0.1400$, $W_3 = 0.2489$, $W_4 = 0.0704$, $W_5 = 0.0465$

判断矩阵的最大特征根：

$$\lambda_{\max} = \frac{1}{n}\sum_{i=1}^{n}\frac{(AW)_i}{W_i}，代入得 \lambda_{\max} = 5.22578$$

在计算判断矩阵系数时，要求两两对比的评分间存在一致性。

一致性指标的计算公式为：

$$CI = \frac{\lambda_{\max} - n}{n-1}，代入得 0.056445$$

根据平均随机一致性指标（表见9-2），查出同阶矩阵平均随机一致性指标 $RI = 1.12(n=5)$，计算一致性比率：

$$CR = \frac{CI}{RI} = \frac{0.056445}{1.12} = 0.050397$$

则随机一致性比率 $CR = 0.050397 < 0.1$，判断矩阵满足一致性检验，表明此判断矩阵具有满意的一致性，各项权重无逻辑错误，见表9-8。

表9-8 判断矩阵 C_2-P

C_2	P_6	P_7
P_6	1	7
P_7	1/7	1

经计算得：$W_6 = 0.875$，$W_7 = 0.125$。

二阶矩阵满足一致性，不需要进行一致性检验，见表9-9。

表9-9 判断矩阵 C_3-P

C_3	P_8	P_9
P_8	1	8
P_9	1/8	1

经计算得：$W_8 = 0.89$，$W_9 = 0.11$。

二阶矩阵满足一致性，不需要进行一致性检验，见表9-10。

表 9-10 判断矩阵 C_4-P

C_4	P_{10}	P_{11}	P_{12}
P_{10}	1	6	2
P_{11}	1/6	1	1/4
P_{12}	1/2	4	1

经计算得：$W_{10}=0.587$，$W_{11}=0.089$，$W_{12}=0.324$。

判断矩阵的最大特征根：

$$\lambda_{\max}=\frac{1}{n}\sum_{i=1}^{n}\frac{(AW)_i}{W_i}$$，代入得 $\lambda_{\max}=3.0098$

在计算判断矩阵系数时，要求两两对比的评分间存在一致性。
一致性指标的计算公式：

$$CI=\frac{\lambda_{\max}-n}{n-1}$$，代入得 0.0049

根据平均随机一致性指标（见表 9-2），查出同阶矩阵平均随机一致性指标 $RI=0.58$（$n=3$），计算一致性比率：

$$CR=\frac{CI}{RI}=\frac{0.0049}{0.58}=0.0084$$

则随机一致性比率 $CR=0.0084<0.1$，判断矩阵满足一致性检验，表明此判断矩阵具有满意的一致性，各项权重无逻辑错误。

（2）复合权重的确定。复合权重是层次目标中每个评估对象对于总目标的相对权重。相对于总目标，各指标的复合权重 $W=W_i\ W_{ij}\ W_{ijk}$。其中，W_i、W_{ij}、W_{ijk} 分别为一、二、三级指标权重。

综上，各指标复合权重见表 9-11。

表 9-11 复合权重表

一级指标 W	二级指标 W_{ij}	三级指标 W_{ijk}		复合指标 W
B_1 $W_1=0.33$	C_1 0.83	P_1	0.4947	0.1355
		P_2	0.1400	0.0383
		P_3	0.2484	0.0680
		P_4	0.0704	0.0193
		P_5	0.0465	0.0127

（续表）

一级指标 W	二级指标 W_{ij}	三级指标 W_{ijk}		复合指标 W
B_1 $W_1 = 0.33$	C_2　0.17	P_6	0.875	0.049 1
		P_7	0.125	0.007 0
B_2 $W_2 = 0.67$	C_3　0.67	P_8	0.89	0.399 5
		P_9	0.11	0.049 4
	C_4　0.33	P_{10}	0.587	0.129 8
		P_{11}	0.089	0.019 7
		P_{12}	0.324	0.071 6

由表 9–11 可以看出，对数字内容资产价值影响较大的因素有稀缺性、节目内容、制作日期、电视画面、成本具体数值、下载次数，其他因素影响则较小。因此，我们可以重点研究这六个指标与数字内容资产价值之间的关系。

需要强调的是，为了保证评价模型的客观性，在实际应用过程中需要多个专家组成团队，就评价指标分别给出各级判断矩阵；对经层次分析评价法计算出的各指标因素的综合权重，进行加和平均化处理，最终得到可供实际应用的权重。

9.3.2.4　评价值的确定

在上述指标体系中，数字内容资产的成本、使用率指标（下载次数）以及节目制作日期久远是可以定量化的指标，需要先对数据进行无量纲化处理。其他各评价指标的数据单位一致，可由专家打分给出。

（1）原始成本是指资产取得时的实际成本，也被称为历史成本，包括工资及劳务费、食宿费用、技术及物耗，以及购买节目费用等。由于媒体组织过往的成本记录不全，实际环境下缺乏历史上每期节目的成本，电视台内部统计出的财务数据主要是某个栏目在一段时间内的平均成本，根据节目时长、栏目期数，可计算出节目的平均每分钟成本。由于价值具有不均衡性，因而计算结果会产生一定误差。重新整理分析以往单个节目的成本工作量很大，价值评价的整体成本太高，因此可按某类节目的平均成本来粗略衡量该类节目成本，在科学性和实际可操作性之间寻求平衡。

假设数字资产库中的某一类节目，平均成本为 600 元/分钟。样本中的节目最大成本为 3 000 元/分钟，最小成本为 100 元/分钟。

根据公式：$M_{ij} = \dfrac{d_{ij} - d_{ij}^{\min}}{d_{ij}^{\max} - d_{ij}^{\min}}$，其中 $d_{ij}^{\min}$、$d_{ij}^{\max}$ 是指标 A_i 对于不同个体所得的最

小值和最大值。

对于成本指标，评分值 $M = \dfrac{600-100}{3\,000-100} = 0.172\,4$。

（2）下载次数和节目进入数字资产管理系统的时间长短有关。为了显示指标的客观性，我们将原始数据做平均化处理，如在制作完成且进入数字资产管理平台后的1个月内，该节目平均下载次数是20，则平均每周下载次数是5。假设该类节目每周下载次数的最大值为15，最小值为0。

则对于下载次数指标，评分值 $M = \dfrac{5-0}{15-0} = 0.33$。

（3）针对节目（或素材）的制作日期，按表9-12确定分值。

表9-12 制作日期评分表

制作日期	1949.10.01 以前	1949.10.01—1969.12.31	1979.01.01—1989.12.31
分值	5	4	3
制作日期	1990.01.01—1999.12.31	2000.01.01—现在	
分值	2	1	

假设该节目制作日期为1980年，故其制作日期久远指标，评分值为 $M = \dfrac{3-1}{5-1} = 0.5$。

（4）其他指标，如节目内容、节目表现形式、电视画面等由专家打分。

假设按此进行价值评价的节目，专家给出了表9-13所列的打分值（在0~10之间打分），根据公式 $M = \sum\limits_{i=1}^{n}\sum\limits_{j=1}^{n} W_{ij} M_{ij}$，可以得到总评价分数为4.908。

表9-13 节目价值评分值表

一级指标 W	二级指标 W_{ij}	三级指标 W_{ijk}	复合指标 W	专家打分
B_1（当前价值）$W_1 = 0.33$	C_1 0.83	P_1 0.494 7	0.135 5	8
		P_2 0.140 0	0.038 3	7
		P_3 0.248 4	0.068 0	7
		P_4 0.070 4	0.019 3	6
		P_5 0.046 5	0.012 7	5
	C_2 0.17	P_6 0.875	0.049 1	0.33
		P_7 0.125	0.007 0	5

(续表)

一级指标 W	二级指标 W_{ij}	三级指标 W_{ijk}	复合指标 W	专家打分
B_2（潜在价值）$W_2 = 0.67$	C_3 0.67	P_8 0.89	0.399 5	6
		P_9 0.11	0.049 4	6
	C_4 0.33	P_{10} 0.587	0.129 8	0.5
		P_{11} 0.089	0.019 7	4
		P_{12} 0.324	0.071 6	0.172 4
评分值 M		$M = \sum_{i=1}^{n}\sum_{j=1}^{n} W_{ij} M_{ij} = 4.908$		

9.3.3 基于层次分析评价法的人工神经网络模型评价方法

在建立价值评价体系时，应该首先构造出其数学模型，揭示各项主要影响因素的内在联系，即从数量上说明某项因素的变化对另一些因素的影响程度。但在进行建模预测时也存在一些问题：一是模型的数学函数形式有时很难描述；二是对模型中参数的正负符号和大小作出的估计可能不符合模型需求；三是对参数的理论期望值估计未必准确。人工神经网络模型属于数据驱动的方法，是一种近乎"黑箱"的操作，只需要利用历史数据训练网络，而不用知道具体变量之间的函数表达关系，并且具有大规模并行处理、容错性、自适应和联想功能强等特点。神经网络预测在理论上优于统计预测。用人工神经网络模型预测的结果和用拟合多项式预测的结果进行对比分析，结果证明使用人工神经网络模型进行预测只需少量训练样本就可以确定网络的权值，计算简单、快捷、可靠，模拟预测精度较高。

BP（反向传播）神经网络（根据BP算法实现的人工神经网络）是目前应用最广泛的神经网络，其结构简单，可塑性强，既有生物背景又符合逼近理论，并且单隐层的BP网络可以逼近任意一个非线性函数，所以可获得很好的逼近效果。通过大容量样本训练出来的网络，其评价误差更小，外推能力更强。因此，BP神经网络模型适合用于数字资产价值评价的研究。

虽然人工神经网络技术在智能控制、模式识别、非线性优化、知识处理等各个领域得到了较为广泛的应用和发展，但也存在着一些问题。当我们研究复杂系统建模时，为了防止遗漏对因变量有重要影响的因素，通常会将所有对因变量有影响的变量作为输入变量，着手建立系统模型。当这样的变量（自变量）很多时，显然会增加网络的复杂度，影响计算精度。层次分析评价法为解决这一难题提供了较好的方法。层次分析评价法是一种定性与定量相结合、系统、层次化的分析方法，它通过专家判断、比较、评价等手段将多个变量的重要程度数量化。因此，通过应用层次分析评价法，我们可以有效地筛选出那些关键变量。

具体方法是，我们先用层次分析评价法筛选出对因变量（网络输出）最有影响作用的变量（自变量），将其作为神经网络的输入节点，再用改进的BP算法进行学习。这样做的原因是，虽然层次分析评价法在筛选出对因变量具有影响的变量（自变量）方面有独特的优点，但在用其他常规方法拟合时，其精度往往不如人工神经网络算法。因而取长补短，将两种方法有机结合起来，可以增强人工神经网络对复杂系统建模的能力。

将层次分析评价法与人工神经网络相结合建立的模型，不仅可以自动确定复杂系统的输入维数（输入节点数），还提高了网络的学习速度，加快了网络的收敛速度，从而增强了神经网络的适应能力。

这里在上一节案例的基础上，给出了基于层次分析评价法的BP神经网络的价值评价模型。为了节省篇幅，有关BP神经网络的原理没有详细给出，可参考有关文献。

BP神经网络的应用步骤如图9-5所示。

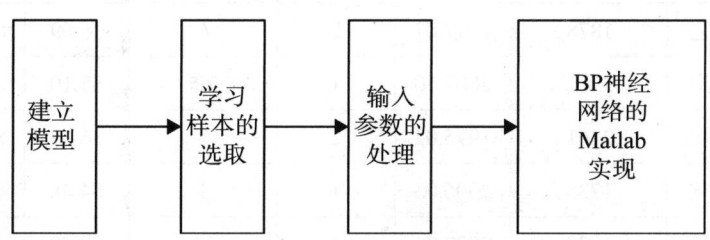

图9-5　BP神经网络的应用步骤

9.3.3.1　建立模型

本案例中建立的价值评价模型共有三层：一个输入层，一个隐含层，一个输出层。

（1）根据上一章节层次分析评价法得出的结果，我们筛选出对因变量（网络输出）最有影响作用的变量作为BP网络的输入节点。经过分析，得到输入节点6个，即稀缺性、节目内容、制作日期久远、电视画面、成本具体数值、下载次数。

（2）隐含层：根据经验，隐含层选定10个神经元。

（3）输出层：神经网络模型只有一个输出，为综合评价指标。

（4）激励函数：采用 Sigmoid 型激励函数。

9.3.3.2 学习样本的选取

这里选取 18 个试验样本，基于有关广播电视台的历史资料，包括节目的成本记录、满意度记录、收视分析，以及数字资产管理系统建成后的节目资料下载数量的分析记录，给出模拟训练的学习样本集，对缺乏数据的样本，参照其他资料给出近似的估计值，运用 BP 网络进行其价值的综合评价。原始数据见表 9-14，评价指标矩阵为：$X = (x_{ij})_{18 \times 6}$，$i = 1, 2 \cdots 18$；$j = 1, 2 \cdots 6$，期望输出即价值综合评价结果。

表 9-14 18 项节目内容的各项指标实际值

节目序号	节目类型	重置成本（元/分钟）	制作日期	制作日期分值	下载次数（周平均）	内容	画面	稀缺性
1	消息类	221	2007.11	1	4.5	83.43	73.65	1
2	经典艺术	1757	2004.09	1	2.8	86.15	87.27	3
3	信息推介	298	2007.12	1	5.5	80.79	75.74	1
4	大众文艺	385	2007.11	1	4	84.91	81.62	2
5	经济生活	1298	1987.09	3	1.5	85.52	81.53	3
6	大众文艺	1878	1997.07	2	6	86.09	83.35	2
7	深度报道	2717	2007.10	1	2.5	85.10	82.26	3
8	科教文化	2461	1995.02	2	3	86.53	83.89	3
9	科教文化	1735	2006.03	1	1	84.48	81.21	2
10	游戏竞猜	1038	2007.06	1	0.8	80.70	78.81	1
11	教学类	451	1994.05	2	0.8	85.36	82.04	2
12	纪录片	5463	2005.08	1	3	86.01	84.48	5
13	谈话类	929	2005.06	1	0.5	82.47	80.12	2
14	动画片	2037	2004.05	1	1	89.34	81.67	4
15	经济生活	1184	1967.03	4	1	89.10	84.80	5
16	纪录片	2011	1937.07	5	2	90.27	85.93	5
17	谈话类	446	2007.01	1	2	80.22	75.05	1
18	消息类	2685	2007.04	1	0.5	85.93	81.42	1

注：表中出现的某些定性的评价指标量化方法参见 9.3.2 第 4 部分。

在模型的建立过程中，我们将表 9-14 中的数据分为两部分，前 14 组数据用作学习样本，用来训练神经元连接权值。经过训练，我们得到与实际相差较小的比较理想的预测结果，将此模型确定为所需要的价值神经网络模型。后 4 组数据作为测试数据，被代入已确定的人工神经网络模型，用以验证所建立模型的可行性和准确性。

9.3.3.3 输入参数的处理

因为综合指标具有不同的量纲且类型不同，指标间具有不共度性，所以在评价前必须将这些指标按照一定函数关系式归一到某一无量纲区间内；而且在神经网络中，必须把输入数据限制在一定范围内，否则有可能使神经元处于饱和状态，从而失去学习能力。故对训练样本 X_{ik} 归一化处理为 y_{ik}，归一化公式：

$$y_{ik} = \frac{X_{ik} - X_k^{\min}}{X_k^{\max} - X_k^{\min}}, i = 1, 2 \cdots 14; k = 1, 2 \cdots 6$$

式中 y_{ik} 表示第 i 项数字内容的第 k 个指标 X_{ik} 的规范化数值；$X_k^{\min}$ 表示第 k 个指标在所有样本数字内容中的最小值；$X_k^{\max}$ 表示第 k 个指标在所有样本数字内容中的最大值。$Y = (y_{ij})_{14 \times 6}$ 即为标准化后的评价指标矩阵。

表 9-15 为表 9-14 中各指标标准化后的结果。专家给出各指标的经验权重值 $Y_i (i=1, 2, 3, 4, 5, 6)$，从而我们计算出综合评价指标 I，即期望输出：

$$I = Y_1 y_{i1} + Y_2 y_{i2} + Y_3 y_{i3} + Y_4 y_{i4} + Y_5 y_{i5} + Y_6 y_{i6}$$

表 9-15 指标量化后的权重函数值及综合评价指标

节目序号	指标及权重						
	重置成本（元/分钟）	制作日期分值	下载次数（周平均）	内容	画面	稀缺性	/
	0.1	0.15	0.08	0.2	0.12	0.35	
1	0	0	0.727 3	0.319 4	0	0	0.122 1
2	0.293 0	0	0.418 2	0.590 0	1	0.5	0.475 8
3	0.014 7	0	0.909 1	0.056 7	0.153 5	0	0.104 0
4	0.031 3	0	0.636 4	0.466 7	0.585 2	0.25	0.305 1
5	0.205 5	0.5	0.181 9	0.527 4	0.578 6	0.5	0.460 0
6	0.316 1	0.25	1	0.584 1	0.712 2	0.25	0.438 9
7	0.476 2	0	0.363 6	0.485 6	0.632 2	0.5	0.424 7

(续表)

节目序号	指标及权重						
	重置成本（元/分钟）	制作日期分值	下载次数（周平均）	内容	画面	稀缺性	/
	0.1	0.15	0.08	0.2	0.12	0.35	
8	0.427 3	0.25	0.454 5	0.627 9	0.751 8	0.5	0.844 9
9	0.288 8	0	0.090 9	0.423 9	0.555 1	0.25	0.267 8
10	0.155 9	0	0.054 5	0.047 8	0.378 9	0	0.075 0
11	0.043 9	0.25	0.054 5	0.511 4	0.616 0	0.25	0.310 0
12	1	0	0.454 5	0.576 1	0.795 2	1	0.697 0
13	0.135 1	0	0	0.223 9	0.475 0	0.25	0.202 8
14	0.346 4	0	0.090 9	0.907 5	0.588 8	0.75	0.556 6
15	0.183 7	0.75	0.090 9	0.883 6	0.818 6	1	0.763 1
16	0.341 5	1	0.272 7	1	0.901 6	1	0.864 2
17	0.042 9	0.25	0.272 7	0	0.102 8	0.25	0.163 4
18	0.470 0	0.25	0	0.568 2	0.570 5	0.25	0.354 1

9.3.3.4 BP 神经网络的 Matlab 实现

Matlab 是集通用科学计算、绘图、系统建模和程序语言设计为一体的高效科学计算软件。Matlab 人工神经网络工具箱（Neural Network Toolbox）提供了丰富的网络学习和训练函数，为神经网络的仿真分析提供了极大便利。不用编写复杂的算法程序，只需在命令行设置好相关函数和参数，它就能完成神经网络的训练仿真。

BP 网络的 Matlab 设计步骤如下。

（1）网络生成。主要根据样本数据和具体应用要求来决定拓扑结构、网络的层数、输入层、隐含层和输出层的神经元个数、各层的传递函数、训练算法函数等。

（2）网络初始化。在生成网络的同时可根据缺省的参数对网络各层的权值和阈值自动进行初始化，也可以根据不同需求，由用户对网络各层的权值和阈值的初始化函数重新定义，并使用初始化函数对网络进行初始化。

（3）网络训练。根据提供的样本数据对"输入向量—目标向量"和预先设置的训练函数对网络进行训练。

（4）网络仿真。根据测试数据对已经训练好的网络进行仿真计算。

初始化网络及学习参数：根据问题的复杂程度，初始的期望误差可设为 0.01，置网络权值的初始值为（1，10）之间的随机数。当训练达到最大次数，或网络误差平方和降低到期望误差之下时，网络就会停止训练。本案例共经过了 3 000 次的学习。训练结束后，我们给训练好的 BP 网络分别输入校验数据，得出表 9-16 所示的结果。

表 9-16　结果验证

节目内容代号	15	16	17	18
测试结果	0.998 8	0.805 1	0.147 1	0.320 3
期望输出	0.763 1	0.864 2	0.163 4	0.354 1
相对误差（％）	−30.8	6.8	10.0	9.5

注：由于网络权值的初始值为随机数，因此每次运行程序会出现不一样的测试结果，本例选取了相对误差较小的一组作为最终的测试结果。

（5）预测结果分析。在 BP 网络训练结束后，我们采用 Matlab 提供的 postreg 函数对网络训练结果进一步分析。postreg 函数利用线性回归方法分析网络输出和目标输出的关系，即网络输出变化相对于目标输出的变化率，从而评估网络的训练结果。函数 postreg 返回 m、b 和 R 共 3 个值，$A = mT + b$ 表示最优回归直线，m 和 b 分别表示最优回归直线的斜率和 y 轴截距。当 $m = 1$、$b = 0$，即 $A = T$ 时，表示网络输出与目标输出完全相同，此时网络具有最优的性能。R 表示网络输出与目标输出的相关系数，R 越接近 1，表示网络输出与目标输出越接近，网络性能越好。本例中 $R = 0.839\ 4$，接近 1，$m = 0.483\ 6$，$b = 0.298\ 2$，说明这个网络的网络性能一般。出现这种情况的主要原因是本例中用于训练网络的样本太少，通过大容量样本训练出来的网络性能会更加优良。

训练神经网络的首要任务是确保训练好的网络模型对非训练样本具有好的泛化能力推广性，即有效逼近样本蕴含的内在规律，而不是看网络模型对训练样本的拟合能力。因为训练样本的误差可以达到很小，所以用从总样本中随机抽取的一部分测试样本的误差表示网络模型计算和预测所具有的精度是合理和可靠的。

我们利用 Matlab 的人工神经网络工具箱提供的函数编程进行仿真，用以分析 BP 网络结构与逼近能力的关系。隐含层传输函数取为 tansig，输出层传输函数取为 purelin。理论上采用对数 S 型 / 线性模式的三层网络结构，通过调整网络的权值和阈值，使网络逼近任意的非线性函数，使误差达到任意精度。

9.4 本章小结

数字资产是媒体组织或企业最重要的战略资源。有效的数字资产价值评价系统、指标体系及评价方法，对于各类数字资产的商业开发和价值创造具有重要意义，并能科学指导专业人员方便、有效地选择和利用有价值的数字资产。本章的主要内容如下。

（1）数字资产有自己的特性，即数字资产是一种无形资产，具有无实体性、独特性、独占性及价值的不确定性等。从理论视角建立的数字资产价值评价系统包括数字资产价值评价的系统模型、价值评价的概念表达式、价值评价概念表达式的扩展。价值评价系统可以提供理论，对具体实践起指导作用。

（2）在对数字资产的价值评价中，需要考虑多种因素的影响，而且这些因素往往带有一定程度的模糊性。模糊综合评价方法主要利用模糊集合隶属度函数等概念，应用模糊变换原理，采用定量与定性相结合的方法，从多个方面对事物隶属等级状况进行整体评价，因此可以将模糊综合评价方法作为对数字资产进行价值评价的方法之一。

（3）层次分析评价法是一种定性与定量分析相结合的多目标决策分析方法，可以将决策者的经验判断给予量化，是系统工程中对专家主观性判断作出客观性描述的一种有效方法，在目标结构复杂且缺少必要数据的情况下更为实用。在数字资产的价值评价中，我们可以应用层次分析评价法进行评价，从而将层次分析评价法与人工神经网络模型评价法相结合，取得更好的评价效果。

思考题

1. 简述数字资产价值评价的基本概念。
2. 简述模糊综合评价法、层次分析评价法的适用条件。
3. 数字内容资产可以采用哪些价值评价方法？请选择你认为合适的一种方法，并结合具体实例说明价值评价的实现过程。

第 10 章　数字资产的价值管理及定价方法

如何实现数字资产的价值管理,并在价值评估的基础上结合市场相关因素确定数字内容产品的价格,关系到我们能否有效管理和发挥其单位资产的价值潜力,实现内容资产有效盈利,需要我们深入探索和解决。

10.1　数字资产的价值管理

10.1.1　数字资产的价值管理过程

数字资产管理的核心是资产的价值管理,集中于对资产价值的认识、保护和开发的动态管理。其实质是对资产的增值管理。数字资产的价值管理是指为实现资产价值最大化目标,以价值评价为基础、以提升价值为导向的综合性管理模式。这种管理模式针对积累下来的数字资产,以其价值确定、增值为前提,以价值创新为目的,在其生命周期全过程通过管理和开发,实现社会效益和经济效益的最大化。

为了有效管理和发挥单位资产的价值潜力及相关效应,拥有数字资产的组织需要实时关注资产的盈利能力,引入科学的分析和预测工具,利用内部收集的数据和外部信息,确定最有价值的资产对象,并积极开发利用,同时测试和挖掘尚未得到充分开发的具有潜在价值的资产,确保价值增值的过程效率和效果的可控性。

数字资产价值管理可以分为四个部分,即数字资产的整合、创新、流动和开发利用。资产的利用,又可导致新资产的产生,所以该管理过程是一个不断循环的过程,如图 10-1 所示。成功推行价值管理的关键因素包括以下三点。

（1）将以价值为基础的管理与计划工作的各种因素密切结合；

（2）确保掌握关键内容和需求信息，以方便数字资产的管理和开发；

（3）将绩效管理与价值创造挂钩，调动人员的积极性。

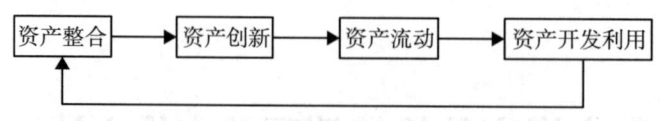

图10-1 数字资产的价值管理过程

成功的数字资产价值管理过程就是以资产循环流通模式，提供组织内部与外部并存的需求和服务，并以数字资产库支持无形商品的交易中心来进一步加速资产的流动，以此获得更大的经济收益。以我国媒体机构为例，其应该建立基于价值驱动的数字媒体资产统一管理与协调机制，这种机制不仅需要协调与管理内部与内部之间的关系，也需要协调与管理内部与外部之间的关系，以实现对内开展各种内容的整合及编辑生产、对外开展内容产品流通（销售）这两个管理流程，从而大幅度提高媒体组织的管理绩效。

10.1.2 数字资产的价值特性

10.1.2.1 数字资产的产权特性

媒体组织拥有版权的数字化视音频内容，能为其带来价值增值，本质上数字化视音频内容表现为资本的特征，属于无形资产类别。它的产权或者说版权，是知识产权的一种，因而其价值也可理解为权益价值。数字内容资产的产权除了具有产权的一般属性，还有特殊性，主要体现在主体与客体的关系、权利的行使方式、价值实现的特点以及收益的特殊性等方面。

（1）数字资产主体的多元性。数字资产的主体包括所有权主体和使用权主体，在一定情况下，资产的所有权和使用权可以分离，两者的主体可以是不同的。同一个数字产品的使用权主体可以有多个，且互不影响。在需要的情况下，使用权可以多次转让。

（2）数字资产的可经营性。不同类型的内容（如节目、素材等）资产市场化的程度不同，媒体组织可以根据实际情况，在保证其公共职能的前提下，通过多种方式为社会提供内容产品和服务，以获取利润。

（3）数字资产收益的外部性。收益的外部性是指产权主体个人收益与社会收益不相等的情况，依据作用效果，分为正外部性和负外部性。一般情况下，数字资产的使用产生正外部性，即内容产品的消费对他人或公共利益有溢出效应。这时个人收益小于社会收益。数字资产也可能产生负外部性，使其他经济或社会主体的利益受损。

（4）数字资产收益的长期性。收益的长期性是指数字资产带来的收益需要经过一段时间甚至很长一段时间才能达到最大值，也就是说在时间上有滞后的特点，并且是一个变化的值。只要对数字资产经营得当，该类资产就能在其生命周期内带来持续的社会效益和经济效益。

10.1.2.2 价值衡量的基本因素

数字资产一般不能单独以生产成本为其价值衡量的主要依据，原因如下。

（1）成本基价具有模糊性，因为其中所耗费的脑力劳动难以进行精确量化。

（2）无形资产价值具有模糊性，它的价值和成本之间没有直接联系，无形资产一旦形成，其价值就独立于成本，不再受原始生产成本的限制，而受社会、经济、科技发展水平和预期收益等诸多因素影响。这些影响具有复杂性、可变性、难以量化性。

（3）从成本角度来评价一般资产的价值，主要利用替代原则，而数字资产的一大特点就是它有一部分资产是无法重置的，如珍贵的历史影像资料，所以无法简单依据成本来衡量。

但我们在衡量数字内容资产的价值时，可以对具体的内容产品考虑以下基本因素。

（1）社会价值，如思想性、艺术性、创新性、社会影响力等。

（2）投入成本，包括显性成本、隐性成本。

（3）可替代性，指市场可提供的类似产品的多少，主要是考虑稀缺性。

（4）价值成长性，如不同平台的开发效益、价值链的可扩展性等。

（5）未来收益，包括广泛性、适用性、社会需求的稳定性等。

10.1.2.3 数字内容资产的效用性价值和稀缺性价值

效用性和稀缺性是商品产生价值的因素。效用是价值形成的必要条件，稀缺性是价值形成的充分条件，两者缺一不可。价值量取决于"边际效用"的大小，而"边际效用"的大小，在一定需求条件下，又是以商品的相对"稀缺性"为判断标准的。

（1）数字内容资产的效用性价值。媒体组织通过向消费者提供内容产品或服务，实现其内容产品的市场价值，并将这种市场价值转化为媒体组织的收益。内容产品的效用价值指消费者从对产品或服务的消费中所得到的满足。马克思主义学者认为：价值是主体和客体之间关系的表现，在这个关系中，客体属性借助于它们满足主体需要的能力估价，因而价值在很大程度上由商品的各方面属性提供给消费者的效用或满足感所决定。按照新古典经济学理论，效用的测度是单个经济行为主体（可以是个人或者某个组织）从消费特定数量的经济物品中所获得的东西。数字内容资产是一种无形资产，从消费者行为学来看，某种内容产品对顾客的效用量往往需要通过顾客感知价值来体现。例如，观看同一档电视节目，我们每个人从中获得的感受并不相同，因此效用价值不同。

（2）数字内容资产的稀缺性价值。数字内容资产的价值还取决于其稀缺性。同物质资源相比，数据资源可以不受控制地迅速扩散。完全独享这些数字内容资产所创造的所有价值并获得基于这种资产所开发节目的最大收益，其难度要比获得物质资源的价值和收益困难得多。数字内容产品，只有使它们变得可供专享，也就是在产权得到合理保护的条件下，才可能构成经济性物品特征的稀缺性。

稀缺性价值由市场的供需状况体现。如果供不应求，那么价值就会上升；如果供过于求，那么价值就会降低。随着媒体融合的不断推进，社会对高质量内容的需求越来越大，然而用于生产大量内容产品的经济资源是有限的，这导致数字内容资产的供给和需求处于非均衡状态。传播平台的增多，会使数字内容资产的价值增大。

（3）效用性价值和稀缺性价值悖论。效用性和稀缺性是数字资产价值产生的原因。然而，作为信息产品，数字资产在效用最大化的同时可能会削弱其稀缺性，反之亦然。与有形资产不同，数字内容资产可以依据需求被重复使用，可以与他人共享，且并不降低它对原占有者的效用，也就是在传播后，原组织仍然可以继续从中得到有用的价值。同时，在传播过程中，其不会因为渠道的扩大而发生消耗问题，而且被重复使用的次数越多，创造的效用就越大。例如，媒体的传播规模越大，经济效益就越显著，从整个社会的角度上来说社会价值就越大。但从拥有数字资产的媒体组织角度来看，尽管通过这种广泛传播可以获得更多利润，却导致了需求的降低，分享的内容资产丧失了稀缺性，在外部社会效益最大化的同时，资产的价值增值潜力变低了。所以，数字内容资产的价值悖论会给媒体组织对价值的确定和数字产品的定价带来一定困难。

10.1.3 数字内容资产的价值管理结构

随着个性化市场需求和激烈的市场竞争的发展，媒体组织已将内容资产作为最重要的战略资源，因此迫切需要一种科学方法来识别、管理和挖掘有价值的数字内容，从而为媒体的持续发展带来竞争优势。

10.1.3.1 充分挖掘金字塔顶端的价值

由于价格的离散，对价值的描述不应是一个孤立的价值点，而应是一个围绕最可能价格的合理价值范围。结合媒体行业和数字资产的特点，可以引入金融投资组合及品牌管理中的金字塔结构，实现对数字内容资产价值的分层管理。图 10-2 是数字内容资产价值管理的金字塔结构，位于金字塔顶端的内容资产价值最高，底端的价值最低。根据 80/20 法则，位于顶部 20% 的资产可以创造全部资产约 80% 的价值。但金字塔结构不同层面中的资产价值会随着时间的流逝而发生改变，因此内容资产在金字塔中的相对位置也会发生变化。

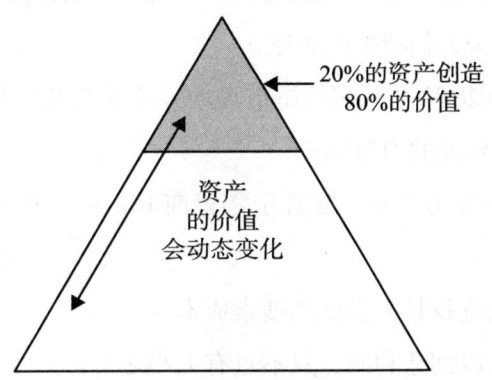

图 10-2　数字内容资产价值管理的金字塔结构

设计金字塔结构的主要目的是降低总体投资风险，因此将投资回报率最低的资产放在金字塔最下面一层；将投资回报率中等的资产放在金字塔中间一层；将投资回报率最高的资产放在金字塔顶层。设计数字内容资产价值管理的金字塔结构有助于充分挖掘数字资产的潜在价值、面向受众市场开发新型的盈利模式。

通常金字塔顶部的内容是主要的获利来源，具有较高的资产回报率和流通性，属于"良性资产"。我们把闲置在资产库中耗费资金维护、没有太多利用价值的资产称为"不良资产"，它们处于金字塔的底层。位于金字塔中部的资产，其价值可能会缓升或缓降，它们的需求价格弹性较小；而位于层级边缘的内容资产，可能会快速攀升或下滑，需求价格弹性较大，价值变化也较大。

在媒体融合发展的背景下，数字内容资产管理系统中的所有内容无法都在同一时间提供，内容的筛选和利用是一个动态的过程。媒体组织在开发数字资产上，要有侧重点，而非面面俱到，以"80/20 法则"引导媒体市场的开发资金流。对那些长期不被使用的存量资产，采取资产沉淀策略，调整数字资产的存储分配结构，转换为离线存储的低成本管理方式；而那些优良的数字资产则以在线或近线方式存储，以此来优化数字资产的管理方式，为资产的开发和价值创造奠定基础。

10.1.3.2 发挥海量数字内容资产的长尾效应

长尾（The Long Tail）这一概念由美国《连线》杂志主编克里斯·安德森（Chris Anderson）在2004年10月最早提出，旨在描述如亚马逊、奈飞（Netflix）之类网站的经济模式。长尾理论是指只要产品的存储和流通渠道足够广泛，那些需求不旺或销量不佳的产品所共同占据的市场份额就可以和那些少数热销产品所占据的市场份额相匹敌甚至更大，即众多小市场汇聚成可产生与主流市场相匹敌的市场能量。例如，现今音乐网站的销量不是代表传统需求曲线上那个代表"畅销曲目"的头部，而是那条代表"冷门商品"经常为人们遗忘的长尾。

传统市场中的"80/20法则"在长尾市场中发生了变化，使内容产品需求从头部向尾部延伸。产生这种延伸的力量如下。

（1）内容产品品种极为丰富，如音乐零售商Rhapsody网站有超过150万首在线音乐曲目。

（2）对内容产品的查找具有极低的搜索成本。

（3）任何产品都可以创造利润，只不过有大小之分。

（4）提供样本示范，如试听、试看或试读等。

新古典经济学以稀缺为常态，遵循"80/20法则"；长尾经济学以丰饶为常态，追求多品种海量产品产生的长尾效应。但这两者并不矛盾，在实践中应发挥各自的长处。

管理和开发海量数字内容资产，可以挖掘其长尾金矿。由于成本和效率的因素，当数字内容产品储存流通的空间足够大，渠道足够多，并且内容产品的销售成本急剧降低时，几乎任何以前看似需求极低的产品，只要有人卖，就会有人买。搜索引擎和个性化推荐技术能够帮助用户发现更多优质的长尾内容，提高媒体平台的商业价值。因此，采用个性化推荐，能够将小众喜欢的长尾内容扩散开来，充分挖掘长尾内容，产生长尾金矿。

10.2 数字内容产品的定价机理分析

价格不同于价值。传统的经济学理论告诉我们，社会平均劳动决定价值，价格围绕价值上下波动，价值是制定价格的基础。产品定价是企业最重要的决策。一方面，价格的高低对需求具有重要影响；另一方面，在市场竞争中，企业的价格策略同其他竞争策略相比具有不可替代的作用。价格会影响销售量、市场占有率及获利性。在营销组合中，价格与其他营销手段相比是能产生收入的重要因素，也是营销组合中最灵活、最易变的因素。只有将创造价值的活动与定价策略有机结合起来，才能最终获得利润，形成持久的获利性。

数字内容产品定价的经济学基础同传统产品相比发生了巨大变化。在经济学中，一般商品价格确定通常依赖于边际成本分析。微观经济学理论阐述了企业从利润最大化目标出发给产品定价的方法，通过对厂商成本和产量、消费者效用和收入约束等条件的分析，得出厂商获得利润最大化的合理价格。在边际成本递增、边际效用递减的情况下，消费者获得效用最大化的一阶边际条件价格等于边际生产成本。与传统经济学认为的边际效用递减规律不同，数字内容产品具有可共享、可重复使用、可低成本复制、可创新发展等特点，从而能产生从边际效用递减到边际效用递增、从边际成本递增到边际成本递减的特性。

通常可以认为，数字内容产品属于信息类产品范畴。对信息产品价格的形成机制主要有以下几种论点。

（1）由于信息产品生产具有唯一性、独创性及非重复性，并存在产权保护法律，因此形成了信息产品价格的垄断性，价格高低取决于卖者的垄断性、买者的需求程度和支付能力。

（2）信息产品生产中劳动的物化形成其价值，个别劳动时间决定其价值量，价值进一步决定它的价格。

（3）信息产品的生产是为了满足人们一定程度的实际需要，而用户使用该产品时所能产生的实际效用，才是信息产品价格形成的依据。

（4）信息产品价格的决定因素是供需关系，正是买方和卖方在市场上的相互制约决定了信息产品的价格。因此，信息产品价格应该由效用、成本、垄断等因素综合决定。

由此可见，对数字内容资产这种特殊的信息商品，其特定的成本结构及可重复利用性决定了其无法按边际成本曲线来定价；也不能采用完全的竞争策略定价。数字内容资产可被各类媒体购买用来直接播出，也可被其他机构购买作为资料和素材，它们的潜在购买者有很多类别，在版权利用方式上它们的效用体现也有很大差别。因此，对基于数字资产开发的内容产品进行定价最适宜的方法是根据顾客的感知价值和需求实行差异化定价。

从定价理论的发展史看，价值论和效用论作为最主要的两种流派是对立和统一的，它们都有各自的合理性。价值论更多的是从供给角度来看待商品的交换价值，而效用论更多的是从需求角度来看待商品的交换价值。一种较为综合的观点认为，在价格决定上，既要强调需求的作用，又要强调市场的供给能力，因此应构建一种动态、均衡的定价理论，即价格在价值的基础上，随着供求双方力量对比的变化而变化。数字内容产品是一种信息产品，具有高固定成本、低边际成本的特点，其边际成本曲线一直处于下降阶段，所以信息产品不能依据其边际成本来定价，必须依据信息产品的价值来考虑。

关于信息产品定价方法的研究目前主要有三种导向：第一种是以信息产品的生产和流通的成本及利润分析为出发点，寻求合理的定价方法；第二种是以企业在市场中的竞争地位和竞争对手同类信息产品的价格为参照来制定价格；第三种是以顾客的需求分析为出发点，对顾客进行细分并实行差别化定价。该种方法被众多学者认为是信息产品定价的最有效方法。

营销学之父菲利普·科特勒（Philip Kotler）指出，日益增多的公司把价格建立在产品感知价值的基础上，它们利用营销组合中的非价格变量在购买者心中建立产品的感知价值，然后通过市场调研捕捉顾客的感知价值，并以此作为定价依据。哈佛商学院的本森·P. 夏皮罗（Benson P. Shapiro）等人在一项有关定价和产品策略的研究中，提出营销者应以目标顾客对产品利益和购买成本的感知为基础制定价格。詹姆斯（James）等人也认为，营销者应利用营销组合中的非价格变量在顾客心中建立起感知价值，价格应建立在捕捉到的顾客感知价值之上，并强调市场调研在了解顾客感知价值方面的重要性。因此，制定数字内容产品的价格应该将顾客的感知价值作为重要的考虑因素。

基于上述分析，这里归纳出数字内容产品定价的三个重要依据。

（1）获取感知价值。通过市场调研（如问卷调查等）的方式，从大量现有用户和潜在用户的调查统计中，获得不同类别数字内容产品的顾客感知价值。

（2）进行市场细分。一是要了解消费者的需求，并根据其（利益）划分市场，开发原型消费者资料；二是找到那些最有可能区分出不同需求细分市场差别，以识别特定细分身份的显著变量（如性别、年龄、收入、教育背景、地理位置、行为特征等）。

（3）选择目标市场。目标市场的选择：一是要明确内容产品服务于哪个市场（消费对象是谁）；二是要明确怎样服务于这个市场（产品如何进行差异化定位）。

基于海量的数字内容资产，媒体组织可以挖掘其中有价值的节目和素材，利用它们开发各类内容产品，面向外部消费者或客户提供产品和服务。但现阶段媒体组织销售内容通常采用传统的定价方法，并与竞争者的价格进行比较确定，而不是对消费者（顾客）的付费意愿认真分析后定价。这将影响媒体组织的内容销售和盈利能力。因此有必要深入研究数字内容产品的定价问题，以给出科学合理的定价方法。

10.3 数字内容产品定价的几种基本方法

普通商品定价一般从成本、供需关系、竞争产品等方面考虑。无形资产的定价方法可以根据实际情况从市场法、收益现值法和重置成本法中进行适当选择。这三种方法为无形资产的定价提供了一定依据。然而，用它们对数字内容产品进行定价还存在较大的局限性。本节从用户意愿、成本、供需方、收益、市场法几个方面探讨了内容产品的定价方法，并给出了各种方法的优缺点，借以寻找更为适合的定价路径。

10.3.1 基于用户意愿的网络内容产品定价方法

基于用户尤其是个体用户对内容产品定价时，通常从两个方面考虑：一是注重用户的意愿；二是考虑内容提供商能否获得利润。例如，视频网站在对网络观众收费时就可以采取这种定价方法。这种方法的定价原则是观众愿意支付且能使运营商获得最大利润的价格为最优价格。定价模型如下：

$$\max_p R(p) = pNH(p)n(p) \qquad (10-1)$$

其中 $R(p)$ 表示价格为 p 时的视频网站运营商获利函数；p 是受调查者愿意支付的价格；N 为基础数据，可取该视频网站提供免费观看时的月平均点击量；$h(p)$ 是愿意支付价格为 p 的人数百分比；$H(p) = \sum_{t=p} h(t)$ 是愿意支付价格大于 p 的累计人数百分比；$n(p)$ 是价格为 p 时每个观众收看的平均时长。

这种方法的具体过程：针对被评估内容向观众征询意愿价格；调查观众在该内容实行收费之后是否还会继续收看，继而得到观众流失率；搜集该内容可免费观看时的观众人数；预期每个观众收看的内容时长。可以根据以上调查获得的数据计算运营商的月平均预期收益，再取使此收益获得最大值的价格为最优价格。

假设针对某视频网站付费观看某电视剧第 1 集的内容，调查不同行业的 10 名观众，愿意支付价格的情况，见表 10-1。

表 10-1 调查人员愿意支付价格情况

受调查者	A	B	C	D	E	F	G	H	I	J
p（元）	2	1	3	0.5	0.1	1	0.5	2	0.5	0.1

根据表 10-1 计算每个价格对应的愿意支付价格的累计人数百分比，见表 10-2。

表 10-2　价格与对应累计人数百分比及预期观看人数与时长表

p	0.1	0.5	1	2	3
付费人数	2	3	2	2	1
百分比 $h(p)$	20	30	20	20	10
累计人数百分比 $H(p)$	100	80	50	30	10

假设该视频网站提供免费收看该电视剧时的月平均点击量为 100 000，即 $N=100\,000$；根据多数观众的收看习惯，取所有价格下观众的收看时长均为 1 集，即当 $p=0.1, 0.5, 1, 2, 3$ 时，$n(p)=1$，代入公式（10-1），得到每个价格对应的运营商获利情况，见表 10-3。

表 10-3　观众可接受的价格与运营商获利之间的关系

p	0.1	0.5	1	2	3
$R(p)$	10 000	40 000	50 000	60 000	30 000

经过比较，该内容定价为 2 元时，运营商获利最大。这说明，对于该电视剧第 1 集来说，视频网站付费观看应定价 2 元最好。以第 1 集价格推算付费收看整部电视剧的价格，若该电视剧为 40 集，则适宜定价为 80 元。

该定价方法的优点：充分考虑了用户尤其是个体观众的观看意愿；观众的关注度代表了此内容最近一段时期是否受到直接消费者，即观众的喜爱。我们通过收集节目的点击量，获得观众对各类节目的关注度，可以了解当前各类节目的市场潜力；大众关注度一定程度上反映了节目内容的价值，可以视为影响节目价格的主要因素。

该定价方法的缺点：这种方法没有从专业和技术的角度分析内容本身的价值。有些内容，如纪录片素材，可能目前观众的关注度不太高，但是具有很大潜在的开发价值。因此，上述方法在对内容本身的稀缺性、历史价值、潜在市场开发价值等因素的考察和评价上存在不足。

10.3.2　基于成本考虑的内容产品定价方法

成本法是一种核算实际成本的会计方法，也叫重置成本法，是指在对知识产权进行定价评估时，用知识产权价值转化的重置成本减去各种可能的贬值成本而得到评估定价的方法。成本法应用的前提条件包括以下三点：一是被评估资产处于继续使用状态或被假定处于继续使用状态；二是可以收集到相对具体和准确的与成本相关的历史资料；三是纳入计量的成本属于形成被评估资产价值的相关必要损耗等。

国内有电视媒体在给节目定价时，曾采用转让价即交易价格为制作成本的1/4方法。这里是假定节目通过首播一次、重播两次，重新包装制作后第四次播出即可收回成本，制作成本取台内近三年同类型新制作节目的平均成本。

例如，某年国内A电视台各栏目制作成本和转让价格比较，见表10-4。

表10-4 某年国内A电视台各栏目制作成本与转让价格比较

节目类型	每分钟成本（元）	转让价（元/分钟）	成本价格/转让价
新闻资讯类	2 200	880	2.5
专题类	1 600	720	2.2
政治类	1 316	329	4
深度报道类	1 277	319	4.003
科教文化类	1 179	295	3.996 6
经济生活文化类	1 165	291	4.003
纪录片类	1 033	258	4.003
大众文艺类	900	226	3.98
教学类	765	191	4.005
经典艺术类	662	165	4.012
消息类	482	121	3.983
信息推广类	177	44	4.023

由表10-4可以得出：除了新闻资讯类和专题类，其余节目类型的转让价近似为成本的1/4。

上述方法中的制作成本（对应表10-4中每分钟成本项）是指该类节目原始制作成本的平均值。若将该成本作为现在定价的依据是不合理的，必须考虑物价指数及人工费用上涨等因素的影响。重置成本是指现在重新制作该产品所需付出的全部成本。计算重置成本通常有两种方法：一种是参照同时期同类产品的价格；另外一种是通过物价指数调整购买该项内容产品时的账面历史成本。公式如下：

$$\text{无形资产重置成本} = \text{无形资产账面成本} \times \frac{\text{评估时物价指数}}{\text{购置时物价指数}} \qquad (10\text{-}2)$$

从无形资产的价值构成来看，其主要有两类费用：一类是物质消耗费用；另一类是人工消耗费用。前者与生产资料物价指数相关度较高，后者与生活资料物价指数相关度较高，两类费用可分别适用于生产资料物价指数与生活资料物价指数的估算。

例如，2008年某纪录片账面历史成本为1 033元/分钟，设2008年和2022年物价指数分别为102.4%和158.7%，则2022年该纪录片的重置成本为：1 033 × 158.7%/102.4% = 1 601（元/分钟）。

基于成本的定价方法显示：制作成本决定了节目价格的高低。一般来说，制作成本高的节目在制作质量、演员阵容、视觉效果等方面也能达到优良，容易获得观众的喜爱和关注。但在进行内容产品交易时，交易双方更注重节目内容的播出效果和潜在开发价值。制作成本可以作为评估内容产品价格的指标之一，但不应是影响价格的最主要因素。特别是对于媒体内容资产，大多数多轮播放的库存节目已经收回成本，其制作成本与市场价值之间并无明显对应关系。高成本制作的节目内容并不一定是受众所喜欢的内容。因此，以成本为依据的内容产品定价方法并不完整，且缺乏实用性。

10.3.3 基于需求方和生产方综合因素考虑的定价方法

有专家认为与信息产品相关的是生产方和需求方，所以产品定价也应由两部分构成：一部分是从生产方角度制定出定价公式；另一部分从需求方角度找出影响定价的因素。首先，在生产方看来，能获得最大收益的价格即为最优价格，即单位产品的定价为利润、固定成本、变动成本及风险收益之和除以产品总量，当然此时的价格为产品的下限。其次，从需求方看，有五大影响因子影响信息产品的价格：①梅尔卡夫原则系数，回答市场上潜在需求方的数量，数量越多，产品带来的整体效用值就越大，产品成为消费品的潜力就越大；②顾客体验效用系数，回答潜在用户转化为实际用户的可能性，需求方真正体验到效用并转化为实际用户后才会成为购买方，需求方的效用值是价格的上限；③顾客锁定系数，回答买主忠诚度、创造顾客附加值的问题，培养买主的忠诚度，增加其转移成本；④信息产品版本划分系数，针对不同需求方的不同用途选取差别定价方法；⑤竞争对手定价系数，关注并分析市场上已有的同类型产品的价格。这五大影响因素通过某种关系得到系数K。最后，产品定价就是生产方定价公式与系数K的乘积。具体模型阐述如下。

首先给出基于生产方的定价公式。根据经典的微观经济学 MC = MR 原则，可以得到关于一个普通商品的定价公式：由 $L = TR - TC - R = P \times Q - FC - V \times Q - R$，可推

出 $P=(L+FC+V\times Q+R)/Q$。其中，L 表示利润，TR 表示产品总收入，TC 表示产品总支出，R 表示风险收益，P 表示单位产品价格，FC 表示固定成本，V 表示单位产品可变成本，Q 表示产品产量。影响信息产品定价的系数 K，被称为信息产品特征系数。K 值主要由需求方中的定价影响因素来确定。

设 m 为梅尔卡夫原则系数，u 为顾客体验效用系数，l 为顾客锁定系数，c 为信息产品版本划分系数，p 为竞争对手定价系数，K 是这五个因素的复合函数，即 $K=f(m,u,l,c,p)$。

综上所述，可以得到：

$$P=K\cdot(L+FC+V\times Q+R)/Q=f(m,u,l,c,p)\times(L+FC+V\times Q+R)/Q \quad (10-3)$$

这种定价方法首先用普通商品传统定价方法给出定价公式，再用五大影响价格的因素调整公式，充分考虑了生产方和需求方的需求及利益。由于数字内容产品的成本结构与普通商品不同，加上目前数字内容产品交易市场尚不够成熟，需求方的五大影响因素在实际应用过程中较为笼统，难以确定。因此，上述基于生产方和需求方综合考虑的定价方法并不完全适用于数字内容产品的定价。

10.3.4 基于收益现值法的定价方法

收益现值法是基于微观经济学中的效应值原理对被评估资产的未来收益进行评估并将其折现的方法。对于内容产品，收益现值法就是将内容产品在有效经济寿命期间每年的预期收益，用适当的折现率折现，累加得出评估基准日现值，即资产总价值。收益现值法的评估模型如下：

$$P=\sum_{t=1}^{n}\frac{S}{(1+R)^t} \quad (10-4)$$

其中，S 为未来某年的净收益，指库存数字内容资产在未来某一年里所能创造的收益减去成本后的净收益；R 为折现率。

下面举例说明收益现值法在数字内容资产价值评估中的应用。

为了摸清家底，A 电视台对建台以来至 2005 年 12 月 31 日库存的、经版权清理后有效的所有成品节目及素材进行总价值评估。

首先确定各参数的取值。净收益为总收益减去成本，即：

$$S=V\times(G\times K)\times(1+d)-C$$

其中，V 表示评估日内容资产的流通价，根据 A 电视台节目生产成本、购销价及国内外市场均价，可确定为900元/分钟；G 表示版权清理后有效的成品节目及素材量，经统计取值为19 151 567分钟；K 表示年市场流通率27%；d 表示评估系数，包括节目资料数字化处理增值系数、新媒体开发增值系数、衍生产品开发增值系数、节目形态版权增值系数等，$d = 0.5 + 0.06 + 0.04 + 0.014 = 0.614$；$C$ 表示年运营成本，取年总收益的2%。另外，适用折现率 R 取12.5%，预期收益年期 n 取50。

将上述评估参数代入公式（10-4），可以得到评估值：

$$P = \sum_{t=1}^{n} \frac{S}{(1+R)^t} = \sum_{t=1}^{50} \frac{900 \times (19\,151\,567 \times 0.27) \times (1+0.614) \times (1-2\%)}{(1+0.125)^t} = 58\,725\,376\,524$$

于是可以得到结论，A电视台自建台以来至2005年12月31日，其版权有效的库存节目资料的总价值约为587亿元。

利用收益现值法估算数字内容资产的价值，比较符合数字资产的价值实现方式和价值决定规律。但是这种方法仅适用于对整体资产价值的大致核算，可为电视媒体在制定发展战略优化管理时提供依据，而不太适合用来作为对单独的数字内容资产（如某一节目或素材）的市场价值进行估价。由于数字内容资产的构成复杂、类型较多，对公式中各种评估参数的准确选取和预期比较困难，参数的精度难以把握，因此会影响计算的准确性。

10.3.5 市场法

市场法是指在现有较为成熟的市场环境中，通过充分考虑现行市场中类似知识产权的通行价格以及影响知识产权定价的各种因素，并根据市场中各种异质要素（如时间、地点、品类和功能等）对通行价格进行调整，从而确定知识产权最终定价的方法。

市场法通常有如下应用前提条件。

（1）要有活跃的市场以提供足够多的市场参照物及可以类比的市场价格信息。在市场经济条件下，市场交易的商品种类很多，内容产品作为商品是市场发展的重要因素，内容产品交易越频繁，与被评估内容产品相类似的资产的价格越容易获得。

（2）要能够确认参照物与评估对象之间具有较强的相同性。参照物及其与被评估内容产品可比较的指标、技术参数等资料是可搜集到的，但与被评估内容产品完全相同的资产可能很难找到。这就要求评估者对类似内容产品参照物进行调整，有关调整的指标、技术参数能否获取是决定市场法运用与否的关键。

在实际操作中，市场法关键之处是确定可比较因素。但由于国内的内容产品（如影视节目等）交易市场尚不够成熟，与被评估内容产品可比较的指标、技术参数等难以搜集，因此依据市场法对内容产品进行定价较为困难。

10.4 基于顾客感知价值的定价方法

数字内容产品的交易目前尚处在一个不成熟的市场中，也不存在完全竞争的市场条件，其供求关系和一般信息产品差别较大；而且数字内容产品具有明显的复杂性和特殊性。除制作成本外，人力资本、稀缺性、社会价值、价值成长性等均是其价值形成的关键要素。例如，一些珍贵的历史资料内容，由于能给购买者带来更大的稀缺性效用，价格就应该定得相对高一些。因此，上述几种基于一般意义上的产品定价方法不能完全适用数字内容资产，必须进行相应的修正与创新发展。

10.4.1 基于顾客感知价值的数字内容产品定价方法原理

数字内容产品的定价必须依据其价值进行。从消费者行为学视角来看，内容产品对顾客的效用量往往需要通过顾客的感知价值来体现，即内容产品本身所能为顾客带来的享受或价值程度。顾客感知价值是顾客感知利得与感知利失的一种权衡，是一个动态概念，如图 10-3 所示。我们可以将顾客感知价值作为数字内容产品定价的效用值，并以此指导定价方法的选择。

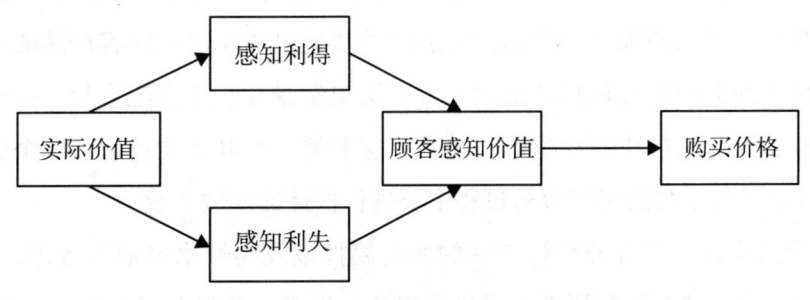

图 10-3　基于顾客感知价值的定价基本过程

这里提出的定价基本思路：对数字内容产品的相关市场需求数据开展调查并细分顾客市场，依据差异化定价理论，运用模拟市场估价的方法，对各类顾客的感知价值进行抽样调查，并运用结合分析法（Regular or Traditional Conjoint Analysis，CA），建立数字内容产品定价模型，以确定不同类型内容产品的效用值大小，并作为其定价依据。

10.4.1.1 顾客感知价值模型及测定

通常,一个完善的内容产品版权售卖体系至少包括播映版权、素材版权、新媒体开发权(如网络和移动电视播映权等)、衍生产品开发权等。考虑到数字内容产品的不同类型及用户的不同,我们可以在细分市场并采取差异化定价方法的基础上,建立顾客感知价值的加法模型:

$$CPV = \sum_{i=1}^{n}(Q_i + P_i) \qquad (10-5)$$

其中,CPV是对n个不同类型的用户抽样调查得出的某内容产品的感知价值,Q_i和P_i分别是第i个用户对该产品的感知利得和感知利失。

10.4.1.2 运用结合分析法确定主要要素的效用值

我们可以在对各类型顾客感知价值(包括一般顾客和专业媒体内容使用机构)进行较大规模抽样调查和分析的基础上,运用结合分析法分解并确定各属性及水平的单独效用。

结合分析是通过假定产品某些属性,对现实产品进行模拟,然后让顾客根据自己的喜好对这些虚拟产品进行评价,并采用数理统计方法将这些属性和属性水平进行分离,从而对每个属性及属性水平的重要程度作出量化评价的方法。结合分析法的主要步骤如下。

(1)确定属性要素以及要素水平。首先要对产品或服务的属性要素进行识别,这些属性要素及要素水平必须是显著影响顾客购买的因素。其次确定了属性之后,还应该确定这些属性恰当的水平。例如,纪录片类型是纪录片这一内容产品的一个属性,而目前纪录片的类型主要包括政论纪录片、历史纪录片、传记纪录片、生活纪录片、人文地理片、舞台纪录片、专题系列纪录片这七类,所以主要包括这七个属性水平。属性与属性水平的个数决定了分析过程中要进行估计的参数个数。

(2)产品模拟。结合分析将产品的所有属性以及属性水平通盘考虑,并采用正交设计的方法将这些属性与属性水平进行组合,生成一系列虚拟产品。正交设计是指从所有组合中挑选出有代表性的部分试验点来进行试验,如以3个属性(指标)、每个属性有3个水平为例。如果进行全面试验,则有$3 \times 3 \times 3 = 27$种组合,而正交设计只需要9种组合就可以了。在实际应用中,通常将每种虚拟产品分别描述在一张卡片上。

(3)数据收集。请受访者对虚拟产品进行评价,通过打分、排序等方法调查受访者对虚拟产品的喜好、购买的可能性等。

（4）计算属性的效用。从收集的信息中分离出顾客对每个属性以及属性水平的偏好值。这些偏好值也就是该属性的效用值。

（5）市场预测。利用效用值来预测顾客将如何在不同产品中进行选择，从而决定应该采取的措施。

以纪录片为例，通过顾客对纪录片这一内容产品的重要属性（如纪录片的类型、稀缺性、历史价值、画质、关键人物知名度等）的权衡评价，计算出各属性不同水平的效用值和属性相对重要性，从而量化了解影响顾客购买纪录片版权的主要因素及其效用值。

在实际操作中，我们不是设计虚拟产品卡片请潜在顾客进行打分或排序，而是根据正交设计所组合的内容产品属性和属性水平，从有关数字内容资产库中获取相应的真实内容资料，召开专门的专家和用户看片会（涵盖相关专家和用户组成的评判小组），请他们根据个人经验和感知对这些直接观看的内容产品的价值进行打分，以增加评价数据的可靠性。

10.4.1.3 基于结合分析法的价值评估模型

运用结合分析法建立数字内容产品的价值评估模型如下：

$$U(x) = C + \sum_{i=1}^{m}\sum_{j=1}^{k_i} u_{ij} X_{ij} \qquad (10-6)$$

其中，x 表示被评估的内容产品；$U(x)$ 表示总效用值（顾客感知价值）；C 为结合分析法给出的常数，意为价值函数的截距；u_{ij} 为第 i 个属性的第 j 个水平的单独效用贡献值；k_i 是第 i 个属性的水平数，m 是属性数；X_{ij} 为哑变量，且有

$$X_{ij} = \begin{cases} 1 & \text{当第} j \text{个属性的第} i \text{个水平出现时} \\ 0 & \text{当第} j \text{个属性的第} i \text{个水平未出现时} \end{cases}$$

最后，利用曲线拟合的方法确定价值与价格的函数关系 $p = f(x)$。

10.4.2 实证分析

这里选取纪录片素材作为实证研究的对象，定价方法的具体过程：①构建纪录片素材的版权价值评估指标体系，确定属性及属性水平；②建立基于结合分析法的价值评估模型，确定版权价值；③利用拟合方法确定价格和价值之间的关系。

10.4.2.1 版权价值评估指标体系的建立

建立评估指标体系是为了确定纪录片素材的属性及属性水平。经过分析纪录片的版权价值特点，作者组织行业专家与典型受众开展研讨和问卷调查等一系列工作。由

于改革开放前后的纪录片素材在拍摄手段、拍摄成本、拍摄场地及画面质量等方面呈现出不同的特点，因此作者针对改革开放前和改革开放后的纪录片素材分别构建了一组评估指标体系，见表10-5。

表10-5 改革开放前、改革开放后纪录片素材的版权价值评估指标体系

一级指标	二级指标（属性）	指标等级划分（水平）	
		改革开放前	改革开放后
	1.拍摄年代	①1949年12月31日（含）之前（包括国民影像）	①1979年1月1日（含）—1999年12月31日（含）
		②1950年1月1日（含）—1965年12月31日（含）	②2000年1月1日（含）以后
		③1966年1月1日（含）—1978年12月31日（含）	
素材质量	2.内容类型	①新闻事件类	①新闻事件类
		②风景/场景/动物类	②风景/场景/动物类
		③人物类	③人物类
	3.画面质量（画面清晰度）	①一般（标清）	①高清
		②胶转数（清晰）	②一般（标清）
		③胶转数（较差）	③胶转数
	4.拍摄难度	①拍摄难度大	①拍摄难度大
		②拍摄难度一般	②拍摄难度一般
素材质量	5.拍摄场合		①航拍（难度较大）
			②航天、深水
			③到达拍摄地的成本较高（如南极、非洲原始森林、白宫、故宫、中南海等）
			④普通场合
	6.通用性	①素材的通用性好	①素材的通用性好
		②有一定范围可通用	②有一定范围可通用
		③使用范围限制性强	③使用范围限制性强
	7.稀缺性	①唯一且不可再生	①唯一且不可再生
		②不可再生但非唯一	②不可再生但非唯一
		③可再现（但需投入拍摄成本）	③可再现（但需投入拍摄成本）

10.4.2.2 纪录片素材的版权价值评估过程

根据表10-5中指标和指标等级的个数,形成改革开放前纪录片素材虚拟产品486个,改革开放后纪录片素材虚拟产品1 296个。利用SPSS社会科学统计软件包的正交试验设计功能选出"典型代表":改革开放前、改革开放后分别得到18个和32个虚拟产品。作者主要通过研讨会的方式组织了20位行业专家对虚拟产品卡片进行感知价值评价,评价对象是该卡片所展示的纪录片素材的版权再利用价值。打分范围:0~100分,其中90~100分为非常优秀;80~89分为较优秀;70~79分为良好;60~69分为普通;40~59分为较差;0~39分为很差。根据专家和用户对虚拟产品的打分结果,作者创建并运行调查文件和语法文件,得到针对改革开放前纪录片素材相应的输出结果,见表10-6。为了节省篇幅,这里略去改革开放后纪录片素材的输出结果。

表10-6 改革开放前纪录片素材各指标的权重及各水平的单独效用贡献值

一级指标及权重	二级指标	单独效用贡献值	标准误
拍摄年代 23.315%	1949年12月31日(含)之前	3.75	0.35
	1950年1月1日(含)—1965年12月31日(含)	−1.857	0.35
	1966年1月1日(含)—1976年12月31日(含)	−1.893	0.35
内容类型 16.331%	新闻事件类	1.536	0.35
	风景/场景/动物类	−2.417	0.35
	人物类	0.881	0.35
画面质量 12.1%	一般(标清)	0.024	0.35
	胶转数(清晰)	1.452	0.35
	胶转数(较差)	−1.476	0.35
拍摄难度 0.148%	拍摄难度大	−0.018	0.262
	拍摄难度一般	0.018	0.262
通用性 8.411%	素材的通用性好	1.048	0.35
	有一定范围可通用	−0.06	0.35
	使用范围限制性强	−0.988	0.35
稀缺性 39.695%	唯一且不可再生	5.345	0.35
	不可再生但非唯一	−1.083	0.35
	可再现(但需投入拍摄成本)	−4.262	0.35
	(常数)	80.196	0.262

根据以上各指标对纪录片价值的贡献度，某纪录片素材的版权价值可由公式（10-6）确定。

10.4.2.3 纪录片素材版权价值评估模型的用例分析

陈汉元制作的纪录片《收租院》中有一段人物采访素材，特点如下：拍摄于 1966 年（贡献值为 –1.893）；内容类型属于人物类（贡献值为 0.881）；胶片拍摄，画面较清晰（贡献值为 1.452）；拍摄难度一般（贡献值为 0.018）；有一定范围可通用性（贡献值为 –0.060）；可再现，但需要投入拍摄成本（贡献值为 –4.262），并且采访内容有较高的历史和文献价值。综上分析，该素材的版权价值如下：

$$U(《收租院》采访素材) = C + \sum_{i=1}^{6}\sum_{j=1}^{k_i} u_{ij}X_{ij}$$
$$= 80.196 + (-1.893) + 0.881 + 1.452 + 0.018 + (-0.060) + (-4.262)$$
$$= 76.332$$

10.4.2.4 纪录片素材从版权价值到价格的变换

确定关系式 $P = f(V)$，且满足条件 $f' > 0$。这里采用两组极值点来确定价值与价格的线性关系。该定价方法是确定内容版权交易的基础价格；目前尚不能准确确定纪录片素材中间点价格的合理性。

首先确定 $V_{\min}(x_1)$ 和 $V_{\max}(x_n)$。根据价值评估模型，纪录片素材各指标的系数均为相应最小值时，其版权价值为最低；取各指标最大系数时，得到的内容版权价值最大。以改革开放前的纪录片素材为例：

$$V_{\min} = 80.196 + (-1.893) + (-2.417) + (-1.476) + (-0.018) + (-0.988) + (-4.262) = 69.142$$
$$V_{\max} = 80.196 + 3.750 + 1.536 + 1.452 + 0.018 + 1.048 + 5.345 = 93.345$$

于是得到改革开放前纪录片素材的版权价值范围为 [69.142, 93.345]。同理，可以得到改革开放后纪录片素材的版权价值范围为 [70.862, 89.101]。上述取值范围仅针对一般意义上的素材，对于那些特别稀缺的素材，其内容版权价值判断应单独考虑。

接下来确定 $P_{\min}(x_1)$ 和 $P_{\max}(x_n)$。假设改革开放前纪录片素材的版权销售价格范围是 2 400 ~ 9 000 元 / 分钟，改革开放后纪录片素材的版权销售价格范围是 1 500 ~ 8 000 元 / 分钟。

利用 SPSS 估计，得到改革开放前纪录片素材的版权价值与价格的线性关系：

$$P = 272.7 \times V - 16\,454.6$$

同样可以得到改革开放后纪录片素材的版权价值与价格的线性关系：

$$P = 356.4 \times V - 23\,753.7$$

若素材资料没有任何价值（$V=0$），会损失前期投入，因此关系式的截距为负值。

在前面的用例分析中，我们根据纪录片素材的版权价值评估模型对《收租院》的部分素材价值做了评估，其价值为 76.332。利用价值与价格的关系可计算出：

$$P = 272.7 \times V - 16\,454.6 = 272.7 \times 76.332 - 16\,454.6 = 4\,361.136\,4$$

即该部分素材的市场交易参考价格为每分钟 4 361 元。

10.5 数字内容产品的定价策略原理

10.5.1 数字内容产品定价的综合考虑因素

马克思在剩余价值论中提到，劳动具有二重性，分别是具体劳动和抽象劳动。具体劳动创造商品的使用价值，抽象劳动创造商品的价值。数字内容产品的劳动价值也分为具体劳动和抽象劳动。数字内容产品的劳动价值（W）包括以下几个方面，分别是 C_1（生产数字内容产品投入的物质材料的价值），C_2（生产数字内容产品投入的信息材料的价值），V_1（无差别人类劳动的体力支出），V_2（无差别人类劳动的脑力支出），M（劳动强度、劳动效率提升后的剩余价值）。

$$W = C_1 + C_2 + V_1 + V_2 + M$$

数字内容产品价格的形成，有四种不同的决定因素。第一，依据劳动价值论，劳动价值论认为价格是在价值的基础上形成的，生产数字内容产品的价值决定了数字内容产品的价格。第二，效用价格论，是指数字内容产品的价格由内容使用后可能或实际产生的效用来确定。"效用"实质上是数字内容产品价值的表现形式。效用价格论的出发点是数字内容产品由于特殊的生产过程，以及凝结的难以衡量的智力劳动成果，而无法用社会化社会必要劳动时间来衡量，也就是无法对数字内容产品的价值形成统一标准。所以效用价格论者认为，数字内容产品的价格需要借助于效用指标来描述。第三，垄断价格论。垄断价格论认为数字内容产品的价格应该由卖者的垄断程度、买者的需求程度以及支付能力来决定。产生这种论断的主要原因是数字内容产品生产具有唯一性。这种唯一性形成垄断。第四，供求价格论。数字内容产品价格的决定因素是供需关系，正是买方和卖方在市场上相互制约决定了数字内容产品的价格。以上任何一种价格理论都在一定程度上对数字内容产品的定价给出了有益指导。综合四种价格论，可以给出数字内容产品定价的关键影响因素。

10.5.1.1 数字内容产品本身因素

数字内容产品的价值，我们也可以认为是抽象劳动和具体劳动所形成的无差别的人类劳动。付出的劳动越多，产品上凝结的精神、智慧、创意越多，其价值就越大，价格也会越高。同时，生产该产品的难度以及风险越大，该产品价值越大。此外，还要考虑生命周期阶段，任何产品从生产到消耗的过程，都有一个生命周期，产品越靠近生命周期的前端，价值越大，价格也越高；越靠近生命周期的后端，说明内容产品已经被消耗了一部分，其剩余价值越小，价格也越低。

10.5.1.2 供求关系

数字内容产品价值的高低，与市场上需求方与供给方的市场实力有关系。当数字内容产品由于稀缺性等原因，供小于求，那么数字内容产品的价格会随着需求方的竞争而提升。相反，如果数字内容产品的传播和使用较为普遍，供大于求，价格自然会下降。

10.5.1.3 消费次数

数字内容产品具有非排他性和非竞争性。当数字内容产品被很多人消费的时候，其暴露次数会增多，内容产品具有的创意、智慧等核心价值会在消费过程中不断被消耗掉。多次转让必然导致价格不断下降，如电视台购买电视剧的二轮播出版权价格要比购买首播版权价格低很多。

10.5.1.4 交易方式

交易方式是指数字内容产品所交易的具体类别。数字内容产品可能包括很多种价值，按不同价值所做的分割对价格会有一定影响。例如，某部电视剧，如果买断其版权的全部所有权，那么价格会比较高；如果只是购买了该剧版权的电视首轮非独家的播放权，则会相对便宜很多。

10.5.2 数字内容产品的定价策略

通常，顾客是否愿意购买某个产品，一方面取决于自身的需求和经济状况，另一方面则取决于其对产品的认知价值，需要综合考虑。

10.5.2.1 定价遵循的基本规律

作为数字内容产品，其价格确定应该是以消费需求为前提、以认知价值为基础、以竞争价格为参照。正确的战略顺序起始点是买方效用（由感知价值引发的需求），产品或服务要有令人信服的理由让大众去消费或购买。内容产品价格的制定具有很强的科学性和目的性。这首先表现在其定价目标上。定价目标一般与媒体组织或平台的战略目标、市场定位和产品特性相关。供给方价格的制定主要是从市场整体来考虑的，它取决于需求方的需求强弱程度和价值接受程度，来自替代性产品的竞争压力程度；需求方接受价格的依据则是内容产品的效用价值和产品的稀缺程度，以及可替代品的机会成本。

定价是否能吸引目标买方也是需要考虑的关键问题，实际的内容产品定价可普遍低一些。也有些特殊的内容产品价格要高于价值，价格的最终确定有很大的政策、社会因素。我国数字内容市场还处于发展阶段，拥有版权内容的组织需要采用相对低价的定价策略来打开市场，再追求利润，目的是收益最大化而不是价格最大化。

当海量数字内容产品或素材进入市场较长时间后，对大部分内容产品来说只有少量顾客使用，平均个体产品需求比较低。首先，对于富有弹性的产品，若价格上升，需求量下降的幅度大于价格上升的幅度，则总收益减少；若价格下降，需求量上升的幅度大于价格下降的幅度，则总收益增加。例如，综艺类电视节目，原创一旦产生，其复制的边际成本变化很小，所以供给的价格弹性可以较大。其次，对那些缺乏弹性的产品，价格高低对需求的影响不大，适宜定较高的价格。这种内容一般分为两类，一类是创意独特的新产品；另一类是极具稀缺性的珍贵资料。

10.5.2.2 卡尔多－希克斯补偿理论

经济学中的卡尔多－希克斯补偿理论，是指在总体利益平衡中通过补偿机制实现次优的平衡方案，即在一方做出某些让步的条件下，实现一种较优的暂时平衡。见图 10-4，假设原来数字内容产品的售卖方与用户的平衡点是 A，按照帕累托最优理论它被移动至 B 点的情况是不被允许的，因为帕累托最优理论是指一项变动使社会上一部分人的境况变好并且其他人境况并不变坏，那么这种变动是可取的。虽然数字

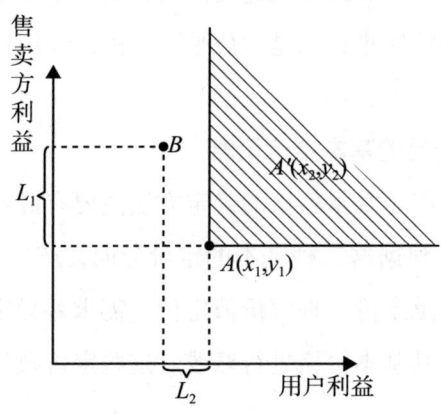

图 10-4　卡尔多－希克斯补偿理论原理图

内容产品售卖方利益增加了，但是用户利益受损。只有在阴影处的移动才被认为是合理的。但是卡尔多－希克斯补偿理论认为，只要售卖方增加的效用 L_1 足以弥补用户减少的效用 L_2，整个社会的总效用是增加的，其值等于 L_1-L_2 之后的剩余值，即新的平衡点 A' 不仅可以在阴影部分移动，还可以在更大范围内移动，条件是满足 $(x_2+y_2)>(x_1+y_1)$ 即可。只要满足这一条件，无论是数字内容产品售卖方的利益还是用户的利益，一方的增加值都足以弥补对方遭受的损失。

无论是作品还是产品，生产出来的最终目的都是要看它能够产生多大的社会效益，即是否体现和实现了公平，是否建立了合理科学的激励机制，是否增加了社会产品的总量，是否促进了文化的延续和发展。在帕累托最优状态下，任何变动都会增加社会的总体利益。因为在帕累托最优状态下的任何变动都不会使任何一方的利益受到损害。如果数字内容产品的售卖方能建立这样一种新的平衡体系，使得在新的平衡点上，较之原来的平衡点售卖方和用户的利益都没有受损，这就是理想的"双赢"或者"多赢"方案。这种结果必然会被双方所接受，因此可以作为构建系统的最终目标。在现实情境下，如果一时无法实现帕累托最优变动，我们可以考虑采用卡尔多－希克斯补偿理论，它允许以牺牲一方的利益来实现短暂平衡。例如，在技术和科技发展还无法使双方利益增加的情况下，就应该考虑法律或管理因素，让已经得利的一方做出让步，适当减少得利方的利益来换取对方利益的大幅度增加，从而实现新的平衡；或者法律和管理应该偏向明显弱势的一方，让对方做出一些让步来弥补该方受到的损失。

因此，合理有效的定价是协调内容提供商与用户之间利益平衡的关键。用户不愿意也不应该为技术带来的数字内容产品的合法使用支付过高的费用。这就要求内容提供商和运营商在维权、保护自身经济利益的同时，要学会以下两点：一是"让利"于民，即让用户直接得到经济实惠；二是"公平"于民，让用户和内容提供商具有平等权利。

10.5.2.3　数字内容产品的基本定价策略

传统市场中的企业对产品基本价格的确定方法主要有成本导向定价、需求导向定价和竞争导向定价三种。根据这三种基本的定价导向，产生了许多具体的定价方法，如成本加成定价、目标贡献定价、理解价值定价、需求差异定价等。此外，企业还可以运用灵活的定价技巧对其基本价格进行修改。这些定价技巧包括心理定价、组合定价、折扣定价等。

在数字经济和电子商务环境下，竞争环境和消费方式都发生了巨大变化。数字化市场与传统市场在市场特征、产品特征和消费者等方面存在巨大差异，需要新的、适合于数字经济环境的定价指导思想和定价策略。数字内容产品的基本定价策略有以下几种。

（1）多重定价。这种定价方法是指生产商对同一信息或内容产品通过不同角度进行分割或组合，赋予不同的价格，从而实现市场细分，如 Windows 产品系列就分为 Professional、Server 等版本。针对数字内容产品，不同的人群对内容的需求和使用方式有很大不同，因此内容提供商和运营商可以针对个体之间的差异性和不同需求，制定不同的价格策略，从而使各类用户都可能去购买内容产品，由此挖掘数字内容资产潜在的巨大价值。这种定价策略细分了市场，可以增加数字内容产品运营商的利润，提高市场效率，具体的定价策略见表 10-7。

表 10-7 多重定价策略

类型	分类依据	收费方式
个性化定价	用户对数字内容需求的不同	根据不同用户的不同特征及其对内容的价值认同来制定不同的价格
	内容具备个性化的特征	
版本定价	数字内容的稀缺性	对于稀缺性较高、具有珍贵价值的内容制定高价；稀缺性较低的产品，由于其容易模仿制作，可以制定低价
	数字内容的质量差异	获取高保真超高清晰的视音频内容需要支付更高的价格
群体定价	目标市场不同	对不同地区的销售制定不同的价格，对经济不发达地区实行价格优惠
	用户不同的消费习惯和能力	

（2）捆绑定价。捆绑定价是指将同类内容产品捆绑在一起以低于单价总和的价格进行销售。例如，在线销售整张音乐 CD 的价格低于将 CD 中的每首歌曲分开单卖的价格。捆绑定价最大的优点就是它不仅减少了用户支付意愿的分散，增加了内容提供商的销售收入，还提高了用户的福利水平。此外，内容提供商还可以允许用户在数字内容产品库中自由选择组合，进行定制捆绑购买。

捆绑定价销售策略很适合于在线内容产品的营销，原因如下。

①在线内容产品更容易打包销售。互联网可以以最低的交易成本将内容重新组合、分类或者打包，允许内容提供商通过提供高度个性化产品更好地为消费者服务。同时，内容提供商可以采取不同版本的策略，或者为目标消费者创造具体的捆绑

产品包。

②网络能以低成本降低消费者和内容提供商之间的摩擦。以在线音乐的销售为例，消费者更容易挑选和创造自己所需要的产品组合，指定产品捆绑的需求。

③在监控消费者行为和收集消费者资料时减少了成本。在线消费行为可以很方便地被记录下来，从而内容提供商很容易监控消费者的实际使用情况，收集消费者的有关信息，帮助内容提供商更好地开发捆绑销售策略。

④可以使内容提供商更好地评测绩效，如可以实时评估定价策略。

（3）拉姆齐定价。拉姆齐定价（Ramsey Pricing）是指一系列高于边际成本的最优定价策略。当某一商品或服务的价格提升所产生的净损失小于运用额外收入所产生的净收益，就会提高经济效益。拉姆齐定价适用于受管制的企业（如公用事业，其利润最高额是受限制的）和非营利企业（期望能补偿成本）。例如，在信息机构提供的一系列信息商品中，既有核心业务，也有一般业务，且具有不同的投入产出函数特性。核心业务是信息机构存在的主要价值所在，具有较大的消费者效用系数，能给消费者带来更多满足和消费者剩余，因而具有较大的社会效益，需要信息机构切实提高其质量和水平；一般业务是提升核心业务水平的附加业务，更多的是向信息机构提供经济效益。拉姆齐定价充分把握信息商品的特点，合理利用两种业务的不同，通过对一般业务收取高于边际成本的费用，将额外收入用于资助核心业务的发展，使一般业务价格提升产生的消费者剩余净损失小于运用额外收入产生的消费者净收益，从而增加消费者剩余，提高资源配置效率。

10.5.2.4　面向网络营销的渗透定价策略

渗透定价策略主要是根据数字内容产品特殊的成本结构和网络外部性特点制定价格，着眼于内容产品的长期收益，在进入市场初期时采取低价格、零价格甚至负价格进行产品营销。数字内容产品具有可复制性、可共享性、可创新性等特点，某些需求弹性较大的内容产品（如综艺类节目）出现的相似产品很多。内容的丰富性产生了注意力的分散，如何培养消费者的注意力、锁定特定群体的消费者成为数字内容产品网上营销的关键所在。因此，数字内容产品在网上营销初期，要取得消费规模效应。而渗透定价是开拓市场的重要方法，目的是让消费者获得使用产品的"经验"，形成对产品的偏好和认可，培养消费者对产品的忠诚度。

渗透定价策略主要分为完全免费策略、部分免费策略和限制免费策略三种。

（1）完全免费策略。完全免费策略是指数字内容产品完全免费。完全免费的产品是无差异化的产品。例如，有的视频网站的部分影视剧是可以免费观看的。大多数情况下，免费数字内容产品提供商主要收入来源是广告。因此，这些提供商能够获得消费者的流量越大越好。当我们在某些视频网站上收看免费节目时，在节目的前后甚至中间会出现一些广告内容，观众点击率越高，广告效益就越好，内容提供商所获得的广告收入也就越高。

（2）部分免费策略。由于消费者对数字内容的质量确定都是事后认知，因此内容提供商为了方便消费者对内容产品的认识和了解，先免费提供一些内容片段。例如，免费提供电视剧、电影片花或部分情节以供消费者购买参考。当消费者对该内容产品产生观看欲望时，再付费购买完整的节目内容。

（3）限制免费策略。限制免费策略是指信息产品可以被免费下载，但是消费者使用它要受到一定的限制。这种限制主要表现为两种：一种是使用期限，就是说这类信息产品（如某种有用的软件）只能让消费者在下载之后免费使用一段时间并且时间比较短，如一个月左右，超过了这个时间如果消费者有继续使用的需求就要对该产品付费；另一种是使用次数，它规定了消费者只能免费使用产品几次，超过了这个次数如果要继续使用就需付费。这种限制可以通过数字技术或者法律手段来实现。

渗透定价策略是在网络营销推广阶段的一种有效方法，当网站积累起一定的人气，并且内容提供商所拥有和提供的内容确实能给消费者带来较大效用价值时，内容提供商就可以对那些优质内容产品（如优秀的正版电影和电视剧）进行必要的定价销售。这时内容产品价格主要由该产品对用户的效用价值及市场等其他外部因素共同决定。对于视频网站而言（如爱奇艺、优酷视频、腾讯视频等），其提供了大量优质内容，且经过多年经营已积累了数量可观的忠实用户，目前普遍采用会员制，用户通过付费购买会员资格来获得观看该视频网站内容的权限。

10.6　本章小结

商品经济的价值规律是价值决定价格，价格围绕价值上下波动。应建立在价值评估的基础上，并结合现有市场的实际情况最终确定合理的价格。本章的核心要点如下。

（1）数字内容资产管理的核心是资产的价值管理，包括价值管理过程、价值特性、价值管理结构，集中于对资产价值的认识、保护和开发的动态管理等。价值管理是媒体组织为实现数字内容资产价值最大化目标，实施以价值评价为基础、以提升价值效率为导向的综合性管理模式。

（2）基于用户意愿、成本、供需方、收益、市场法这几种内容产品的定价方法，每种方法都有自己的特点和适用范围，但不能完全适用于数字内容产品定价。原因是数字内容产品交易尚处在一个不成熟的市场中，不存在完全竞争的市场条件。需求方一般是节目制作单位、广播电视播出机构或视频网站，并不直接面向个人消费者。从二次创作的角度考虑，除原有制作成本外，智力资本、稀缺性、社会价值、价值成长性等要素均是其价值形成的关键因素。这些特点在这几种定价方法中并没有完全体现出来，因此需要对原有定价方法进行创新性发展。

（3）数字内容产品应该依据顾客的感知价值进行定价，可以采用基于顾客感知价值的结合分析法定价模型。其基本原理：通过对数字内容产品的相关市场需求数据开展调研并细分顾客市场，运用模拟市场估价的方法，对相关顾客的感知价值进行调查，并运用结合分析法，建立数字内容产品的定价模型，以确定不同类型的内容产品的效用值大小，并将其作为定价依据。

（4）数字内容产品价格的形成有着不同的决定因素，关键影响因素有以下几点：①数字内容产品的价值因素，如产品凝结的智慧、创意多少、制作的难易程度等；②市场供求关系及稀缺程度；③数字内容产品被消费的次数；④购买数字内容产品版权的交易方式。数字内容产品的基本定价策略有多重定价、捆绑定价、拉姆齐定价等；面向网络营销的渗透定价策略有完全免费策略、部分免费策略、限制免费策略等。

因此，要最大化数字内容资产的价值，就必须依照数字内容资产的特性进行价值管理，首先对数字内容资产的价值进行测算，明确不同类别数字内容资产的价值大小。在此基础上，制定出各类数字内容产品的价格体系和定价策略。只有这样，才能为数字内容产业链的开发和销售提供依据。

思考题

1. 数字内容资产的产权特性有哪些？
2. 作为电视节目这类内容产品，其价值衡量要考虑哪些基本因素？
3. 数字内容产品可以采用哪些定价方法？每种方法有什么特点？
4. 基于顾客感知价值和结合分析法定价的实现过程是什么？结合有关案例加以说明。
5. 数字内容产品定价的关键影响因素有哪些？基本的定价策略又有哪些？

第 11 章 数字内容产品交易平台

数字内容资产开发应用是传统媒体和新兴媒体迫切需要解决的关键问题，涉及内容的合法采集、传播、交易、保护等产业链中的各个环节，而构建和完善好数字内容产品交易平台是推动媒体融合、增强我国文化软实力的有效手段。2019 年，习近平在十九届中共中央政治局第十二次集体学习时强调，推进媒体融合发展，要坚持一体化发展方向，通过流程优化、平台再造，实现各种媒介资源、生产要素有效整合，实现信息内容、技术应用、平台终端、管理手段共融互通，催化融合质变，放大一体效能，打造一批具有强大影响力、竞争力的新型主流媒体。在媒体融合背景下，坚持"内容为王"，通过数字内容交易平台有效的运营模式，可以促进传统媒体与新媒体一体化、多元化的发展进程。本章重点讨论了数字内容产品交易平台的双边市场，交易平台的基本业务体系和功能、定价策略和盈利模式，第三方交易平台与数字内容提供商之间的收入分配模式等问题。

11.1 数字内容产品交易平台的双边市场结构和特征

从市场营销的角度看，商品交易市场的形成需要具备一些基本条件。这些条件包括：①消费者（用户）：存在用户需要或欲望，用户拥有可支配的交换资源。②产品或服务：提供能够满足消费者（用户）需求的产品或服务。③交易条件：要有促成交换双方达成交易的各种条件，如双方接受的价格、时间、空间、信息和服务方式等。因此，交易条件对促成双方达成交易是至关重要的。

在现实经济活动中就存在一类提供交易条件的"平台"企业，它们通过制定不同的价格策略向两边用户提供相互补充的产品或服务，促使两边用户在该平台上达成交易，平台企业则从中收取某种形式的费用。我们把具有这种市场结构形态的产业市场归属为"双边市场"。双边市场通常分为三种基本类型：一是市场创造型，如电子商务、房屋中介等平台，增加了买卖双方配对成功的可能性并且提高了搜索交易对象的效率；二是受众创造型，主要职能是吸引观众、读者和网民，这样企业才会愿意到平台上发布广告和产品信息，如电视、报纸、杂志、网站等；三是需求协调型，这种类型使得两边用户的需求在该平台上得以实现，如Windows操作系统、银行卡系统、移动增值业务平台等。

我国各类媒体组织、媒体资产管理系统的建立，为数字内容产品的在线交易创造了条件。为了满足内容产品需求方和供给方的交易需求，我们亟待建立完善的数字内容产品交易体系，以更好地促进内容产业的快速发展。在这样的交易体系中，数字内容产品交易平台具有关键作用，它将内容产品交易的买方和卖方连接起来。这样交易平台就具有了明显的双边市场特征。

11.1.1 数字内容产品交易平台的双边市场基本结构

目前，我国数字内容产品交易市场还处于不太成熟的初期阶段，但是其产业价值链结构已经较为完整。该产业具有双边市场的特征：①交易平台充当中介角色，为两类截然不同的客户（内容提供商和内容需求方）建立联系；②交易平台两边的用户通过平台产生交易，获得各自利益，平台为此收取一定的费用。在价格总水平不变的情况下，交易平台通过优化价格结构，向内容需求方征收特定费用，并与内容提供商按照一定的比例分成，各方的收益随着加入该平台的用户数量的增加而水涨船高。

数字内容产品交易平台的双边市场特征可抽象为图11-1的基本结构。该交易平台只是向内容提供商和内容需求方提供接入服务的中介平台，真正的交易活动是在内容提供商和内容需求方之间进行的，内容提供商通过交易平台制定内容产品的销售价格。交易平台的功能就是将尽可能多的两边用户吸引至平台，并为两者的交易创造条件、提供服务，以使交易量不断增加。实际上，双边市场结构中的交易平台是其核心部分，平台的行为对于用户行为以及平台的定价策略、市场份额等有着重要影响。

数字内容产品交易的双边市场存在三个主体的相互作用，如图11-1所示。

（1）交易平台。交易平台向两边用户提供基础平台服务，定位是"信息中介+服务提供商"。首先，交易平台是一个交流和买卖的平台，它整合了内容提供商和内

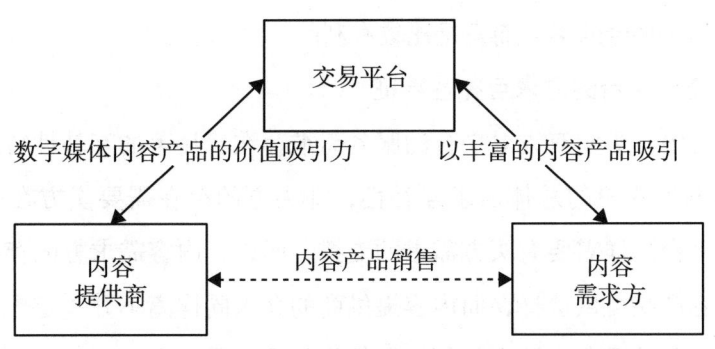

图 11-1 数字内容产品交易平台的双边市场结构

容需求方的信息和资源；其次，交易平台为接入平台的双方提供稳定、高质量的网络平台，提供个性化、方便快捷的会员制服务。交易平台则通过它所提供的服务向双边用户收取适当的服务费。

（2）内容提供商。内容提供商是双边市场中的"卖方"。它的基本定位是针对不同的组织及个体消费者的需求，挖掘、设计、开发、创新内容产品。内容提供商不仅向内容需求方提供已有的高质量内容产品和素材，还会有意识地进行市场调研，根据需求方的反馈进行相应的内容产品创新和开发。

（3）内容需求方。内容需求方构成双边市场中的"买方"市场。需求方根据不同内容提供商提供的数字内容产品，选择满足自己需求的产品。内容需求方的效用随着加入平台的内容提供商的增多而增大。

11.1.2 数字内容产品交易平台的双边市场特征

11.1.2.1 交易平台的网络外部性特征

在数字内容产品交易平台的市场中，存在交叉网络外部性和自网络外部性，这是由内容提供商和内容需求方交互活动的相互影响产生的。内容提供商在交易平台上提供的内容产品越丰富，质量越高，到平台上消费的用户就会越多，内容提供商所获得的价值就会越大。此时内容提供商也就越愿意向该平台提供内容产品。因此，在内容产品交易平台中，一边用户规模的变化与另一边用户接入平台的意愿或效用存在正相关性，这就是内容产品平台的交叉网络外部性的表现。一般而言，内容产品交易平台的交叉网络外部性是正的。

在内容产品市场中，另一种网络外部性就是自网络外部性。接入平台的卖方数量越多，他们面向终端用户的竞争就会越激烈，从而导致他们交易成功的可能性降低，因此这种卖方的自网络外部性通常都为负，而内容产品平台交叉网络外部性告诉我们，这一情况对于平台的买方而言是比较有利的。

11.1.2.2 交易平台的需求互补性特征

在交易平台中，买卖双方对平台的服务需求存在着显著的互补性特征。这种互补性指的是平台两边用户的总体需求互补性，即买方的存在需要卖方在平台上同时出现，卖方接入平台同样需要有买方需求的支撑。所以，内容需求方的存在需要平台上有足够多的内容产品可供选择，而内容提供商的介入同样离不开一定数量内容需求方的存在。因此，交易平台中缺少任何一方都将阻碍交易的实现，进而使另一方接入平台的需求变得毫无意义。

11.2 数字内容产品交易平台的业务体系和功能结构

11.2.1 交易平台的基本业务体系

数字内容产品交易平台的业务体系主要由四个部分构成：①基于云平台建设数据存储中心，为数字内容产品交易服务提供强大的技术支持；②拓展与内容生产商、渠道商的合作范围，聚合国内外数字内容版权资源，形成多种产品和服务，丰富数字内容产品库；③建设功能强大的数字产品交易服务平台，为数字产品服务提供完善的电子商务运营环境；④加强内容提供商与内容需求方之间的价值双向转化，形成平台的核心竞争优势。

在内容产业链的上游，数字内容产品交易平台与国内外影视节目制作公司、电视台等媒体构建内容产品销售分成的盈利模式，通过与它们的业务对接、资源互换、渠道共享，为众多内容提供者打通海内外的销售渠道。在内容产业链的下游，数字内容产品交易平台面向国内外各类媒体机构、视频平台和个人用户开展内容产品销售，还可以将数字内容产品进行深度加工，利用内容拆解、内容重组、专业分类、编目、检索、翻译等构建多元化数字内容产品服务体系。换言之，数字内容产品交易平台就是以内容资源为基础，形成内容聚合、数字化处理、增值开发、信息和内容产品创新、版权贸易等多种功能集于一体的数字内容产品综合服务体系。

数字内容产品交易平台的高效运营，需要一支强大的用户服务团队，并需要运用大数据技术对每个地域、每种类型的用户行为进行信息采集、调查分析，逐步形成强大的用户数据库。系统化客户关系管理系统，可提升营销效率，进一步扩大平台的话语权和市场份额。平台与客户形成的"黏性"关系，反过来可以促进交易平台与上游内容提供商的协商、合作和交易，在双边市场中形成较强的交叉网络外部性。交叉网络外部性主要指在交易平台中，一边用户规模的变化对另一边用户接入平台的意愿或效用产生影响，两者之间存在正相关性。而要形成这种正向的交叉网络外部性必须有足够的数字内容资源，以形成强大的规模效应。

11.2.2 交易平台的功能结构

数字内容产品交易平台是向内容提供商和内容需求方提供接入服务的一个第三方平台，主要功能是提供信息服务、数字内容版权代理、相关增值业务等，进而促成供需双方达成交易。图 11-2 所示的结构涉及内容提供商、交易平台和内容需求方三方，也可以有第四方（版权担保机构等）的加入，它在此起到监督其他三方的作用，保证数字内容产品的正常流通和各方权益。

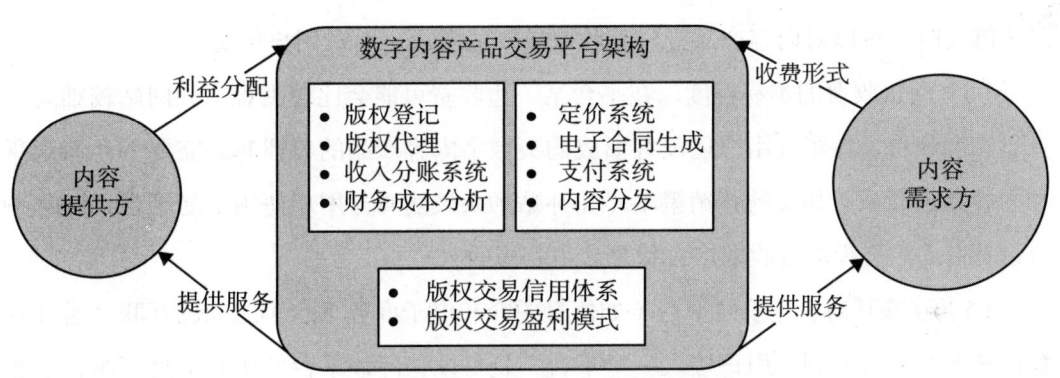

11-2 数字内容产品交易平台的基本框架

交易平台为内容提供商和内容需求方所提供的服务包括登记注册、安全认证、版权代理等，还包括电子支付、电子合同文档自动生成、数字内容自动分发、收入自动分账等。内容需求方可在交易平台上根据自身需求选择版权使用方式、支付方式等，通过交易平台的支付系统完成数字内容产品付费。此时平台将生成具有法律效力的电子合同文档，并规定内容提供商和内容需求方的权利，相应的数字内容产品也会即时传向内容需求方。

由此可见，数字内容产品交易平台的目标就是将尽可能多的内容提供商和内容需求方吸引至平台，提高双方的搜寻效率，让双方都可以轻易接触到交易的潜在对象，共享平台服务产生的价值。

11.3 数字内容产品交易平台的定价策略和盈利模式

11.3.1 交易平台定价的影响因素分析

一般认为，影响双边市场定价策略的因素包括以下几个方面。

（1）两边的需求价格弹性。双边市场定价往往会对弹性较小一边的价格加成比较高，对弹性较大的一边价格加成比较低，如对内容产品提供商收取较高的费用，对购买方收取较低的费用，或者对购买方免费，此时通过广告商的收入进行补贴。

（2）收回成本。交易平台的固定成本投入一般都比较高，作为经营性平台，应该在一定时间收回投入的成本并实现盈利。

（3）网络外部性。网络外部性越强，平台两边定价的不对称性就会越严重。在追求强网络外部性的条件下，平台的一边甚至可能出现负价格。例如，当用户一边的数量足够大时，可以对内容产品提供商收取较高的费用，而对用户免费。

（4）两边收费的难易程度。在平台某一边收费可能会比较困难，如网站较难向网页浏览者收费。在买方用户还没有形成购买数字内容产品的习惯时，需要平台运营商和内容提供商采取相应的营销策略（如补贴）来鼓励买方用户使用交易平台，同时平台运营商向广告投放者收取广告费来获得相应收入。

（5）互联互通。竞争性平台（如信息中介和电子商务平台）之间的互联互通可以提高效率和社会福利，用户接入一个平台，就可以访问该平台的所有信息资源，增加买方用户的选择范围。从平台定价角度看，平台为了收回互联互通的成本，通常会提高收费价格。

11.3.2 交易平台不同发展阶段的定价策略

交易平台定价的核心因素就是双边用户规模产生的网络外部性。网络外部性的强弱会随着平台发展、平台两边用户规模的变化而变化。因而平台不同的发展阶段对于定价策略的选择也是不同的。从交易平台的双边市场特征来看，其发展阶段可分为成长期和成熟期，也可以说是客户聚集阶段和稳定发展阶段。

11.3.2.1 客户聚集阶段的定价策略

在初期的市场培育阶段，交易平台上两边的用户都多，并且无法判断需要优先聚集哪边的用户，因此在初期阶段，要采用适当的价格策略引导，如采取免注册费等方式，交易平台主要通过收取交易费来实现盈利。

在双边客户聚集阶段，如果不采用适当的价格策略引导，由于交易平台双边自发发展起来的用户规模都还相当有限，双边用户通过交易平台获得的效用不显著，平台对双边用户来说还没有足够的吸引力。因此在客户集聚阶段，平台运营商必须解决平台内容提供商和内容需求方两边网络规模互相牵制的问题。

基于经济学的均衡理论，交易平台一边用户会因为另一边用户网络规模过小而无法进入稳定的大网络均衡区域。因此，无论是出于双边交易的内容供给方和需求方的利益，还是交易平台的自身利益，平台运营商在发展之初，都应尽可能以低收益来扩大其网络规模。平台的定价策略是解决这一问题的关键。因此，平台运营商应尽可能地通过宣传和承诺内容提供商的预期规模来吸引其消费者，同时给予内容需求方某些内容免费试用、捆绑赠送等补贴方式，免除需求方对交易平台的使用费，以吸引更多的内容需求方登录到交易平台上来，逐渐培养内容需求方通过平台购买内容产品的习惯。

所以，在双边客户聚集阶段，平台运营商的目标是要在适当的成本控制下尽快聚集更多双边用户，使内容提供商和内容需求方突破不稳定的关键点，进入网络均衡区域。该阶段的定价策略见表11-1。但需要注意的是，一般交易平台实行免费或补贴的时间不能太长，否则平台运营将难以维持。

表 11-1　交易平台客户聚集阶段的定价策略

	定价策略		注意事项
	内容需求方	内容提供商	
客户聚集阶段	以免费、补贴策略为主。通过免费的策略吸引大量用户，增加平台的网络外部性	少量费用或免费，吸引和聚集内容提供商，增加可提供内容产品的数量	在聚集客户阶段，平台以快速扩大用户规模为主要目标，优先补贴和聚集网络外部性强的一边。但此阶段不宜太长，否则交易平台难以支持

11.3.2.2　稳定发展阶段的定价策略

当交易平台双边用户聚集到一定临界规模、进入稳定发展阶段后，内容提供商和内容需求方都会相对稳定在一定的数量上。由于网络规模的扩大，扩大的交叉网络外部性使双边客户都可以获得相当的利益。对于平台来说，此阶段目标是在提供好服务的基础上追求利润最大化。这时，交易平台必须制定向内容需求方和内容提供商收取使用费用的收费策略，否则平台没有利润将难以持续运营。对平台两边的内容需求方和内容提供商可采取收取注册费或交易费，或注册费加交易费两步制收费的策略。该阶段的定价策略见表11-2。随着用户规模的扩大和交易次数的增加，可降低注册费以逐步吸引更多用户到平台上注册，平台应逐步转向通过收取交易费盈利，同时降低平台的单位交易费率来吸引用户在平台上增加交易次数。

表11-2 交易平台稳定发展阶段的定价策略

	定价策略		注意事项
	内容需求方	内容提供商	
稳定发展阶段	注册费	注册费	对双边用户采取一次性收费的策略将不利于新用户的进入
	交易费	交易费	按照内容产品的交易量收取费用，一般来说随着交易次数的增多，交易费用应适当降低。这种策略有利于鼓励用户进行交易
	两步制收费：（注册费+交易费）	两步制收费：（注册费+交易费）	当平台提供的服务对双边用户具有较高的价值时，可考虑采取两步制收费，即结合注册费和交易费两种方式（缴纳注册费后还需要为单次交易付费）。此种定价策略可提供"会员免交易费"的产品来吸引用户注册

总之，数字内容产品交易平台的定价策略应首先以提升服务、吸引更多客户为出发点，然后考虑盈利问题。平台不论采用注册费、交易费、两步制收费哪种具体组合策略，都要注意把握一边的资费费率水平与另外一边用户的网络外部性强度和用户规模的关系，实施中应根据交易平台发展的具体特征，适时调整策略，以产生规模效应。

11.3.3 交易平台盈利模式的要点问题

作为付费方的各类用户仍然是交易平台的主要收入来源。一般来说，机构用户普遍对价格的敏感度较低，价格弹性对其刺激较小，愿意为增值服务买单，是平台的主要目标客户。但是不论是机构用户还是个人用户，交易平台的盈利模式都应结合平台发展的不同时期来确定，基本原则如下。

（1）依据经济学的均衡理论，在双边交易市场中，一边用户会因为另一边用户的网络规模过小，而无法进入稳定的大网络均衡区域，所以交易平台在发展初期，应尽可能以低收益甚至补贴模式来扩大其网络规模。可以制定由平台和机构用户作为补贴方、个人用户或小的机构用户作为被补贴方的策略。交易平台初期的补贴模式是促使平台生态圈成长的关键策略之一。

（2）在初始的进入期，交易平台应通过免注册费用、降低交易费率来刺激平台双方用户的交易意愿，再通过改进平台的匹配技术来刺激用户在平台的交易次数。这个阶段的重点是市场培育，加强客户的聚集能力，增加用户"黏性"。广告位售卖也可以成为此阶段利润之一，但要注意广告商的选择应与交易的内容产品相匹配。

（3）注重核心用户的培养，深入了解用户的需求并保持与用户的良好互动。随着交易平台的成长和知名度的提高，交易平台应着手差异化战略和朝向增值服务方向发展，并逐渐设置不同的收费方式，原来的被补贴方也将逐步承担相应费用，如收取适当的会员费等。增值服务可以多样化，既可以为内容提供方提供版权价值评估、检索关键字设置等服务，又可以为内容需求方提供个性化推荐、套餐折价等服务。增值服务还可以融合当下的主流技术，如智能媒体技术，创造全新的用户体验。

（4）从战略规划的角度审视，交易平台的发展旨在扩大规模，其核心竞争力在于掌握的核心资源和技术，并有足够的能力和条件吸引内容产业链的上游来提供内容。对内容的创作者和版权拥有者而言，平台是内容交易和变现的关键渠道，平台不但可以提高交易效率，还可以提升顾客的购买体验，并利用大数据技术平台可实现更大程度上的精准营销。在平台运营达到规模效益后，平台应引导版权拥有者投入更多体验式产品的预算，这样可以使他们的利润弹性变大。

（5）交易平台无论是内容资源还是用户资源都必须积累到一定规模才有可能实现盈利。交易平台应不断积累用户信息和行为特征，建立客户关系管理数据库，开展针对性的用户行为分析，并把数据挖掘和大数据分析技术列入初期的重点开发计划。这将使平台企业在长期竞争战略中获得主动权。

（6）不同的客户对服务的需求各不相同，有的关心内容质量、内容时长，还有的关心内容的时效性、交易的便捷性等，因此交易平台还要考虑价格结构问题。设计复杂的服务功能来满足多方需求对平台发展至关重要，但平台在这些技术功能和服务水平上的提升，会使其成本大大增加。因此，除了针对不同类型的客户开发新产品或组合成不同产品，应最大限度地实现相同产品的多次销售，以有效降低运营成本，实现利润最大化。大多数机构用户更加关注整体效益的最大化，即使有替代品出现，它们也愿意为最好的产品和最好的服务支付溢价，因此机构用户的忠诚度相对较高，需求较为稳定；而个体用户更加倾向于接受满足他们基本需求的低价内容，有时为了追求低价而愿意放弃某些需要付费的服务。因此，交易平台需要对用户需求进行细分，并能够提供差异化产品，相应地对价格结构进行划分。如果对规模较大的机构用户和小的媒体用户，甚至个人用户采取单一的定价标准，交易平台就会面临要么承担较低的利润，要么承受较低的市场份额的后果。

11.4 第三方交易平台与数字内容提供商之间的收入分配模式

在以视音频节目内容资产为代表的媒体内容产业价值链中，上游企业扮演着拥有内容版权的内容提供商角色，而下游企业包括影视制作公司等内容需求方。第三方交易平台在这一过程中发挥着重要的信息对接与价值转换作用。

在图 11-1 的数字内容产品交易平台的市场结构中，交易平台是向内容提供商和内容需求方提供接入服务的一个第三方平台，主要作用是提供信息服务、促成供需双方达成交易。交易平台的目标就是将尽可能多的双边用户吸引至平台，减少双方的搜寻成本，使双方可以在更大范围内接触交易的潜在对象，并为两者的交易创造条件、提供服务，从而使双方都享受到价值。

在这样的市场结构中，内容提供商和内容需求方构成了市场形成的核心参与者，而处于领导地位的交易平台具有技术优势和行为主动性，是创造收入的重要力量。因此，首要任务是处理好交易平台与上游内容制作方或提供商之间的收入分配模式，它是整个内容产业链健康、稳定发展的关键因素。下面将通过构建对称信息下和非对称信息下的收入分配模型，揭示交易平台构建的基本原则。

11.4.1 对称信息下的收入分配模型

对称信息下，交易平台能够观察到内容提供商的努力程度。内容提供商将拥有版权的各类数字内容交给交易平台，交易平台通过提供给下游客户相应的内容服务来获取收益。

用 π 表示总收益，它与双方的投入及市场情况有关；

f 表示事件发生的概率，即交易平台获得总收益为 π 时的概率；

$s(\pi)$ 表示内容提供商获得的收益，假设双方签订线性提成合同，即 $s(\pi) = s_0 + b \times \pi$，

其中 s_0 为固定报酬；

α 表示内容提供商付出的、可以观察的努力，如所提供内容制作的精良程度、价格优势、品牌影响力等；

c 表示内容提供商付出的、可以观测到的成本，如所提供节目内容的时长等；

v 表示交易平台获取收益给交易平台带来的效用；

u 表示内容提供商获得收益给企业带来的效用，v 和 u 是利润的单调增函数；

$\bar{u}$ 表示保留效用，即内容提供商若不将节目内容交由交易平台获得收益带来的效用。

信息对称条件下的收入分配模型：使交易平台在一定约束条件下实现自身期望效用的最大化。

$$\max_{s(\pi)} \int v[\pi - s(\pi)] f(\pi, a) \mathrm{d}\pi$$

$$\text{s.t.} \int u[s(\pi) - c] f(\pi, a) \mathrm{d}\pi \geq \bar{u}$$

构造拉格朗日函数：

$$L[s(\pi)] = \int v[\pi - s(\pi)] f(\pi, a) \mathrm{d}\pi + \lambda \left\{ \int u[s(\pi) - c] f(\pi, a) \mathrm{d}\pi - \bar{u} \right\}$$

对 $L[s(\pi)]$ 求导，并令其为零，得到：

$$L'[s(\pi)] = (-1) v'[\pi - s(\pi)] f(\pi, \alpha) + u'[s(\pi) - c] f(\pi, a) = 0$$

最优化一阶条件如下：

$$\frac{v'[\pi - s^*(\pi)]}{u'[s^*(\pi) - c]} = \lambda$$

于是得到不同收益情况下双方效用的关系式：

$$\frac{v'[\pi_1 - s^*(\pi_1)]}{v'[\pi_2 - s^*(\pi_2)]} = \frac{u'[s^*(\pi_1)]}{u'[s^*(\pi_2)]}$$

即不同状态下的边际替代率对交易平台和内容提供商是相同的。这是典型的帕累托最优条件。

由此得到结论一：帕累托最优配置原则。在对称信息下交易平台和内容提供商在不同状态下收益间的边际替代率相等。

如果交易平台是风险中性的，即 v' 是常数，则 $u'[s^*(\pi_1)] = u'[s^*(\pi_2)]$，有 $s^*(\pi_1) = s^*(\pi_2)$。它意味着最优的收益分配方式：内容提供商在各种状态下获得的收益都是相同的，交易平台承担全部风险。

11.4.2 非对称信息下的收入分配模型

通常情况下，交易平台不能观测到内容提供商的行为，即存在信息不对称性。内容提供商的行为一般有两种：一是可以观测到的行为，由其能力（资源）决定，与努力程度无关；二是不可观测的行为，是由内容提供商的努力程度决定的。

交易平台的主要任务是整合内容资源，寻找下游客户，提供版权买卖服务，实现价值最大化。它是面向产业价值链各合作方开放的，其行为特别依赖主观努力。交易平台的成本，如搭建平台、存储设备、网站维护、人力资本等是固定投入，不因每笔交易而增加。因此对于内容提供商来说，交易平台行为的不可观测性更大。为了方便计算，假定交易平台的成本全部是不可观测的行为导致的。

11.4.2.1 基本模型

假设 α_1、α_2 分别表示交易平台和内容提供商付出的努力程度，成本与努力程度成正比，并可以用努力程度代替成本给企业带来的基本效用。

交易平台的成本，即不可观测到的成本为 $c_1(\alpha_1)$。

内容提供商的成本由两个部分组成：努力程度决定的不可观测成本 $c_2(\alpha_2)$ 和可观测行为决定的成本 c_0，其中 $c_1'>0$，$c_1''>0$，$c_2'>0$，$c_2''>0$。

假设 θ 是指与企业努力程度无关的外生随机变量，表示所有条件决定的市场情况。f 是概率分布函数。

交易平台和内容提供商选择努力程度 α_1、α_2 后，考虑外生变量 θ，共同决定总收益 $\pi(\alpha_1, \alpha_2, c_0, \theta)$。

π 是 θ 严格增函数（较高的 θ 代表有利的自然条件），是 α_1、α_2 的严格递增凹函数。

交易平台与内容提供商依然签订线性提成合同：$s=s_0+b\times\pi$。其中 s_0 为固定报酬。

交易平台所得利润：$R=\pi-s(\pi)-c_1(\alpha_1)$，此时，交易平台的效用函数为 $v(R)$，且有 $v'>0$，$v''<0$。

合作企业所得利润为 $W=s(\pi)-c_2(\alpha_2)-c_0$，相应的效应函数为 $u(W)$，且有 $u'>0$，$u''<0$。

非对称信息下收入分配模型的思想：以最大化交易平台期望效用作为收入分配模型的目标函数，将内容提供商期望效用最大化作为约束条件。

其中，约束条件包括两个部分：第一，任何企业都希望通过合作提高自己的效用，没有企业愿意为降低自己效用来合作，所以，在交易平台上注册的内容提供商的期望效用应该大于保留效用。假设内容提供商不加入交易平台获得的收入为 W_0，相应的保留效用为 $u(W_0)$。第二，在任何收入分配机制下，内容提供商会选择自身的努力程度，从而使自身期望效用最大化。

此时收入分配模型可以表示如下：

$$\max_{s(\pi)} \int v(R) f(\pi, \alpha_1, \alpha_2) \mathrm{d}\pi$$

$$\mathrm{s.t.(IR)} \int u(W) f(\pi, \alpha_1, \alpha_2) \mathrm{d}\pi \geq u(W_0)$$

（IC）求 α_2，使 $\int u(W) f(\pi, \alpha_1, \alpha_2) \mathrm{d}\pi$ 最大。

代入努力程度和成本之后：

$$\max_{s(\pi)} \int v\big[\pi(\alpha_1, \alpha_2, c_0, \theta) - s(\pi) - c_1(\alpha_1)\big] f(\pi, \alpha_1, \alpha_2) \mathrm{d}\pi$$

$$\mathrm{s.t.(IR)} \int u\big[s(\pi) - c_2(\alpha_2) - c_0\big] f(\pi, \alpha_1, \alpha_2) \mathrm{d}\pi \geq u(W_0) \qquad (11-1)$$

（IC）求 α_2，使 $\int u\big[s(\pi) - c_2(\alpha_2) - c_0\big] f(\pi, \alpha_1, \alpha_2) \mathrm{d}\pi$ 最大。

11.4.2.2　模型分析和结论

IC 约束亦是一个最大值问题，可以用这个最大值问题的一阶条件代替条件（IC）。IC 条件的一阶形式如下：

$$\int \big\{ u\big[s(\pi) - c_2(\alpha_2) - c_0\big] f_{\alpha_2}'(\pi, \alpha_1, \alpha_2) + u'\big[s(\pi) - c_2(\alpha_2) - c_0\big](-1) c_2'(\alpha_2) f(\pi, \alpha_1, \alpha_2) \big\} \mathrm{d}\pi = 0$$

以此式来代替（IC）条件。

求解（11-1），构建拉格朗日函数：

$$\begin{aligned}
L\big[s(\pi)\big] = & \int v\big[\pi(\alpha_1, \alpha_2, c_0, \theta) - s(\pi) - c_1(\alpha)\big] f(\pi, \alpha_1, \alpha_2) \mathrm{d}\pi \\
& + \lambda \Big\{ \int u\big[s(\pi) - c_2(\alpha_2) - c_0\big] f(\pi, \alpha_1, \alpha_2) \mathrm{d}\pi - u(W_0) \Big\} \\
& + \mu \Big\{ \int \big\{ u\big[s(\pi) - c_2(\alpha_2) - c_0\big] f_{\alpha_2}'(\pi, \alpha_1, \alpha_2) \\
& \quad + u'\big[s(\pi) - c_2(\alpha_2) - c_0\big](-1) c_2'(\alpha_2) f(\pi, \alpha_1, \alpha_2) \mathrm{d}\pi \big\} \Big\} \qquad (11-2)
\end{aligned}$$

求导，并令其为零，得到：

$$\begin{aligned}
L'\big[s(\pi)\big] = & v'\big[\pi - s(\pi) - c_1(\alpha_1)\big](-1) f(\pi, \alpha_1, \alpha_2) + \lambda \big\{ u'\big[s(\pi) - c_2(\alpha_2) - c_0\big] f(\pi, \alpha_1, \alpha_2) \big\} \\
& + \mu \big\{ u'\big[s(\pi) - c_2(\alpha_2) - c_0\big] f_{\alpha_2}'(\pi, \alpha_1, \alpha_2) + u''\big[s(\pi) - c_2(\alpha_2) - c_0\big](-1) c_2'(\alpha_2) f(\pi, \alpha_1, \alpha_2) \big\} \\
= & 0
\end{aligned}$$

存在 $\lambda^* \geqslant 0$，$\mu^* \geqslant 0$，使得一阶条件成立：

$$\frac{v'(\pi-s-c_1)}{u'(\pi-c_2-c_0)} = \lambda^* + \mu^* \left[\frac{uf'_{\alpha_2}(\pi,\alpha_1,\alpha_2)}{u'f(\pi,\alpha_1,\alpha_2)} - u''c_2'\right]$$

结论二：在非对称信息情况下，最优契约不可能产生帕累托最优的风险配置，交易平台可能会诱使内容提供商做出比帕累托有效水平更高的努力。

内容提供商的努力偏离帕累托有效水平的程度与该企业努力程度 α_2 的可观测程度成正比，即如果内容提供商的努力程度越不能被观测到，交易平台越趋向于诱使其付出更多努力。

一般来说，交易平台比内容提供商更愿意承担较大风险。假如交易平台是风险中性的，即期望效用等于期望收益，没有风险成本；而内容提供商是风险规避型的，收益中的风险会为企业带来额外的风险成本。假定风险规避系数为 k（$k>0$），这里引入 VAR（valueatrisk）的概念，指风险价值或在险价值，指在一定的置信水平下，某一金融资产在未来特定时间内的最大可能损失。则风险成本为 $c = \frac{1}{2}k^*Var(s) = \frac{1}{2}kb^2\delta^2$。

于是上述（11-1）模式的等价形式如下：

$$\max_{s(\pi)}(1-b)(\pi)-c_1(\alpha_1)-s_0$$

$$\text{s.t.(IR)} s_0+b(\pi)-\frac{1}{2}kb^2\delta^2-c_2(\alpha_2)-c_0 \geqslant W_0 \quad (11-3)$$

（IC）α_2 使 $s_0+b(\pi)-\frac{1}{2}kb^2\delta^2-c_2(\alpha_2)-c_0$ 最大。

IC 条件的一阶形式如下：

$$bf'_{\alpha_2}-c_2'=0 \quad (11-4)$$

可以此式代替 IC 条件。

结论三：b 是整个产业利润中，内容提供商所得的利润比例（交易平台对内容提供商的激励）。若 $b=0$，则合作过程中内容提供商的努力程度 $\alpha_2=0$。

证明：令 $b=0$，则（11-3）中的（IC）式变为：α_2 最大化 $s_0-c_0-c_2(\alpha_2)$

s_0 为事前合同中的固定报酬部分，则内容提供商实现效用最大化的方式是付出最小成本。由于 c_0 是可预测的，不能节省，故内容提供商会选择最小的 $c_2(\alpha_2)$，即 $c_2(\alpha_2)=0$。又由于努力程度与 $c_2(\alpha_2)$ 成正比，故内容提供商的努力程度 $\alpha_2=0$。

结论四：内容提供商所占收入份额 b 越大，内容提供商愿意作出的努力越大；而交易平台愿意作出的努力越小。

结论五：交易平台与内容提供商之间存在利益冲突。

由于 $\frac{\partial \pi}{\partial \alpha} > 0$ 和 $c' > 0$ 同时存在。前者意味着交易平台希望内容提供商努力程度越大越好，后者则表示内容提供商希望少付出努力。所以，除非交易平台制定出有足够吸引力的激励机制，否则内容提供商不会像交易平台希望的那样付出努力。

同样，通过结论三的分析可以看到，内容提供商收入份额的增加对交易平台整体收益也有较大影响。内容提供商所占收入份额 b 越大，其愿意付出的努力也越大；而交易平台愿意做出的努力程度则越小。这也反映了两个企业的利益冲突。

11.4.3 交易平台运营的原则

上文从对称信息情况和非对称信息情况两个角度，阐述了内容产业链上的交易平台与上游内容提供方之间的收入分配模式问题，从而得出交易平台良性运营要遵守的几点原则。

11.4.3.1 合理分担风险原则

交易平台主导内容产业链签订合理的风险分担合同，在对称信息下，如果交易平台承担风险的能力较强，则由其承担全部风险。在非对称信息情况下，交易平台只有签订诱使内容提供商作出高于帕累托有效水平的努力的契约，才能实现自身效用最大化。

11.4.3.2 利润分配均衡原则

交易平台通过调整内容提供商所得到的利润比例（b 的大小），控制内容提供商的努力程度。

当发现内容提供商不愿提供更优质内容资源和客户等信息时，我们首先考察是否因为 b 的设置不合理，可以通过调整 b 的大小来增强其努力程度。当然若 b 调整过大就会损害交易平台的利益，所以交易平台要适时调整 b 的大小来协调好整个平台的运行。这方面可以借鉴全球移动互联网电信运营商制定的分配政策和分配比例，通常内容提供商和电信运营商有关业务信息服务费分成比例范围在 60∶40 到 90∶10。

11.4.3.3 集体利益最优原则

内容提供商与交易平台之间有着利益冲突，这是它们之间存在矛盾的根本原因。因此，交易平台应建立既能保证交易双方都能获得合理的利润，又能防止双方争夺整体效用的机制，毕竟二者之间的矛盾是次要的，利益是主要的。交易平台应该鼓励合作者一起把市场做大做强，提升"增量"，而非争夺仅有的"存量"市场，以此维持合作关系的稳定和发展。

11.4.3.4 协商原则

在常见的交易过程中，利润分配经常是各方协商、议价的结果。这有助于合作双方了解彼此需求，不断改进满意度，也在一定限度上保证了分配的公平公正。在作出最后决策之前，合作双方应留有足够的时间进行商讨，各方可以从自身角度提出初始的利润分配方案，最后通过协商达成一致。

11.5 本章小结

（1）数字内容产品交易平台涵盖了双边市场基本结构、市场特征及定价影响因素等内容，数字内容产品交易平台在客户聚集阶段和稳定发展阶段应采取不同的定价策略。将数字内容产品交易平台与双边市场理论相结合，为交易平台的定价机制提供了理论指导。在实际操作中，应结合内容提供商和内容需求方双边的规模、市场结构、网络外部性、交易频率及平台匹配技术等因素，以选择合适的价格策略，促进数字内容产品双边交易平台的良好运营。

（2）第三方内容产品交易平台可以将数字内容提供商和内容需求方连接起来，为它们提供信息和交易服务并获得相应收益，然而，如何确定交易平台与数字内容提供商之间的收入分配机制是交易平台生存和发展的关键。我们通过建立对称信息和非对称信息下内容产品交易平台与数字内容提供商之间的收入分配模型，得出交易平台良性发展应遵循的四点原则，即合理分担风险原则、利润分配均衡原则、集体利益最优原则及协商原则。

思考题

1. 数字内容产品交易平台的双边市场基本结构及特征是什么？
2. 数字内容产品交易平台定价的影响因素有哪些？
3. 如何制定交易平台不同发展阶段的定价策略？
4. 交易平台运营的基本原则是什么？
5. 选择一个交易平台（如版权交易平台、知识付费平台等），分析其盈利模式及存在的问题。

第 12 章 数据资产管理及开发

在数字经济背景下,数据不仅是资产、资源,更是一种新型生产要素。因此统筹开展数据管理及开发,利用数据赋能业务发展,必将更好地释放数据资源的价值,推动企业的转型,提质增效,对多方参与者均有积极意义。本章主要阐述数据资产管理及开发问题,包括数据资产管理的相关概念、数据资产管理的活动职能、数据资产价值评估与定价、数据资产管理的商业开发等内容。

12.1 数据资产管理的相关概念

12.1.1 数据资产的基本特性

12.1.1.1 数据资产的含义

随着大数据时代的到来,数据资产的概念逐渐普及。大数据时代,数据作为一种重要的战略资源,其价值被不断挖掘和创造,逐渐发展成为一种新的资产,即数据资产。数据资产具有物理、存在和信息等属性。其物理属性和存在属性表现出有形资产的特征,而信息属性表现出无形资产的特征;同时,数据易复制、可以长期存在并使用的特点,使其具有极好的流动性以及长期资产的特征。因此,与传统资产不同,数据资产兼无形资产和有形资产、流动资产和长期资产的特征,是一种新的资产类别。

基于宏观核算的视角,数据具备成为资产所需的明确的经济所有权归属和收益性。遵循这两个基本属性,我们可以将数据资产定义为拥有应用场景且在生产过程中被反复或连续使用一年以上的数据。基于会计核算的视角,数据资产有其独特性,因此在无形资产定义的基础上，可以将数据资产界定为：由企业拥有或控制的具有数据化形态的可辨认非货币性资产。

2023年1月，中国信息通信研究院云计算与大数据研究所发布的《数据资产管理实践白皮书（6.0版）》将数据资产定义为：由组织（政府机构、企事业单位等）合法拥有或控制的数据资源，可以电子或其他方式记录，如文本、图像、语音、视频、网页、数据库、传感信号等结构化或非结构化数据，可进行计量或交易，能直接或间接地带来经济效益和社会效益。

12.1.1.2 数据生产要素

随着数字经济的兴起，数字资产成为新的经济增长点。在数字经济时代，数据是资产，是资源，更是一种新型生产要素。2020年，中共中央、国务院发布了《关于构建更加完善的要素市场化配置体制机制的意见》，将数据列为与土地、劳动力、资本、技术并列的五大生产要素之一，提出要加快培育发展数据要素市场，实现数据要素的规范确权和交易，充分发挥数据要素对经济增长的引擎作用。据国家工业信息安全发展研究中心测算，2020年中国数据要素市场规模已经达到545亿元，预计"十四五"期间，其规模将突破1 749亿元，进入高速发展阶段。

作为新型生产要素，数据并不只是对传统要素的补充，而是以幂数效应激活人、财、物的能量，增强经济韧性与厚度。对个人而言，数据能带来更高效、更精准的服务；对企业而言，数据将提升生产运营效率，支持业务创新；对社会而言，数据将为经济和民生发展提供增量空间。

12.1.1.3 数据生产要素的独特性

（1）非稀缺性。数据具有非稀缺性。一方面，数据量可以看作接近无限开发，尽管事实上存储数据的物理设施最终要受资源总量约束；另一方面，数据具有非竞争性，即一个个体使用数据不妨碍另一个个体使用，数据参与生产过程之后仍然存在，并不会被消耗掉，可以多次循环使用，且在使用中可能促进数据量的进一步增加。

（2）非均质性。资本、劳动等传统生产要素具有一定的均质性，而数据具有非均质性。一个比特数据跟另外一个比特数据包含的生产价值通常是完全不同的，难以用某一企业的数据量来衡量这个企业的价值，或者进行横向比较。两个同样数据量的视频，一个可能是极有用的信息，另一个可能是垃圾信息。这种情况在大数据中普遍存在。

（3）非排他性。技术具有较强的非排他性特征，数据也具有非排他性特征，可以无限复制给多个主体同时使用。这也带来了一个重要问题，即是否需要建立排他性的权利制度安排，以激励对数据的供给和有效使用。

（4）外部性与网络效应。数据具有正外部性，即随着数据量的增大，数据边际价值增加。在数据采集、存储、加工、流通、分析、应用的过程中，由于数据载体的变化以及影响范围的扩大，丰富的数据要素可以吸引更多经济主体参与数据要素价值网络，进一步促进数据要素价值释放。拥有关键数据资源的企业通过杠杆作用原理以及网络的正反馈机制，形成基于网络的核心数字资产，进一步增强自身核心竞争优势，形成一种新的市场进入壁垒，更容易实现"赢者通吃"的局面，进而呈现出网络效应与垄断性的趋势。

12.1.2 数据资产的分类

12.1.2.1 数据的类型

数据本质上是对物品、服务或经济主体等相关信息的电子或非电子形式的记录，主要分为以下四类。

（1）数据本身就是最终商品或服务，如我们在线阅读资讯、看视频，此时数据不是中间品，因此不是生产要素。

（2）作为生产要素直接进行交易的数据，如大数据交易所里打包交易的数据。

（3）数据作为企业内部的生产要素，可以帮助提升最终产品或服务的性能或生产效率，如引流、效果广告、配送优化等，但并没有在市场中直接进行数据交易。

（4）数据作为生产要素在兼并收购或战略合作中有价值体现，但并非直接交易数据，只是作为并购或合作谈判的一个筹码。

12.1.2.2 数据资产的分类

当前，人们关注数据资产的价值创造属性，对数据资产的多种分类都强调了数据资产能够为企业带来预期经济利益流入、具有创造经济利益的潜力等特点。在数字经济背景下，企业数据资产的价值创造方法是多种多样的，基于数据价值链视角，数据资产可以分为资源性数据资产和经营性数据资产。

（1）资源性数据资产。资源性数据资产是指当原始数据经过加工处理后形成可带来经济利益的、但尚未进入流通市场的数据资源。该类数据资产具有进一步转化为可流通数据产品的潜在价值。这一类数据资产的持有者更着重于高效加工数据、持续扩大数据规模、提高数据质量，增强数据资源的内在价值，为后续价值创造与要素流通奠定基础。

（2）经营性数据资产。经营性数据资产是指企业持有、由数据集组成、能够产生经济利益、可作为商品合法合规进行流通交易或提供服务的各项数据产品及服务。企业可以通过市场交易将该类数据资产变现，不仅能带来经济利益，还能通过市场机制发掘数据资产的公允价格，促进适用于企业数据资产估值、定价和交易的机制的形成。通常，进行估值的前提是被评估的数据资产合法合规且可以交易。因此，当前数据资产估值更多聚焦于经营性数据资产。

企业内部的数据资产可以根据作用途径的不同，划分为自用数据资产和交易数据资产。对于自用数据资产，企业首先关注数据资产对其业务开展和经营决策的辅助作用，其次关注其带来经济利益的能力。在盘点这部分数据资产后，企业应将数据资产产生的历史成本作为数据资产的原始入账价值。对于交易数据资产，企业更关注数据资产带来的经济收益，其入账应该更多考虑市场价值而非历史成本。

12.1.3 数据资产管理的内涵

12.1.3.1 数据管理的演变

数据管理概念主要诞生于20世纪80年代，数据管理多从技术视角出发，以方便存储和访问计算机系统中的数据，优化数据随机存储技术和数据库技术的使用。信息化时代，数据被视为业务记录的主要载体，数据管理与业务系统、管理系统的建设和维护相结合，数据管理具备一定的业务含义。大数据时代，随着数据规模持续扩大以及技术成本投入下降，越来越多的组织搭建大数据平台，实现数据资源的集中存储和管理。他们组建专业的数据管理团队，数据管理的重要性和必要性日益凸显，推动组织业务发展的作用也逐步显现。在数据要素化时代，数据作为资产的理念正在成为共识，数据管理演变为对数据资产的管理，以提升数据质量、释放数据价值和保障数据安全为基础要求，围绕数据全生命周期，统筹开展数据管理，制定数据赋能业务发展战略，持续运营数据资产。

12.1.3.2 数据资产管理的含义

数据资产管理是指对数据资产进行规划、控制和提供的一组活动职能，包括开发、执行和监督有关数据的计划、政策、方案、项目、流程、方法和程序，目的是控制、保护、交付和提高数据资产的价值。数据资产管理须充分融合政策、管理、业务、技术和服务，确保数据资产保值增值。

12.2 数据资产管理的基本框架

活动职能是数据资产管理的基本管理单元。数据资产管理包括数据质量管理、数据标准管理、数据开发管理、数据资产的数据管理、数据安全管理、数据资产流通管理、数据资产运营管理、数据资产价值评估等八项活动职能，覆盖数据资源化、数据资产化两个阶段。数据资产管理的基本框架如图12-1所示。

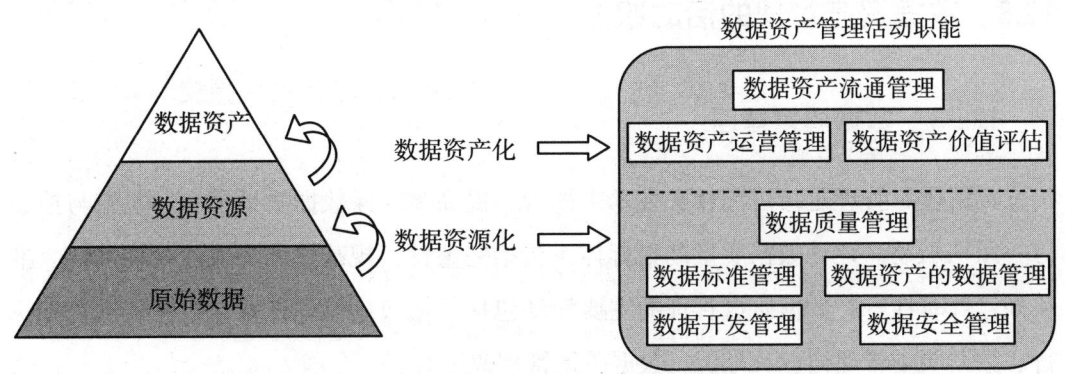

图12-1 数据资产管理的基本框架

数据资产管理包括数据资源化和数据资产化两个环节，需要先将原始数据转变为数据资源，再转变为数据资产，使数据的价值密度得到提高，为数据要素化奠定基础。围绕资产管控开展的资产认定、权益分配、价值评估等活动受数据要素市场相关交易模式、市场机制、法律法规或政策等组织外部因素的影响较大。数据需要得到良好的管理才可以充分发挥价值，若数据资产满足具有良好的数据质量、合理的货币计价与评估方法、数据资产折旧和增值规则等条件，就能够被更好地管理，进而数据能更好地体现其价值。

12.2.1 数据资源化

数据资源化通过将原始数据转变为数据资源，使数据具备一定的潜在价值，是数据资产化的关键前提。数据资源化以数据治理为核心，以提升数据质量、保障数据安全为目标，旨在确保数据的准确性、一致性、时效性和完整性，从而推动数据内外部流通。数据资源化包括数据质量管理、数据标准管理、数据资产的数据管理、数据开发管理、数据安全管理等活动职能。

12.2.2 数据资产化

数据资产化通过将数据资源转变为数据资产，使数据资源的潜在价值得以充分释放，并凸显其对于推动组织数据资产管理的重要作用。数据资产化以扩大数据资产的应用范围、显性化数据资产的成本与效益为工作重点，使数据供给端与数据消费端之间形成良性反馈闭环。数据资产化主要包括数据资产流通管理、数据资产运营管理、数据资产价值评估等活动职能。

12.3 数据资产管理的活动职能

12.3.1 数据质量管理

数据质量管理是指运用相关技术来衡量、提高和确保数据质量规划、实施与控制等一系列活动。评估数据质量的指标体系包括完整性、规范性、一致性、准确性、唯一性、及时性等。数据质量管理的主要活动包括数据质量管理计划、数据质量管理执行、数据质量管理检查及分析、数据质量管理改进等。

数据质量管理计划，旨在明确数据质量的内部需求与外部要求参考数据标准体系，定义数据质量规则库，构建数据质量评价指标体系，以及制定数据质量管理策略和管理计划等活动。

数据质量管理执行，是指依托平台工具，负责管理数据质量内外部要求、规则库，以及评价指标体系。此外，它还确定数据质量管理的业务、项目和数据范畴，开展数据质量稽核和数据质量差异化管理等活动。

数据质量管理检查及分析，是指记录数据质量审计结果，探究问题数据产生原因，出具质量评估报告和整改建议，持续测量全流程数据质量，确定与评估数据质量服务水平等活动。

数据质量管理改进，是指建立数据质量管理知识库，完善数据质量管理流程，提升数据质量管理效率，持续优化数据质量管理策略等活动。

数据质量管理需要遵循源头治理、闭环管理的原则。在源头治理方面，主要是指采用"数据开发管理一体化"理念，在新建业务或IT系统过程中，明确数据标准或质量规则，并与数据生产方和数据使用方确认。在闭环管理方面，主要是指形成覆盖数据质量需求、问题发现、问题检查、问题整改的良性闭环，对全流程数据质量进行校验管控，持续根据业务部门数据质量需求优化质量管理方案、调整质量规则库，不断改进数据质量管理策略。例如，中国移动浙江公司在需求开发过程中，与源系统及需求部门建立协同管理机制，实现设计、开发、测试、上线等环节的数据质量稽核；同时，定期对数据质量进行全面评估，形成问题通报机制，并定期总结数据质量历史问题，形成案例库。

12.3.2 数据标准管理

数据标准是指保障数据的内外部使用和交换的一致性和准确性的规范性约束。数据标准管理目标是通过制定和发布由数据利益相关方确认的数据标准，结合制度约束、过程管控、技术工具等措施，推动数据标准化，进一步提升数据质量。数据标准管理主要包括数据标准管理计划、数据标准管理执行、数据标准管理检查、数据标准管理改进等活动。

数据标准管理计划，是指确定数据标准管理相关负责人与参与人，开展数据标准需求采集与现状调研，以构建数据标准分类框架，制订并发布数据标准管理规划与实施路线等活动。

数据标准管理执行，是指在数据标准分类框架的基础上，定义数据标准，并依据数据资产管理认责体系，组织相关人员进行数据标准评审并发布结果等活动。

数据标准管理检查，是指对数据标准的适用性和全面性进行及时检查，并依托平台工具来检查和记录数据标准应用程度等活动。

数据标准管理改进，是指通过制定数据标准维护与优化路线图，遵循数据标准管理工作的组织结构与策略流程，各参与方共同配合进行数据标准维护与管理过程优化等活动。

12.3.3 数据资产的数据管理

数据资产的数据管理包括主数据管理和元数据管理等内容。

12.3.3.1 主数据

主数据是指用来描述企业核心业务实体的关键信息，是贯穿于各个业务部门和系统、高价值的基础数据。主数据管理涉及一系列规则、应用和技术，用以协调和管理与企业的核心业务实体相关的系统记录数据。主数据管理的主要活动包括主数据管理计划、主数据管理执行、主数据管理检查、主数据管理改进等。

主数据管理计划，是指明确主数据的业务范围、唯一来源系统与识别原则，定义数据标准、数据质量、数据安全等要求或规则活动。

主数据管理执行，是指依托平台工具，实现核心系统与主数据存储库数据的同步共享。

主数据管理检查，是指为保证主数据的一致性、唯一性，对主数据质量进行检查并记录主数据检查的问题等活动。

主数据管理改进，是指总结主数据管理问题，制定主数据管理提升方案，持续改进主数据质量及管理效率等活动。

主数据因为数据价值高、稳定性强、数量少但影响范围广等特点，所以，我们可以将主数据管理作为数据资产管理的突破口。例如，浦发银行将主数据一致性及标准化专项治理作为数据资产管理的切入点。首先，识别业务领域的关键数据作为主数据管理范围；其次，明确主数据系统及责任部门，建立主从关系矩阵，明确包括主从属性、同步方式、同步时间调研系统涉及的表及字段等信息；最后，按照先主数据系统后周边系统，先增量后存量的方式，推进周边系统与主数据系统信息项的一致性及标准化治理。

12.3.3.2 元数据

元数据是指描述数据的数据。元数据管理是数据资产管理的关键，是为获得高质量、整合的元数据而进行的规划、实施与控制行为。元数据管理的主要活动包括元数据管理计划、元数据管理执行、元数据管理检查、元数据管理改进等。

元数据管理计划，是指明确元数据管理相关参与方、采集元数据管理需求，确定元数据类型范围、属性，设计元数据架构，制定元数据规范等活动。

元数据管理执行，是指依托元数据管理平台，采集和存储元数据，进行非结构化数据建模、自动维护数据资产目录等活动。

元数据管理检查，是指元数据质量检查与治理，元数据治理执行过程规范性检查与技术运维，保留元数据检查结果，建立元数据检查基线等活动。

元数据管理改进，是指根据元数据检查结果，召集相关利益方，明确元数据优化方案，制订改进计划，持续改进元数据管理的方法、架构、技术与应用等内容。

元数据贯穿数据资产管理的全流程，是支撑数据资源化和数据资产化的核心。一方面，从业务视角和管理视角出发，元数据通过定义业务元数据和管理元数据，增强了业务人员和管理人员对数据的理解与认识；另一方面，技术元数据通过自动从数据仓库、大数据平台、数据集成 ETL（Extraction-Transformation-Loading，指数据的抽取、转换和加载）中解析存储和流转过程，追踪和记录数据情况，及时发现数据模型变更的影响，有效识别变更的潜在风险。元数据可作为自动化维护数据资产目录、数据服务目录的有效工具。

12.3.4 数据开发管理

数据开发是指将原始数据加工为数据资产的各类处理过程。数据开发管理通过构建一套完善的开发管理规范与管理机制，针对数据、程序、任务等关键处理对象，实施全面的过程管控和质量管控，使数据资产管理的开发逻辑清晰化、开发过程标准化，从而提高开发任务的复用性，显著增强开发效率。数据开发管理的主要活动包括数据开发管理计划、数据开发管理执行、数据开发管理检查与改进等。

数据开发管理计划，是指制定数据集成和开发等活动。

数据开发管理执行，是指建设集成数据集成、程序开发、程序测试等能力的一体化数据开发工具，并根据数据集成规范进行逻辑或物理的数据集成，根据数据使用方的需求进行数据开发等活动。

数据开发管理检查与改进，是指监控数据处理任务的运行情况，并及时处理各类异常，定期进行数据集成、开发工作复盘，并以此为基础，对相关规范进行持续迭代等活动。

12.3.5　数据安全管理

数据安全管理是指在组织数据安全战略的指导下，为确保数据处于有效保护和合法利用的状态，多个部门协作实施的一系列活动集合。这些活动由多个部门共同执行，旨在建立组织数据安全治理团队、制定数据安全相关制度规范、构建数据安全技术体系以及培养数据安全人才梯队。数据安全管理的主要活动包括数据安全管理计划、数据安全管理执行、数据安全管理检查、数据安全管理改进等。

数据安全管理计划，是指理解组织内外部数据安全需求与监管要求，制定数据安全管理制度体系，并且明确个人信息保护管理制度，定义并发布数据分类分级标准规范等活动。

数据安全管理执行，是指依托平台工具，识别敏感数据，并应用数据安全分类分级标准规范，根据数据的敏感级别，部署相应的数据安全防控系统或工具等活动。

数据安全管理检查，是指监控数据在采集、存储、传输、加工、使用等环节的安全、隐私及合规状况等活动。

数据安全管理改进，是指总结数据安全问题与风险，评估数据安全管理相关标准规范的适用性、有效性，持续优化数据安全管理过程。

12.3.6　数据资产流通管理

对于组织而言，数据资产流通是指通过数据共享、数据开放或数据交易等流通模式，推动数据资产在组织内外部的价值实现。数据共享是指打通组织内各部门间的数据壁垒，建立统一的数据共享机制，加快数据资源在组织内部的流动速度。数据开放是指向社会公众提供易于获取和理解的数据。对于政府部门而言，数据开放主要是指公共数据资源的开放；对于企业来说，数据开放主要是指披露企业运行情况、推动政企数据融合等。数据交易是指交易双方通过合同约定，在安全合规的前提下，开展以数据或其衍生形态为主要标的的交易行为。

数据共享、数据开放和数据交易的主要区别在于交换数据的属性与数据交换的主体范围。

对于具备公共属性的数据来说，其在组织体系内部流通属于数据共享，如政府机构之间的数据交换；在组织体系外部流通属于数据开放，如公共数据向社会公众开放。

对于具有私有属性的数据来说，其在组织内部流通属于企业数据共享，如企业部门间的数据交换，而在组织外部流通属于数据交易。数据交易所作为可信任的数据交易"中介"，为企业探索数据交易提供了一个统一且可信任的"窗口"。据零壹智库不完全统计，截至2023年6月底，全国各地由政府发起、主导或批复的数据交易所已达到44家，头部数据交易所交易规模已达到亿元至十亿元级别，且呈现出迅猛增长趋势。

12.3.7 数据资产运营管理

数据资产运营是指通过对数据服务、数据流通情况进行持续跟踪和分析，从数据使用者的视角出发，全面评价数据应用效果，建立科学的正向反馈和闭环管理机制，不断适应和满足数据资产的应用和创新需求。使用统一数据服务平台、丰富数据服务提供形式、政府公共授权数据运营是提升数据资产运营能力的主要方式。

使用统一平台提供数据服务，一方面能够在底层数据平台升级或迁移过程中降低对业务的影响，从而提高数据链路构建和运行效率；另一方面，缩短了数据使用者触达数据的时间，减少了数据在不同角色间传递的信息损耗，进而提升了数据服务效率。

丰富数据服务形式能够满足内外部数据使用方需求，提升数据资产运营效果。例如，中国移动结合行业场景，提供基于位置数据的服务形式。目前，信息已汇聚全网位置数据，涵盖了精准定位、出行分析、驻留分析等三十余类数据能力，已在数据安全合规的前提下，面向金融、旅游、零售、卫生、政务等行业，通过PaaS、DaaS等方式提供数据服务，包括流动监测分析、网点选址、应急管理等类型。

政府采取公共授权数据运营的方式，由市场主体作为数据运营管理方或数据交易中介，来缓解政府部门公共数据的运营压力，进而提升公共数据的运营效率。"十四五"规划对政府数据资源的流通提出了新的要求，指出要"开展政府数据授权运营试点，鼓励第三方深化对公共数据的挖掘利用"，即通过一定方式授权给特定主体进行市场化运营，进一步带动市场活力。

12.3.8 数据资产价值评估

数据资产价值评估是对数据价值的测算和体现，是数据价值确认的重要方式。数据资产价值评估是指通过构建价值评估体系，计量数据的经济效益、业务效益、投入成本等活动。数据资产价值评估是数据资产管理的关键环节，是数据资产化的价值基线。

数据资产价值评估可以帮助企业洞察数据中潜在的价值。当数据被企业充分利用时，数据就可以为企业创造社会价值和经济价值。在数据资产交易逐渐成为社会各界关注重点的当下，设计和构建科学的数据资产估值体系对厘清数据资产属性、制定统一的定价机制、促进数据市场健康发展具有至关重要的意义。

对企业来说，推进数据资产价值评估能够有效提升企业各业务线的管理效能。定期的评估工作可以有效协助管理层分析数据资产价值与企业价值的高度相关性，从而发掘高价值密度数据，制定或修正业务发展目标及战略。

对社会整体而言，数据资产评估研究为数据资产交易统一定价模式提供了指导性框架体系及参考标准，有助于促进构建流通的数据要素市场，提升社会各界对数据资产的认知，引导蓄势待发的数据交易市场正向发展。

12.4 数据资产价值评估与定价

12.4.1 数据资产价值评价体系

12.4.1.1 数据价值

狭义的数据价值是指数据的经济效益；广义的数据价值在考虑经济效益之外，还考虑数据的业务效益、成本计量等因素。本章聚焦于广义的数据价值。

数据的使用者和使用目的不同，导致数据资产的用途、交易环境、交易双方对资产的功能评价都不相同。从数据的使用角度来看，数据资产价值主要体现在数据是否有用、是否够用、是否可用、是否好用等方面。

（1）数据是否有用。对于数据是否有用，主要考虑数据自身是否具有价值，是否描述了现实世界的事物；数据对哪些用户有价值，是否满足用户需求；数据价值是否有实现的可能，即数据是否有用主要体现为一个数据集能否用于解决某个应用需求，能否被挖掘出有用的知识。若数据中蕴含价值，但受到技术、方法、成本等各种因素的影响和制约，其价值的实现可能性很低甚至几乎为零，那么这类数据也被认为是无用的。

（2）数据是否够用。数据是否够用是体现数据资产价值的一个重要方面。如果有用的数据不够用，就会影响数据价值的实现。数据是否够用是相对的，即对于同一个数据集，在不同的应用需求和不同的预设期望下，其在有些情况下是够用的，但在有些情况下就不够用了。大数据时代，人们一般认为数据多多益善，但数据超出决策问题所需要的数量也会带来浪费。

（3）数据是否可用。数据是否可用主要指数据能否被使用。有用的数据在够用的情况下，若遇到不可用的问题，那么数据资产价值也是无法体现的。数据不可用问题通常指数据不允许使用或者不允许访问。数据是否被允许使用主要涉及数据权属和隐私、伦理方面的问题。数据能否被访问使用主要涉及技术方面的问题。

（4）数据是否好用。可用的数据是否好用决定了数据价值的高低。从数据使用过程看，在使用数据时若能十分方便地对数据进行访问、读取、编程，或能很好地使用现有技术分析挖掘数据，那么可以认为数据是易于使用的。从数据使用效果看，通过使用数据，可以很好地满足某个应用需求、达到预设期望，那么也可以认为数据具有良好的可用性。一般来说，数据价值之所以难以体现，很重要的一个原因是数据不好用，即数据质量有问题。

12.4.1.2 数据资产价值评估

在数字经济环境下，影响资产价值的因素众多，开发有效的数据资产估值模型，系统地构建数据资产估值体系，合理披露数据资产信息，显得尤为重要，具有较强的经济和社会意义。中国资产评估协会《资产评估专家指引第9号——数据资产评估》提出成本法、市场法、收益法三种数据资产估值方法，为数据资产价值估计提供了基本思路和底层逻辑。参考已有研究，我们可以从内在价值、成本价值、经济价值、市场价值四个价值维度出发，建立数据资产价值评估体系。

（1）内在价值。内在价值是指数据本身所蕴含的潜在价值，通过数据规模、数据质量等指标进行衡量。评估数据资产内在价值是评估数据资产能力的基础，对于数据资产其他维度价值评估具有指导作用。

内在价值 =（数据质量评分 + 服务质量评分 + 使用频度评分）/（3 × 数据规模）

数据质量评分是根据数据的完整性、准确性、规范性等质量维度统计数据的通过率得出；服务质量评分是根据业务应用角度统计数据覆盖度和使用友好性情况得出；使用频度评分是根据统计数据资产的使用频度情况得出；数据规模是指企业累计数据资产总量。

（2）成本价值。数据资产的成本价值指数据获取、加工、维护和管理所需的财务开销，包括获取成本、加工成本、管理成本等内容。评估数据资产成本价值对于优化数据成本管理方案、有效控制数据成本有积极作用。

成本价值 = 获取成本 + 加工成本 + 管理成本 + 运维成本 + 风险成本

获取成本是指数据采集、传输、购买的投入成本；加工成本是指数据清洗、校验、整合等环节的投入成本；管理成本是指围绕数据管理的投入成本；运维成本是指数据存储、备份、迁移、维护与 IT 建设的投入成本；风险成本是指数据原因导致数据泄露或外部监管处罚所带来的风险损失。

（3）经济价值。数据资产经济价值指对数据资产的运用所产生的直接或间接的经济收益。此维度通过货币化方式计量数据资产为企业做出的贡献。

经济价值 = 业务总收益 * 数据资产贡献比例

业务总收益是指企业在一定时期内通过其经营活动所获得的全部收益。对于数据资产贡献比例的计算，可考虑利用业务流和价值流对业务总收益进行拆解，并对应数据流，进一步界定该业务价值环节的数据资产贡献比例。

（4）市场价值。市场价值是指在公开市场上售卖数据产品所产生的经济收益，由市场供给决定数据资产价值。随着数据产品需求的增加以及数据交易市场规则的建立，该维度的可行性与准确性逐步提升。

市场价值 = 数据产品在对外流通中产生的总收益

12.4.2 数据资产价值评估途径

12.4.2.1 成本途径

成本途径是从形成数据资产所需花费的成本角度进行数据资产价值评估的方式。在数据资产化阶段初期，从场景应用维度看，尚没有足够的量化数据反映数据产品使用方的使用效果。因此，在数据产品开发成本的基础上，我们应该充分考虑与数据产品价值特征相关的量化因子。成本途径的具体应用步骤如下所示。

（1）以被评估数据资产基于某应用场景开发为前提，通过数据溯源分析，确定数据产品开发过程中可能发生的成本项目，并进行相应的开发成本归集。

（2）结合数据资产中数据集的复用情况、数据质量评价、数据冗余情况，对数据资产的开发成本进行适当调整。

（3）在数据资产的应用维度，基于数据资产应用的场景所在行业特征，结合既定应用场景下数据产品的稀缺或垄断程度，对数据产品的价值贡献或开发利润进行修正。

（4）由于数据资产多场景开发可能对业务形成潜在贡献，因此，应结合数据产品的潜在开发场景数量考虑其对数据资产价值的贡献程度。

数据资产价值受多种因素影响，主要包括开发成本、数据复用、质量、冗余、价值贡献、多场景增速。数据复用因素是指在合法合规的基础上，对于供给方而言，数据具有几乎零成本"无限复制"的特性，因此，当某一数据要素或某一数据集被用于多个数据产品场景开发时，就产生了数据的"复用"。通常数据质量的评价维度包括准确性、一致性、完整性、规范性和时效性等。在数据资产价值评估中，可以将这些维度的定量评分结果，作为目前估值模型中该因素的输入参数。数据冗余因素是指通常历史越久远的数据被调用的可能性越小，这类数据对数据资产的贡献程度越低，冗余度越高。价值贡献因素是指在有序市场前提下，考虑数据的合理开发回报，并结合数据本身的稀缺性、垄断程度、数据热度等因素综合对回报率进行调整。多场景增速因素是指一个数据产品可以服务于不同的场景开发应用，体现了原始数据的价值潜能。

12.4.2.2　收益途径

收益途径考虑的是数据在未来一定时期内能够为企业带来利润收入的现值。该方法的原理：数据资产的价值＝其所节省的/带来的各项增量效益现值之和。该途径既可以用于企业对外销售的数据产品，又可以用于企业支持性部门对内提供服务的数据产品。

面向第三方提供服务的数据产品，在前期被探索和应用的过程中就已经能为企业提供价值赋能，为企业带来一定的正向外部效应。在此过程中，数据资产的社会价值与经济价值得到了完整体现，主要反映在现金流上。

对内向其他部门提供支持性服务的数据产品，已能为企业内部的其他部门赋能，并能够一定程度上助力其他部门提升效率、节省资源、进行新业务探索和创新，或者获取更多用户和开拓市场等。在该途径下，数据资产的对内价值能够量化体现在成本节约或增效现金流上。

收益途径的具体应用步骤如下。

（1）识别被评估数据资产为企业带来的赋能场景，如成本或费用的节省或运营效率的提升等。

（2）假设企业拥有被评估数据资产，预测和计算未来各年度能够产生的现金流以及经营利润。

（3）假设企业不拥有被评估数据资产，预测和计算企业未来各年度能够产生的现金流和经营利润。该种情景下，企业可能需要额外的支出以获取数据资产的使用权，因而增加企业成本；或企业可能因为缺少数据资产缩减业务规模，使运营效率降低，从而影响收益。

（4）适时对上述两种情形下的企业现金流进行因素修正，如考虑调整因素等。

（5）计算上述两种情形下企业现金流的差额，即被评估数据资产所带来的增量效益。

（6）将上一步中计算得出的增量效益以适当的折现率进行折现，得到被评估数据资产的价值。

12.4.2.3 市场途径

价值决定价格，价格围绕价值上下波动。对于特定的数据产品，通过参考可类比的市场交易案例，我们可以构建出该数据产品的价格波动区间，进而确定其价值所在。在数据资产估值中，可以类比企业价值评估领域市场价值比率的概念，采用相对值比较法，且在分析价值比率的过程中，选取与被评估数据资产价值高度相关的驱动因素，通过对这些因素进行量化评价而得到综合评价系数。该方法的具体应用步骤如下。

（1）了解被评估数据资产的数据结构、存储量、时间跨度、应用场景等各方面信息。

（2）识别与被评估数据资产价值高度相关的驱动因素，一般会围绕数据资产的质量因素、容量因素、垄断因素、商业流通因素等方面进行考量。

（3）选取可比的交易数据资产并收集信息。

（4）对被评估数据资产以及可比数据资产在所有识别出的驱动因素维度上进行量化评价或打分，并分析每种因素对数据资产价值的重要性或权重，计算各自的综合评价系数。

（5）基于可比数据资产的交易价格和综合评价系数，得出市场价值比率。

（6）取合适的市场价值比率乘被评估数据资产的综合评价系数得到被评估数据资产的价值。

12.4.3 数据资产定价因素

12.4.3.1 数据要素定价面临的问题

（1）数据要素具有非常复杂的外部性。比如社交等领域的用户网络效应，用户画像、智能交通等领域的经济主体数据具有强互补性，都可能带来显著的正外部性；而资讯推荐领域的信息拥堵，以及隐私保护等问题，则可能带来较强的负外部性。数字经济的主导商业模式就是基于外部性基础的交叉补贴定价，因此很多数字产品服务本身都是免费的。这使得作为其背后生产要素的数据估价非常困难。

（2）数据生产和使用过程涉及非常多元的主体范围。一般来说，数据要素的生产流程涵盖了感知、采集、传输、存储、计算、分析、应用、安全保障等多个环节，相关主体可能包括用户、被采集物品或服务的所有者、数据采集与处理者、传输者、平台的直接使用者、平台上的第三方用户、上下游合作伙伴等。主体范围的多元性使得数据要素的确权和定价尤为困难。

（3）数据要素的准公共品属性难以确定。根据经济学理论，公共品可能会导致市场无法充分发挥作用，而纯公共品需要满足非竞争性和非排他性两个条件，否则只能是准公共品。

一方面，数据要素在绝大多数情况下具有绝对的非竞争性。数据要素可以无限期保存及可复制，供很多人使用也不会减损，增加一个单位的数据要素使用量，并不会增加其他人使用的边际成本。但另一方面，数据要素的非排他性则存在不确定性。平台在一些情况下可以通过访问控制等方式进行排他，但数据采集的渠道通常很难排他。多归属特征在互联网行业非常明显，用户往往同时使用多个同类型的服务平台。这些特征使数据要素的准公共品属性难以界定，需要因时而异。

（4）数据要素的异质性非常显著。数据要素结构存在显著异质性，标准化的数据库只占其中很小一部分，现实中一段视频、一篇新闻、一条推荐都是数据，因此很难简单用 GB/TB/EB 等数据存储单位来统一衡量和比较它们。

数据要素搜集主体各不相同，除了互联网平台上的数据，金融部门、公共机构、科研院所、电信运营商和正在转型的传统企业等主体都拥有大量数据。

数据要素往往以实时流量形式存在时更有价值，而存量形式的数据价值可能会锐减。

数据要素的价值在很大程度上取决于使用场景，同样一条数据，在不同的企业、不同的应用场景里面，边际效用及价格弹性可能千差万别。这些异质性使数据要素很难有一套统一的定价公式。

12.4.3.2 数据资产定价的影响因素

数据资产定价是数据资产价值的一种货币计量，是体现数据资产价值的关键手段。数据资产定价是数据资产流通、数据产品流通、数据要素市场运行的前提。无论是数据交易流通，还是对数据相关企业开展投融资，都需要制定数据资产价格。数据资产价格制定受到成本、市场结构、需求、竞争等多种因素影响。

（1）成本因素。数据资产的成本涵盖生产成本和管理成本两大方面。数据资产具有高固定成本、低变动成本的特点，且数据的流动性和传播性较好，容易形成规模效应。由于数据资产具有无消耗性、可复制性，在条件允许的情况下，它们可以根据需要不断复制生产，而复制成本几乎可以忽略不计。因此，数据资产的这些特性使得卖方在策略得当的情况下能够提高毛利率。

（2）市场结构因素。市场结构决定了卖方的定价自由度。对于数据资产而言，完全竞争的市场结构几乎是不可能的，寡头垄断和垄断竞争的市场结构比较多见，完全垄断也经常出现。

（3）需求因素。用户需求是影响定价的重要因素。从数据资产价值角度考虑，数据资产若对于用户而言是有用的、充足的、可用的，就可以满足用户的需求。从用户感知价值，即用户对数据资产价值的认知程度考虑，当设定价格高于用户所感知的价值时，用户的需求可能会减弱甚至消失。因此，必须让用户了解数据资产所蕴含的价值，用户才会对其价值有感知，才会产生支付意愿。同时，由于数据具有易复制性，数据资产的边际成本较低、传播性较强，这些特点会促使数据资产内容需求的增加，数据资产内容质量越高，价格就越高。

（4）竞争因素。对数据资产进行估值时，需要考虑竞争对手的因素。买方往往根据具有同等竞争性的数据资产价格来判断某种数据资产的价值。竞争对手的战略、成本、价格以及相关产品和服务等，都可以作为卖方定价的依据和参考。

（5）其他因素。价格制定除了受到成本因素、需求因素、市场结构因素、竞争因素的影响，还受到其他因素影响，如政策因素、环境因素、组织因素等。

12.4.4 数据资产定价原则和定价策略

12.4.4.1 数据资产定价的基本原则

（1）数据资产价格形成机制的一个基本逻辑是，竞争性的交易是数据资产定价的灵魂，没有交易是很难进行价格制定和价值核算的。

（2）鉴于数据资产的技术经济特殊性，关于它的生产函数、消费者行为学、供需曲线及均衡状态都与传统生产要素有质的区别。综合分析，影响数据资产定价的主要因素包括成本、收益和相对市场力量。

（3）通过制度设计来创造更多的交易场景是促进数据资产定价、流通和高效率配置的关键所在。

（4）我们无法像一般生产要素那样对数据资产进行笼统的核算定价，而是要抓住社交、电商、游戏、金融支付等若干典型应用场景去进行有针对性的评估。此外，我们还需要解决数据归属地和归属主体确认等方面难题，甚至发动更多市场主体进行去中心化的统计核算，才可以比较真实、准确地看出数据资产的价值变化趋势。

12.4.4.2 数据资产的定价策略

数据资产的价值主要源于其直接或间接产生的业务收益，但由于数据存在无损复制性、按不同业务场景产生收益的可叠加性，特定数据资产的价值是一个随不同因素变化的动态值。数据资产量化定价方法的实现将对市场透明度的提高、市场公平性的维护起到积极作用。基于影响定价因素，企业、数据拥有者等卖方可以采用不同的定价策略来制定数据资产价格，如基本定价策略、基于价值的定价策略、基于独特性的定价策略等。数据资产定价的基础和前提是数据交易。当前，在市场上流通的数据产品多数采用协议定价或明码标价的方式。

（1）基本定价策略。通常情况下，定价者会将价格区间设置在生产成本和用户的价值感知价格这两个极端之间，然后结合其他外部因素给出具体价格。有三种基本的定价方法，分别是成本导向定价、竞争导向定价和顾客价值导向定价。

①成本导向定价通常以数据资产及其相关产品为核心，根据要生产所需成本，结合目标回报率来制定价格。成本导向定价方法主要包括成本加成定价、盈亏平衡定价和目标利润定价等。

②竞争导向定价是以竞争为基础的定价方法，通常以竞争对手为导向，根据竞争对手的战略、成本、价格以及数据产品和服务等制定价格。

③顾客价值导向定价以顾客需求和价值感知为导向，根据顾客的感知价值设定目标价格，随后根据目标价格来指导数据产品的生产，从而满足顾客的需求。顾客价值导向定价方法主要包括高价值定价、价值增值定价等。

（2）基于价值的定价策略。不同的用户对于数据资产的使用价值有不同的评价。

由此，对不同顾客应采用不同的定价策略，即三类基于价值的定价策略，分别是个性化定价、版本划分和群体定价。

① 个性化定价，即以不同的价格向每位用户出售数据资产及其相关产品。平台网站通过用户的网站历史行为、社交关系、兴趣点等数据更精准地了解和分析用户的需求和喜好，从而给出个性化价格。例如，谷歌、百度等网络平台为顾客投放个性化精准广告。

② 版本划分，即以不同的版本、不同的价格向不同的市场提供数据资产。如从分辨率、操作速度、格式、容量等维度对数据资产进行版本划分，给出不同的定价策略。例如，Netflix（奈飞，一家会员订阅制的流媒体播放平台）等在线视频服务提供商根据视频的不同分辨率划分了无高清、高清、超高清等多个不同的版本，并制定了不同的收费标准；爱奇艺等视频网站，用户开通 VIP 会员后，观看视频时就不会被片头广告打扰。

③ 群体定价，即对不同群体的消费者设置不同的价格。不同的群体对数据资产的价值认识存在偏差。针对价格敏感的消费群体可采用折扣与津贴定价策略，给出一定的价格优惠，如 AppleMusic（苹果音乐服务）开设了学生价格。此外，地理位置也是划分群体的一个依据，可以采用地理定价策略、国际市场定价策略等，根据不同的国家、地区来设定价格，如许多软件产品等采用本土化定价方式。

（3）基于独特性的定价策略。数据资产的独特性是影响定价策略和方法的关键因素。当市场上存在与某个数据资产相似或等同的数据资产，且该数据资产与其他数据资产在效果上差异不大时，该数据资产就不具有独特性。通常，通过公开方式获得的数据资产和生产模式易重现的数据资产，都较难具有独特性。这种情况下，卖方可采用的战略是利用数据资产的规模效应来占据更多市场份额，从而获得成本和价格优势，快速占领市场，形成市场领先优势。

当某个数据资产在市场上极为稀缺，甚至占垄断地位时，该数据资产就具有独特性。在这种情况下，卖方原则上可以制定很高的价格以获得高额利润。然而，高利润必然吸引更多潜在进入者，进而有损卖方领先的市场地位，因此，有时候卖方会采用限制性定价策略，即短期内牺牲一部分利润，适当降低价格，使市场对潜在的进入者不具有那么大的吸引力，这是一种短期的非合作策略。虽然卖方拥有具独特性的数据资产，但仍需保持警惕，要多关注新技术的发展和市场需求的变化，确保独特性是被需要的，优势是长期稳定的。

12.5 数据资产管理的商业开发

12.5.1 数据确权

根据数据资产的定义,数据资源只有满足拥有数据权属、有价值、可计量、可读取这四个必要条件,才能被视作某个主体的数据资产。一个可资产化的数据资源应该是拥有权属的。对于一个经济主体而言,只有拥有了数据资源的数据权属才可能让数据资源成为其数据资产。数据权属包括使用权、所有权等。只有合理界定数据权属,才能在数据资产化过程中保护相关数据主体的合法权益,实现数据权属的合理合法转移,数据变现或数据资产收益的流入才能变成可能。

对数据集进行确权,解决数据属于谁的问题,当前还未有相关的法律法规。由于数据资源的特殊性质,已有的知识产权法和物权法(已随《中华人民共和国民法典》的施行而废除)并不适用。我们可以把数据权属相对清晰的数据资源先行纳入数据资产范畴。数据权属问题是数据资产化过程中的关键,目前,在法律和规制上都尚未给出有效的界定和解决办法,这使得在数据资产化过程中数据资源确权存在一定困难。

12.5.2 数据资产的开发

12.5.2.1 交易性数据资产开发案例

随着互联网和移动通信技术的快速发展,数据的采集规模、广泛程度以及应用场景达到了前所未有的高度,已经深入生产过程。企业利用销售大数据管理生产从而实现零库存;利用消费者个性化数据实现定制化生产;利用产品售后使用数据反馈来提升研发设计水平;利用生产线数据的采集、挖掘、分析和反向控制来优化生产流程。在此背景下,数据作为关键的新型生产要素,已经成为企业的重要竞争手段,深刻改变着市场竞争的性质和方式。数据资产开发可以使数据资产的价值得到实现或变现。下面以几种典型企业的交易性数据资产开发为例加以说明。

(1)互联网平台企业。在数字经济社会,互联网平台企业对推动经济和社会进步的作用尤为明显,数据资产在互联网企业已成为不可或缺的一项重要资源。例如,超级平台企业在提供产品及服务的同时,收集并积累用户的消费能力、产品偏好、地理位置等数据。随后这些企业利用这些信息对用户进行细分,并利用先进的互联网技术实现个性化的定价,如淘宝借助阿里的数据中心对消费者进行个性化推送,引导消费者疯狂"剁手"等,其相关定价行为也在大量研究中得到了验证。

中国互联网的三巨头——百度、阿里巴巴和腾讯，分别以大数据算法、电商数据分析和社交数据分析为主基调进行大数据战略布局。百度的大数据产品涉及数据分析、数据风控、数据营销等领域；阿里巴巴通过对用户电商数据进行深度分析，实现精准推送，进一步助力电商业务蓬勃发展；腾讯基于社交平台数据挖掘，构建精准的用户画像，进而提供个性化营销服务。对于互联网企业来说，数据资产开发对市场用户可以实现精准营销，提高用户付费意愿；对联盟企业而言，可建立共享数据平台，为合作企业提供商业性服务，以获得额外收入。

（2）金融企业。金融数据资产一般被划分为无形资产。由于金融数据来源较为复杂、数据量大、数据质量参差不齐，对于拥有金融数据资产所有权的企业，例如Wind、同花顺、大智慧等，他们可以通过销售金融数据资产所有权、金融数据库使用权来获取收益。对于拥有金融数据分析能力的企业来说，可以通过购买金融终端的使用权，并在有效期内无限次地下载所需数据，使用数据资产进行相关分析，充分释放其潜在的经济价值。

12.5.2.2 数据交易模式

（1）数据撮合交易模式。数据撮合交易模式又被称为数据集市。在这种交易模式下，数据交易机构以交易粗加工的原始数据为主，不对数据进行任何预处理或深度的信息挖掘分析，仅经过收集和整合数据资源后便直接出售。数据撮合交易模式面临的主要挑战：这类撮合式交易需要获取大量数据资源，往往难以实现有效的个人信息保护；大数据具有的非均质、价值密度低等特性，使大部分数据需求方与供给方难以形成价格共识。此外，这种海量的"粗加工"数据对于商业决策或研究的意义甚微。

（2）数据增值服务模式。数据交易机构不是简单地对买方和卖方进行撮合，而是根据不同用户需求，围绕大数据基础资源进行清洗、分析、建模、可视化等操作，形成定制化数据产品，然后提供给需求方。数据增值服务模式的优势：数据增值服务机构代替客户从大数据中提取密度低且价值高的数据，为其节省了大量时间和分析成本。提供数据增值的服务商需确保数据的合法性，降低数据需求方的法律风险。

12.6 本章小结

在大数据时代背景下，数据作为一种重要的战略资源，其潜在价值被不断挖掘和创造，逐渐成为一种新的资产，即数据资产。数据资产是由组织（如政府机构、企事业单位等）合法拥有或控制的数据资源，以电子或其他方式记录，如文本、图像、语音、视频、网页、数据库、传感信号等结构化或非结构化数据，可进行计量或交易，能够直接或间接地带来经济效益和社会效益。本章的主要内容如下。

（1）数据资产兼有无形资产和有形资产、流动资产和长期资产的特征，是一种新的资产类别。基于数据价值链视角，数据资产可以分为资源性数据资产和经营性数据资产两种。数据资产管理是指对数据资产进行规划、控制和提供的一组活动职能，包括开发、执行和监督有关数据的计划、政策、方案、项目、流程、方法和程序，从而控制、保护、交付和提高数据资产的价值。数据资产管理必须充分融合政策、管理、业务、技术和服务，才能确保数据资产保值增值。

（2）数据资产管理包含数据资源化和数据资产化两个环节。数据资源化通过将原始数据转变为数据资源，使数据具备一定的潜在价值，是数据资产化的必要前提；数据资产化通过将数据资源转变为数据资产，使数据资源的潜在价值得以充分释放，强调其推动组织数据资产管理的重要性。数据资产管理的活动职能包括数据质量管理、数据标准管理、数据资产的数据管理、数据开发管理、数据安全管理、数据资产流通管理、数据资产运营管理、数据资产价值评估等。

（3）从数据资产的价值评价体系、数据资产的价值评估途径等方面介绍了数据资产评估的主要内容。从数据的使用角度来看，数据资产价值主要体现在数据是否有用、是否够用、是否可用、是否好用等方面。数据资产的价值评估体系可以从内在价值、成本价值、经济价值、市场价值四个价值维度去考虑构建。数据资产价值评估的途径主要有成本途径、收益途径、市场途径。

（4）数据资产价格制定受成本、市场结构、需求、竞争等多种因素影响。数据资产的定价策略主要包括基本定价策略、基于价值的定价策略以及基于独特性的定价策略。

（5）根据数据资产的定义，数据资源只有满足拥有数据权属、有价值、可计量、可读取这四个必要条件，才能被认作某个主体的数据资产。其中，数据权属问题是数据资产化过程中的关键。数据作为关键新型生产要素，已经成为企业的重要竞争手段，并深刻改变着市场竞争的性质和方式。数据资产的商业开发可以使数据资产的价值更好地发挥出来。

思考题

1. 简述数据资产管理的基本概念。
2. 简述数据资产管理的基本框架和活动职能。
3. 数据资产定价策略有哪些？请结合实例说明每种策略的具体应用。
4. 你认为当前数据资产管理和运营面临哪些问题和挑战？如何应对这些挑战？

第 13 章 区块链技术与数字内容版权管理应用

随着互联网的快速发展，人们对信息传输和数据安全性的要求越来越高。为了适应这种发展，区块链技术应运而生，它被认为是一种革命性技术，具有去中心化、安全可信和透明等特点，可以有效解决数字资产确权、信任等问题。我国党和政府对区块链技术发展高度重视。2019 年 10 月 24 日，中共中央政治局就区块链技术发展现状和趋势进行第十八次集体学习时，习近平总书记强调，"把区块链作为核心技术自主创新的重要突破口""加快推动区块链技术和产业创新发展"。党中央的部署和决策，为加快区块链技术在数字内容版权管理领域的应用起到了推动作用。

13.1 区块链技术基础

区块链是一个分布式账本，是一种通过去中心化、去信任的方式集体维护一个可依靠数据库的技术方案。从数据角度看，区块链是一种几乎不可能被更改的分布式数据库。这里的"分布式"不仅体现为数据的分布式存储，也体现为数据的分布式记录。从技术角度看，区块链并不是一种单一的技术，而是多种技术整合的结果。这些技术以新的结构组合在一起，形成了一种新的数据记录、存储和表达的方式。区块链技术是构建比特币区块链网络与交易信息加密传输的基础技术。不同于传统支付系统"基于信用的模式"，区块链支付系统基于密码学原理，不需要一个可信赖的第三方信用机构参与处理电子支付信息，便可以使任何达成一致的双方能够直接支付。

13.1.1 区块链的核心技术

区块链的核心技术主要有分布式账本、非对称加密技术、共识机制以及智能合约等。

（1）分布式账本（Distributed Ledger）。分布式账本是一种在网络成员之间共享、复制和同步的数据库，记录网络参与者之间的交易，如资产或数据的交换。交易记账由分布在不同地方的多个节点共同完成，且每一个节点都记录的是完整的账目，都可以参与监督交易的合法性，同时可以共同为其做证。这种共享账本可以调节不同账本的时间和开支。

（2）非对称加密（Asymmetric Encryption）技术。非对称加密技术可以保证数据安全和个人隐私。因为存储在区块链上的交易信息是公开的，但是账户身份信息是高度加密的，只有在数据拥有者授权的情况下才能访问到。

（3）共识机制（Consensus Mechanism）。共识机制是指所有记账节点之间如何认定一个记录的有效性，以达成共识的一种机制。这种共识机制具备"少数服从多数"以及"人人平等"的特点，这既是认定的手段，也是防止篡改的手段。

（4）智能合约（Smart Contract）。智能合约是基于那些可信的不可篡改的数据，可以自动化执行一些预先定义好的规则和条款。

13.1.2 加密技术

所谓加密，就是指利用数学原理，采用计算机科学中的软件方法或硬件方法来重新组织信息。除了合法的接收者，任何人要想恢复原来的信息或读懂变化后的信息都是非常困难的。对于合法的接收者，因其掌握了正确密钥，可以通过解密过程得到原始数据。在加密和解密过程中，均需要涉及信息（明文/密文）、密钥（加密密钥/解密密钥）和算法（加密算法/解密算法）等内容。加密技术可以划分为对称加密和非对称加密两类。

13.1.2.1 对称加密

对称加密也被称为私钥加密。这种私钥体制的加密密钥和解密密钥相同，原理如图 13-1 所示。

对称加密（私钥体制）的数学描述为 $E = encrypt(K, M)$，其中 encrypt 为发送方使用的加密函数，K 为密钥，M 为待加密报文，E 为加密后的报文。接收方使用解密函数 decrypt 可产生一逆过程，由此生成原来的报文 $M = decrypt(K, E)$。数学

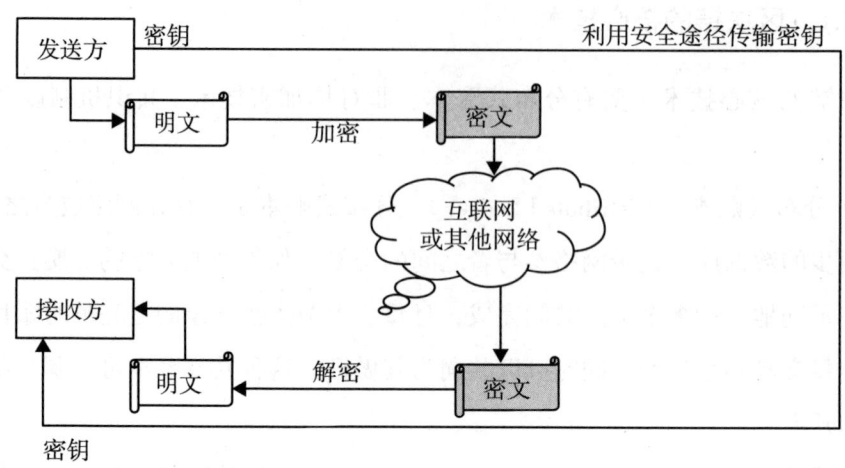

图 13-1 对称加密（私钥体制）的原理

上，decrypt 和 encrypt 互为逆函数，它们之间存在的关系为 M = decrypt [K，encrypt（K，M）]。

对称加密体制分为序列密码和分组密码两种。序列密码是将明文按字符逐位进行加密（替换密码和变位密码就属于序列加密）。分组密码是先将明文划分为每组固定长度的数据组，然后对每组明文分别加密得到等长的密文。例如，美国的数据加密标准 AES（Advanced Encryption Standard）就是采用对称分组密码体制，分组长度为 128 位，密钥长度可为 128 位、192 位和 256 位等，不同机密级别的信息，可采用不同长度的密钥。

对称加密方法的特点：加密的信息具有很高的保密强度；密钥必须严格按照安全途径进行传递，不同用户之间使用的密钥要互不相同且要定期更换。若网络中有 n 个用户，彼此之间需要秘密通信，这时网络共需要 $n(n-1)/2$ 个密钥，每个用户都要保存 $n-1$ 个密钥。需要注意的是，如果密钥量非常大，私钥体制的密钥管理就成为影响系统安全的关键因素，将难以满足开放式计算机网络的需求。

13.1.2.2 非对称加密

非对称加密也被称为公钥加密。这种加密体制要求密钥成对出现，即它给每个用户分配两把密钥：加密密钥 Ke（公钥）和解密密钥 Kd（私钥）。其中，加密密钥 Ke、加密算法 encrypt 和解密算法 decrypt 是公开的，只有解密密钥 Kd 是需要保密的。非对称加密的原理如图 13-2 所示。

非对称加密方法的特点如下：①用 Ke 对明文 M 加密后，再用 Kd 解密，即可恢复明文，即 decrypt [encrypt（M，Ke），Kd] = M，而且加密和解密的运算可以对调，

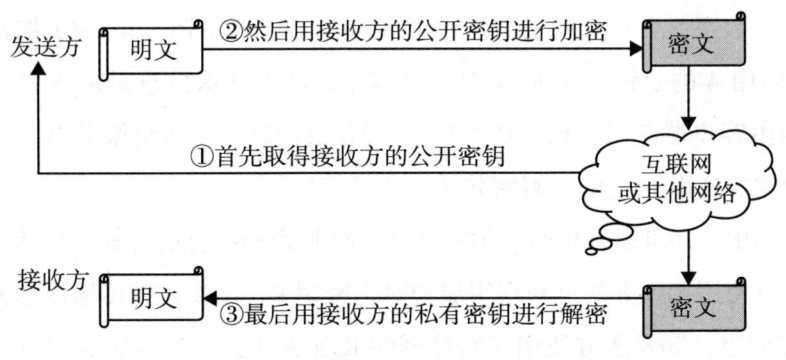

图 13-2 非对称加密（公钥体制）的原理

即 encrypt［decrypt（M，Kd），Ke］= M；②加密密钥不能同时用来解密，即 decrypt［encrypt（M，Ke），Ke］≠ M；③计算机可以很容易地产生成对的 Ke 和 Kd；④从已知的 Ke 推导出秘密保存的 Kd 是不可行的。

公钥体制常用的典型数据加密算法为公开密钥算法 RSA 和椭圆曲线密码两种，见表 13-1。

表 13-1 非对称加密的数据加密算法

	定义	密钥长度要求
RSA	RSA 是目前使用最广泛的一种算法。它的安全性基于大整数因子分解的困难，而大整数因子分解是数学上的著名难题，至今没有有效的解决方法，因此可以确保 RSA 算法的安全性	为了保证 RSA 使用的安全性，其密钥的位数一直在增加，目前一般认为 RSA 需要 1 024 位以上的字长才安全
椭圆曲线密码（ECC）	椭圆曲线密码是基于椭圆曲线数学的一种公钥密码，属于非对称密码体制，是当今密码学的研究热点之一	为了达到较高的安全性，RSA 需要 1 024 位以上的密钥长度，而 ECC 只需 160 位密钥长度即可

公钥加密体制不仅密钥分配简单，密钥的保存量少，与不相识的人进行通信可实现保密性要求，可以很容易地完成数字签名和认证。但公钥加密体制也有一定的局限性，主要问题是加密和解密的效率比对称密码体制要差，对于加密大量秘密的信息来说，公钥算法的速度非常慢。

从非对称加密技术在区块链的应用场景上看，主要包括信息加密、数字签名和登录认证等。信息加密场景主要是由信息发送者 A 使用接收者 B 的公钥（B_Ke）对信息加密后再发送给 B，B 利用自己的私钥（B_Kd）对信息解密。比特币交易的加密即属于此场景。数字签名场景则是由发送者 A 采用自己的私钥（A_Kd）加密信息后发送给 B，B 使用 A 的公钥（A_Ke）对信息解密，从而确保信息是由 A 发送的。登录认证场景则由客户端使用私钥（C_Kd）加密登录信息后发送给服务器，后者接收后采用该客户端的公钥（C_Ke）解密并认证登录信息。

实际应用中，还可以采用对称加密和非对称加密相结合的方式，具体操作过程如下：①发送方使用接收方的公开密钥加密对称密钥 K；②发送方传输该加密后的对称密钥 K 给接收方；③发送方使用该对称密钥 K 加密明文 M；④发送方将密文传送给接收方；⑤接收方使用私有密钥解密加密的对称密钥 K，从而获得对称密钥 K；⑥接收方接收密文，并用对称密钥 K 解密密文，从而获得明文。

13.1.3　数字签名和数字摘要原理

13.1.3.1　数字签名原理

数字签名在电子商务中的作用与手写签名在传统商务活动中的作用类似，用于电子文件认证、核准和生效。数字签名技术体现了区块链的去信任技术特点。数字签名是一段他人难以伪造的数字串信息，其基础是加密技术，但与上面介绍的加密方法不同的是，它不是使用密钥而是使用哈希（Hash）函数进行加密。哈希函数也被称为散列函数，对于收发数据的双方是公开的。数字签名的过程是把需要签名的文件输入哈希函数，通过函数作用输出一组定长的代码作为数字签名。数字签名代表文件的特征，它的值将随着文件的变化而变化，不同文件的数字签名一定是不同的，因而可以利用数字签名来鉴别文件在传输过程中是否遭到破坏或篡改。也可以把数字签名和加密技术相结合，判断谁是文件的发送者。

数字签名的基本功能有三点：①接收者能够核实发送者对报文的签名；②发送者事后不能抵赖对报文的签名；③接收者不能伪造对报文的签名。但是，数字签名只能用于对发送方的身份认证和不可否认性，而不能实现数据加密。因为数字签名使用发送方的私钥对数据进行加密，而发送方的公钥是公开的，任何拥有发送方公钥的人都可以对发送方私钥加密的数据进行解密。相应的，公钥加密算法使用的是接收方的公钥对数据进行加密，而且需要接收方的公钥公开，因此公钥加密算法不能实现对发送方的身份认证和不可否认性，只能用于数据加密。

利用数字签名发送信息的流程如图 13-3 所示。从该流程中可以看出数字签名的作用：①鉴别传送的信息是否被更改，因为不同的文件产生的数字签名是不同的，所以可以通过重新计算数字签名来判断数据传送的完整性；②利用数字签名和加密技术可以识别信息发送者的身份。

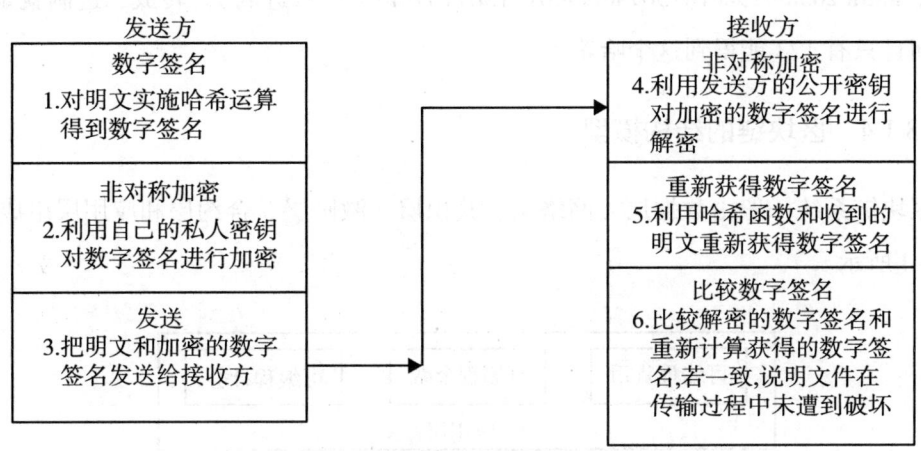

图 13-3　利用数字签名发送信息的流程

13.1.3.2　数字摘要原理

数字摘要是采用单向哈希函数将需要加密的明文"摘要"成一串固定长度（128位）的密文，这一串密文又被称为数字指纹，而且不同的明文摘要成密文，结果是不同的，而同样的明文其摘要必定一致。数字摘要是由哈希算法计算得到的，所以也被称为哈希值。哈希算法是一个单向、不可逆的数学算法，由此算法产生的数字摘要难以还原。哈希函数是一个公开函数，可以将任意长度的消息 M 映射成为一个长度较短且长度固定的值 H（M），我们称 H（M）为哈希值或散列值（Hash Value）。它是一种单向密码体制，即一个从明文到密文的不可逆映射，只有加密过程，没有解密过程。在区块链中，每个块都有前一个块的哈希值。当我们更改当前块的任何数据时，该块的哈希值都将被更改，这将影响前一个块，因为它有前一个块的地址，但前一个块是不可更改的。因此，我们可以说区块链是不可变的，数据是可信的。

数字摘要作为数字签名的一个支持技术，主要解决信息防伪的问题，通常与公开密钥加密算法一起应用，构成数字签名。例如，对被发送文件该技术用 SHA（SHA：Secure Hash Algorithm）编码加密产生 128 Bit 的数字摘要，发送方用自己的私有密钥对摘要再加密，这就形成了数字签名。若将原文和加密的摘要同时传给对方，对方用发送方的公有密钥对数字签名解密，并对收到的文件用 SHA 编码加密会产生又一摘要。将解密后的数字摘要和收到的文件在接收方重新加密产生的摘要相互对比，若两者一致，则说明在传送过程中信息没有被破坏或篡改，否则结论相反。

区块链的哈希长度是 256 位，即不管原始内容是什么，最后都会计算出一个 256

位的二进制数字。只要原始内容不同，对应的哈希是不同的。以字符串 123 为例，其哈希是 a8fdc205a9f19cc1c7507a60c4f01b13d11d7fd0（十六进制），转成二进制就是 256 位，而且只有 123 能得到这个哈希。

13.1.4 区块链的结构模型

区块链系统一般由数据层、网络层、共识层、激励层、合约层和应用层组成，如图 13-4 所示。

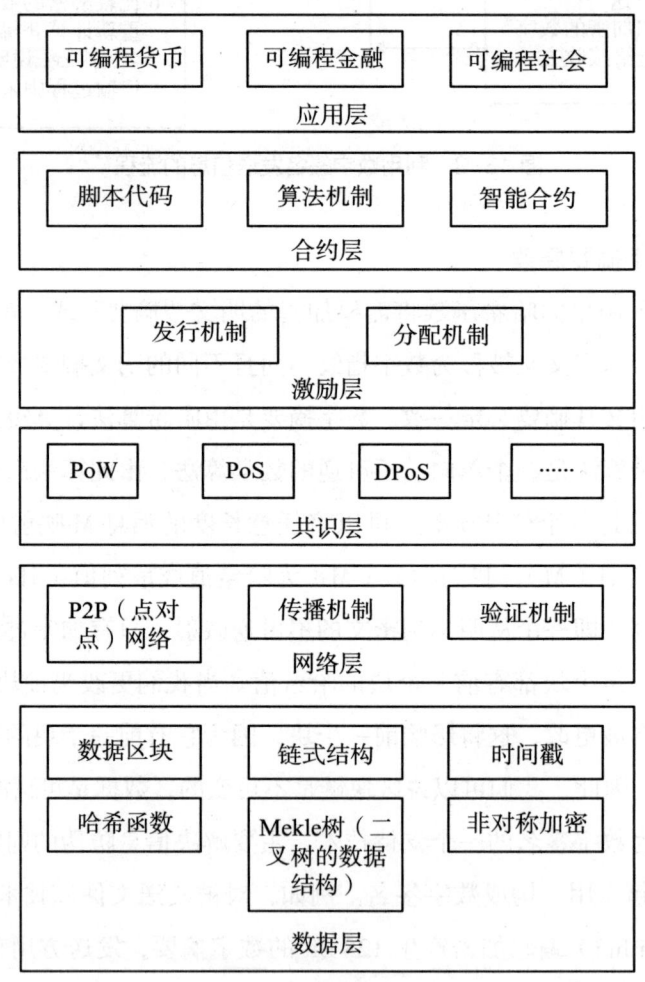

图 13-4　区块链的结构模型

（1）数据层封装了底层数据区块以及相关数据加密和时间戳等基础数据及基本算法。

（2）网络层则包括分布式组网机制、数据传播机制和数据验证机制等。

（3）共识层主要封装网络节点的各类共识算法。

PoW（Proof of Work）：工作量证明机制。PoW 规定，当一笔交易产生后，每一个想要记账的节点，都需要依靠自己的计算能力与他人竞争，争夺记账的权力。PoW 机制在比特币网络中就是比特币的挖矿原理，由算力决定记账权，它会给获得记账权的节点一定的比特币作为奖励，从而激励更多人加入进来。

PoS（Proof of Stake）：权益证明，也可称为股权证明机制，由持币数以及持有时间来决定记账权。简单来讲就是用户手上拥有一定数量的数字货币（token），系统会根据用户持有的数量和时间，给用户发利息。

DPoS（Delegated Proof of Stake）：委任权益证明，又被称为股份授权证明机制。它是一种基于投票选举的共识算法。在 PoS 的基础上，DPoS 先选举若干代理人，由代理人验证和记账，代理人之间轮流出块；DPoS 相比 PoS 能大幅度提高选举效率，在牺牲一部分去中心化特性的情况下使性能得到提升。

（4）激励层将经济因素集成到区块链技术体系中来，主要包括经济激励的发放机制和分配机制等；

（5）合约层主要封装各类脚本、算法和智能合约，是区块链可编程特性的基础；

（6）应用层则封装了区块链的各种应用场景和案例。

该模型中，基于时间戳的链式区块结构、分布式节点的共识机制、基于共识算力的经济激励和灵活可编程的智能合约是区块链技术最具代表性的创新点。

13.2 区块链的进化与类型

13.2.1 区块链进化方式

2008 年，由中本聪第一次提出了区块链的概念。在随后的几年中，区块链作为所有交易的公共账簿，成为电子货币比特币的核心组成部分。总结和梳理区块链经历的不同发展阶段，可以将区块链的进化发展划分为区块链 1.0、区块链 2.0 和区块链 3.0 三个阶段。

区块链 1.0 又被称为可编程货币，在这一时代最典型的应用是以比特币为代表的数字货币。比特币系统以区块链技术为底层核心技术，在去中心化的货币体系下，以时间戳、密码学机制等为技术手段，保证了账本的数据信息安全。同时，比特币系统的公布标志着区块链技术的问世。

区块链 2.0 是数字资产与智能合约时代。这一阶段引入了智能合约的概念，发布了以太坊、超级账本等区块链开源项目，使区块链技术在金融领域的应用范围进一步扩大，区块链的分层结构得以优化，并细分出公有链、私有链和联盟链等不同的区块链应用类型。随着区块链技术进一步创新发展，人们更加意识到区块链技术的极大应用价值。

目前进入区块链 3.0 时代。区块链 3.0 是各种行业分布式应用落地阶段，商业、供应链、医疗、文娱、教育、版权管理等领域相继探索区块链技术应用场景，不断解决区块链开发应用中的实际问题，推动区块链应用大规模落地。

13.2.2　区块链类型

根据开放权限可以将区块链划分为公有链（Public Blockchain）、私有链（Private Blockchain）、联盟链（Consortium Blockchain）三大类。

13.2.2.1　公有链

公有链是指任何人都可以随时进入系统读取数据、发送可确认交易、竞争记账的区块链。由于公有链无官方组织及管理机构、无中心服务器，参与的节点按照系统规则自由接入网络、不受控制，节点间基于共识机制开展工作，因此没有任何个人可以控制或篡改其中的数据，可以说公有链是"完全去中心化"的。以比特币、以太坊为典型代表的公有链是三类区块链中开放程度最高、去中心化程度最高的一种类型。

13.2.2.2　私有链

私有链是指写入权限只由某个组织和机构控制的区块链，参与节点的资格受严格限制，读取权限有限对外开放。由于参与节点是有限且可控的，因此私有链往往可以有极快的交易速度、更好的隐私保护、更低的交易成本、不容易被恶意攻击，并且能做到身份认证等金融行业必需的要求。相比中心化数据库，私有链能够防止机构内单节点故意隐瞒或者篡改数据，即使发生错误，也能够迅速发现来源。私有链的数据保密性较好，它只使用区块链的总账技术记账，公司或个人独享该区块链的写入权限，因此数据不会被拥有网络连接的人获得。

13.2.2.3　联盟链

联盟链是指有若干个机构共同参与管理的区块链，内部指定多个预先得到机构批准已获得访问权限的节点为记账人，每个块的生成由所有预选节点共同决定，其他接入节点可以参与交易，但不过问记账过程，相当于一个半开放的账本。其他第三方可以通过该区块链开放的 API（应用程序接口）进行限定查询。有了准入机制，可以使交易性能更容易提高，避免由参差不齐的参与者产生的一些问题。例如，全球 42 家银行组建的区块链 R3CEV 就是联盟链。

13.3 基于区块链技术的数字内容版权管理应用

当影视、音乐、游戏等产业规模不断扩大时，作品的版权确认不明晰、维权难、创作者收益链受阻等问题让这些领域的商业模式陷入困境。区块链技术可以对作品进行鉴权，证明文字、视频、音频等作品的存在，保证权属真实，也能保证其唯一性。作品在区块链上被确权后，后续交易都会进行实时记录，实现数字版权全生命周期管理，并且可以作为司法取证中的技术性保障。

13.3.1 区块链在司法存证领域的应用

针对当前数字内容产业发展过程中的侵权盗版行为，腾讯至信链提供全生命周期的解决方案，通过区块链快速固化版权权属信息，降低版权确权的时间成本与经济成本。至信链司法场景版权保护应用提供了知识产权确权、版权登记、维权监测、一键诉讼等全流程创新解决方案，如图 13-5 所示。腾讯至信链司法应用场景是标准的多方协作场景，涉及企业、司法机构以及相应的司法辅助机构（如公证处、司法鉴定中

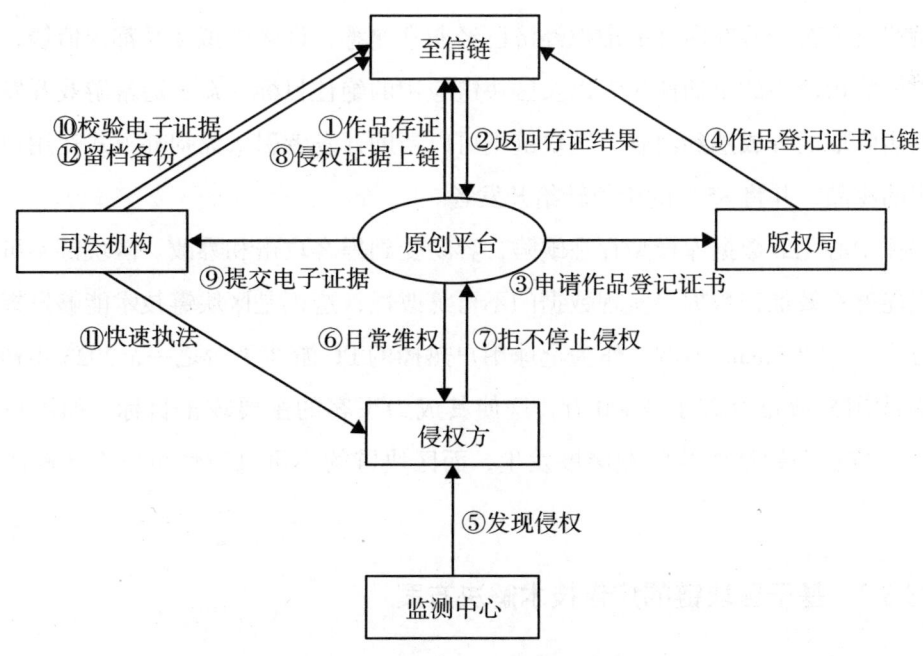

图 13-5　腾讯至信链司法应用场景

心、版权登记机构等）在内的多方主体。至信链可以通过电子证据的流转管理，组织司法生态多方协同，从而实现原创个人、企业的作品数据确权，司法辅助机构的协同出证，司法机构的快速裁决等。

除司法应用场景以外，至信链的主要应用场景还包括以下方面。①数字身份验证：身份验证功能可以确保用户的身份信息真实可信，有效应用于金融、医疗、教育等领域；②商品溯源追踪：可以追踪商品的生产、流通和销售过程，提高消费者对商品的信任程度；③数据共享与交换：提供了安全可信的数据共享平台，促进了不同机构之间的数据交换与合作，推动了数据驱动的创新发展；④版权保护与数字资产管理：智能合约功能可以实现版权保护、数字资产交易等功能，提升知识产权保护水平；⑤供应链金融与信贷审批：提供供应链金融解决方案，优化供应链的资金流动和信贷审批流程，降低中小企业融资成本。

13.3.2 区块链在游戏领域的应用

区块链的去中心化特征使许多传统的中心化领域能够摆脱中介机构，依靠区块链技术节省中介成本。与视频、音乐场景相同，区块链在游戏领域的应用也能大幅减少中介费用，给游戏开发者带来更多收益。例如，各大游戏平台都推出了基于本平台的代币，不过这些代币仅能在各家自己的平台上实现交易和转化，无法转化为法定货币及跨平台交易。而区块链的比特币则可以有效解决这一问题，并且减少跨境支付成本。游戏玩家对于游戏内外的虚拟经济已经非常熟悉，许多虚拟物品都很值钱，他们成为加密货币理想的早期使用者以及区块链应用的绝佳目标受众。通常游戏开发者对应用商店收取的分成感到沮丧。区块链则可以帮助开发者引入无损耗方式让用户消费游戏中的物品，并将85%的价值转给开发者。

以往中心化的数据库模型存在缺陷，容易受到黑客攻击和篡改。区块链不可篡改的特点能够有效加密数据，实现数据的不可篡改性，这正是区块链技术能够发挥威力的地方之一。以Steam为例，作为全球用户热捧的PC游戏平台之一，2023年初，其同时在线用户数量突破了3 300万，这使其成为黑客的主要攻击目标。如用户账号被侵入、游戏密钥被盗等问题屡屡发生，而区块链的不可篡改性可以有效解决这一问题。

13.3.3 基于区块链的广告技术解决方案

MadHive是美国纽约的一家数字广告技术公司。该公司通过构建基于区块链的广告技术解决方案（Mad Network）来对广告业进行变革，降低中间商在广告方面的垄断，使买卖双方更紧密地联系在一起。

MadHive 公司的优势呈现在诸多方面。对广告商来说，可以利用 MadHive 专有的设备图进行精确的跨设备受众定位，扩大广告商的影响力；使用 MadHive 的加密验证解决方案（MadHive Secure OTT）消除中间商的欺诈性供应，同时以最优惠的价格将广告提供给合适的受众群体。另外，经加密验证的测量和性能分析，MadHive 可以进一步降低成本、提高效率；在 MadHive 与包括 Inscape 在内的透明数据提供商的合作伙伴关系的支持下，MadHive 可以立即报告广告商投放广告的"真实覆盖面"和"真实频率"，并根据该报告结果及时采取行动。这样就能帮助广告商实时优化广告投放，改进广告投放效果。对媒体来说，MadHive 可以帮助媒体消除欺诈行为，并增加其对广告商的价值。在此过程中，MadHive 可以杜绝中间商的欺诈行为，并确保广告商可以准确追踪他们的资金使用情况，还可以让媒体轻松监控所有广告资源的来源，使广告投放过程变得更加透明。在定价方面，MadHive 能够帮助媒体自动、实时分析客户需求，并以此定价，防止中间商向媒体收取过多费用。

Mad Network 是一个完整的广告技术平台，由多个组件组成，每个组件都为广告商和媒体经常需要面对的问题提供了解决方案。其组件分为 Mad Net 账本层、Mad Net 数据层和 Mad Net 核心层三个部分。

（1）Mad Net 账本层。该层是一个基于区块链的支付系统，建立在区块链的基础上，不仅解决了支付问题，还能够促进去中心化，实现透明的收入流。

（2）Mad Net 数据层。数据将通过去中心化的数据管理平台 Mad Net 数据层被共享。该数据层使广告商和出版商能够直接共享广告效果和互动数据。这种数据共享可以帮助出版商创造额外的收入来源，同时为广告商提供更深入地洞察其广告活动有效性的机会。

（3）Mad Net 核心层。该层将广告商和媒体进行匹配，以去中心化的方式运行，负责确定哪些媒体能够很好地匹配哪些广告。由于这种去中心化的方式，任何一方都无法控制或操纵广告的投放方式，广告商与媒体相匹配的功能将保持开放和透明。

总的来说，MadHive 平台所提供的解决方案能够解决广告业不透明给广告商带来损失的问题。运用加密验证方式，广告在任意一个环节中的价格都是被数字签名的，一切交易价格都是透明的，大大减少了欺诈行为的发生。

13.3.4 区块链在音乐产业的应用

音乐产业的典型案例是将音乐版权信息记录在区块链上，实现版权保护与管理。国外多家音乐公司采取了与区块链相关的措施为音乐创作者提供更好的机会，创作者可以通过智能合约确保音乐作品的版权不受侵犯，并获得公平的收益分配。

2018 年，英国知识产权局（UKIPO）与多家音视频、图像组织以及英国区块链版权公司 Jaak 联合成立了 UKIPO 区块链联合工作组，将基于以太坊区块链的开源协议 Kord 用于专利申报系统建设和版权确权。知识产权创作和流转数据上链能完整并有效地记录著作权的原始取得。数据上链的时间以"时间戳"的形式被清晰记录，即原始权益人完成创作后，相关数据会被保存在对应区块，从而记录了产权形成的具体时间。区块链技术的非对称性加密算法可以在不暴露具体内容的前提下记录创作过程和结果，保障知识产权信息的完整无误。知识产权流转的后续信息也会在区块链上进行全网广播，确保知识产权转让交易的完整链。此外，知识产权的静态归属和动态变化均可以被清晰记载，提升了知识产权的确权效率。

区块链技术还能够保护创作者的权益并提供公平的收益分配机制。Ujo Music 是一家位于美国纽约的音乐科技公司。该公司致力于通过区块链技术改变音乐产业的商业模式，通过区块链技术消除中间环节，为音乐人提供更公平、透明和高效的音乐分发、版权管理和艺术家报酬机制。Ujo Music 利用区块链技术构建了一个基于以太坊区块链的音乐分发平台，它允许艺术家直接与听众进行交互，通过智能合约管理音乐版权和收益分配。区块链技术为去中心化数字内容分发平台的建立提供了可能性。这些平台通过区块链记录内容的版权信息和交易记录，建立透明的内容分发生态系统，保护创作者的权益并提供公平的收益分享机制。通过区块链技术，Ujo Music 平台可以直接连接艺术家与听众，消除传统音乐产业中的中间商和版权管理机构，使艺术家能够更直接地从他们的音乐中获得公正收益，并与粉丝建立紧密联系。例如，Ujo Music 平台与英国歌手伊莫金·希普（Imogen Heap）合作，推出了一首名为《微小的人类》（*Tiny Human*）的音乐作品。这首歌曲采用该区块链平台进行发行和分销，使伊莫金·希普能够直接控制音乐的版权和收益，并与粉丝进行直接互动，取得了良好效果。

13.3.5 区块链在影视娱乐生态方面的应用

区块链的去中心化特征有利于版权的确权和维权，任何人都需要支付一定的费用才能获得产品，盗版肆虐的现象将得到有效遏制。此外，区块链技术的不可篡改性也能使其在出现版权不清问题时提供权威的第三方认证。在影视娱乐行业，世界上每年都有成千上万部电影推出，却只有很少一部分电影得到推广和观看。众多平台只能找到超级英雄的冒险系列和少数卖座导演或制片人的项目，独立电影制片人苦于没有机会使自己的创作内容变现。区块链技术在影视娱乐行业的应用可以有效解决这类问题。基于区块链的高度透明性，创作者与用户之间的连接能够有效打通，用户选择变得更加多样。同时，用户的建议和意见可直接反馈给创作者，创作者可以据此调整自己的作品，更好地满足受众需求。

例如，基于区块链技术构建的影视娱乐平台，可以安全存储信息以及一切有价值的音乐、歌曲、电影、电视节目等知识产权内容，并实现其代币化。创作者可以在代币化平台上传知识产权项目，创建包含智能合约的代币。代币持有者在项目盈利后分享收益，用户则使用加密货币支付观看，点击付费的收益绝大部分归创作者和代币持有者所有，平台只收取少量交易费用。通过这种形式，创作者得以掌控作品的版权及报酬。

基于区块链技术，具备实力的大型影视公司可以更深入系统地打造一个影视娱乐生态系统平台，使电影人、制片人、作曲人、音乐人、艺人、游戏玩家等能够在该平台上保护各自产权，并通过先进的流媒体技术获利。这种影视娱乐生态系统平台应建立在智能 Web 3.0 的基础设施之上，能够快速处理交易，并提供高度复杂的去中心化区块链网络，开展安全、可靠的融资，制作电影、电视节目和其他娱乐内容，并进行全球开发。平台通过使用数字资产、数字版权管理、数字 ID（Identification）和智能合约，可以为影视制片人和艺术家们提供理想的娱乐商业模式，服务范围将远超出电影、电视及其他数字内容的在线播放。社区可以通过该生态系统欣赏并通过超高清流媒体电影、电视节目、音乐和音乐会、体育、直播活动、电视节目追溯、网络录制、游戏、海选以及基于虚拟现实（VR）增强现实（AR）和 AI 的娱乐内容获得盈利。

区块链本质上提供了一种安全且可验证的理想机制，用于注册、跟踪和管理知识产权（IP）权限。在开发利用这些知识产权（IP）权限时，区块链是一种数字会计系统，它可以根据在区块链上智能合约中输入的百分比分割，自动将付款发送给版权的权利持有人。在这种影视娱乐生态系统平台上，所有按照百分比的付款都将直接存入版权所有者的数字钱包，并且可以转换为其他形式的货币。这就使每个人获得报酬的方式更智能、更高效。区块链还改变了独立电影制片人制作和出售其版权内容的商业模式，一个艺术家可以掌握自己的命运，上传自己创作的内容就可获取收益。平台允许用户注册一个免费账户，然后用户可以选择他们希望查看的内容，支付内容创建者设定的费用，并直接在平台上与其他人社交分享自己喜欢的内容。

13.3.6 区块链在 NFT 领域的应用

NFT（Non-Fungible-Token，非同质化通证）作为一项区块链技术创新应用，在丰富数字经济模式、促进文创产业发展等方面正显现出潜在的价值。NFT 是区块链上一组加盖时间戳的、无法篡改的数据编码，是标记数字资产所有权的唯一数字标识符，与数字资产之间具有唯一指向性。该数据编码显示为存储特定数字内容的具体网址链接或一组哈希值。NFT 不存储任何文件，只是记录了文件的数据特征；NFT 本身亦不具备任何直接转变为画面的数据，不能"观赏"，只是一个抽象的信息记录。

NFT 本质上是一张权益凭证，能够记录关于特定客体的初始发行方、发行日期以及未来的每一次流转信息，可以证明权益的流通及归属，这也是 NFT 的核心价值所在。非同质化意味着不可互换和不可复制，因此每个 NFT 都标识着独一无二的数字资产。包括数字图片、音乐、视频、3D 模型、电子票证、数字纪念品等，每个数字作品都映射着特定区块链上独一无二的序列，这些序列号是不可篡改、不可分割，也不能互相替代的。区块链技术在保护其数字版权的基础上，实现了真实可信的数字化发行、购买、收藏和使用，这样的作品在国内大多被称为"数字藏品"或"数字作品"。在互联网领域里，正是凭借 NFT 提供的可辨识的唯一性，数字藏品才解决了可以被轻易复制而导致缺乏稀缺性的问题。

NFT 数字藏品的产生过程，一般被称为铸造，即给上传的数字藏品上链，形成一个新的区块，将其永久存储在区块链分布式网络。简言之，铸造的本质是将特定作品进行数字化处理，从而使其成为可以在网络上进行展示的数字化作品。该数字化作品则对应一个唯一代码。一旦上链，数字藏品元数据中的作者、创作时间、上链时间以及购买者等信息，在链上无法篡改。NFT 数字藏品的铸造指的是平台注册用户将作品上传到 NFT 数字藏品交易服务平台中的区块链上，该作品上链后生成与作品一一对应的序列号，作为作品上链的凭证。在铸造上链的过程中，区块链会记录作品上传者对应的加密钱包地址，类似于微博 ID，指向发行者的唯一身份。NFT 中部署智能合约自动执行交易规则，平台用户铸造 NFT 的过程即以技术方式生成权利凭证和起草交易合同，而发布 NFT 作品的行为等同于将作品置于网络中传播。

NFT 数字藏品的交易流程，通常是发行方先将数字藏品上传到 NFT 平台并填写作品名称、描述信息、分类属性等基础信息，然后选择本交易的底层智能合约。智能合约是由底层代码构成的可被自动执行的程序。智能合约作为承载交易双方合作意愿的工具，蕴含当事人一致的意思表示或要约承诺。最后是通过数字钱包支付NFT铸造服务费。服务费支付完成后，一个NFT就铸造完成，并被自动写入区块链上的智能合约。每个NFT均有一个编码，该编码指代的是其在区块链平台智能合约中的编码。通过编码可以在区块链平台上找到该NFT的合约网络地址，打开该地址即可看到与这个NFT对应的智能合约底层代码。在合约的可查询函数中，可查询该NFT的原始数据。对于NFT平台上的买家来说，通过数字钱包支付对价和服务费，买家即可成为平台上公开显示该数字藏品的所有者，并且智能合约中嵌入的"自动执行"代码也会被触发，在区块链上生成新的所有者信息。

例如，2021年12月17日，阿迪达斯（Adidas）正式推出了一系列"走入元宇宙"的非同质化通证，并于发售后数小时内就卖出了将近30 000个。以每份0.2 ETH的价格来算（约合765美元），29 620个NFT的销售总额达到了2 200万美元。2022年1月1日，元宇宙平台Ezek联合某知名歌手名下的潮牌PHANTACi首次限量发售NFT项目Phanta Bear（幻象熊），发行上限10 000个，单价为0.26个以太币（约合人民币6 200元），总价超过6 200万元。数字藏品是元宇宙的表现形式之一，彼此之间是密不可分的。由于元宇宙理论的日益普及化，数字收藏已经从最早的数字收藏拍卖场景发展成为一个更加复杂和庞大的系统。因此，数字收藏品可以说是具有收藏价值的虚拟产品。

13.4 本章小结

（1）区块链技术是一种不依赖第三方，通过自身分布式节点进行网络数据的存储、验证、传递和交流的一种技术方案；也可以把区块链技术看成分布式、开放性、去中心化的大型网络记账簿，任何人在任何时间都可以采用相同的技术标准加入自己的信息，延伸区块链，持续满足各种需求带来的数据录入需要。

（2）区块链具有去中心化、开放性、独立性、安全性、匿名性的特点；其核心技术包括分布式账本、非对称加密技术、共识机制以及智能合约。这些技术以新的结构组合在一起，形成了一种新的数据记录、存储和表达的方式。区块链的类型可以划分为公有链、私有链、联盟链。

（3）基于区块链技术的数字内容版权管理应用范围比较广泛，如在司法存证领域的应用、在游戏领域的应用、在广告领域的应用、在音乐领域的应用、在影视娱乐生态方面的应用、在 NFT 领域的应用等。尽管目前区块链在这些领域的一些应用还有待深化、拓展和商业模式创新，但未来的发展空间是巨大的。

思考题

1. 区块链的核心技术有哪些？简要阐述每一种技术的作用。
2. 阐述公钥体制（非对称加密）的加密原理。
3. 数字签名的主要功能是什么？说明数字签名的实现方法。
5. 选择一个区块链在数字版权领域的应用案例，分析其特点及优势。

参考文献

1. 宋培义. 数字媒体资产管理及版权开发研究 [M]. 北京：中国广播影视出版社，2021.
2. 宋培义. 数字媒体资产管理理论与应用 [M]. 北京：中国广播电视出版社，2013.
3. 毛特，托马斯. 数字媒体资产管理系统 [M]. 宋培义，严威，译. 北京：中国传媒大学传版社，2008.
4. 张京. 融媒体云平台下的电视台生产系统 [M]. 北京：中国广播影视出版社，2022.
5. 黄龙生，吴志松. 概率论与数理统计 [M]. 杭州：浙江大学出版社，2012.
6. 穆尔. 竞争的衰亡：商业生态系统时代的领导与战略 [M]. 梁骏，杨飞雪，李丽娜，译. 北京：北京出版社，1999.
7. 郝晓玲，孙强. 信息化绩效评价框架、实施与案例分析 [M]. 北京：清华大学出版社，2005.
8. 黄杰. 信息管理集成论 [M]. 北京：经济管理出版社，2006.
9. 庄亚明，王金庆. 数字化企业及其竞争力新论 [M]. 北京：科学出版社，2007.
10. 爱丽丝，卜黑. 媒介公司管理：赢取创造性利润 [M]. 2版. 王春枝，刘涛，苏林森，译. 北京：清华大学出版社，2011.
11. 汪海栗，张世如. 资产评估 [M]. 3版. 北京：高等教育出版社，2016.
12. 张彩江. 复杂系统决策理论 [M]. 广州：广东人民出版社，2006.

13. 多兰，西蒙. 定价圣经[M]. 董俊英，译. 北京：中信出版社，2008.

14. 宋培义，卜彦芳，杨强. 媒体组织战略管理[M]. 北京：中国广播电视出版社，2011.

15. 杜栋，庞庆华. 现代综合评价方法与案例精选[M]. 4版. 北京：清华大学出版社，2021.

16. 金占明. 战略管理：超竞争环境下的选择[M]. 4版. 北京：清华大学出版社，2016.

17. 孙毅. 数字经济学[M]. 北京：机械工业出版社，2022.

18. 科特勒，阿姆斯特朗. 市场营销原理[M]. 16版. 北京：清华大学出版社，2020.

19. 吴丰军. 电视数字内容资产的价值评估研究[M]. 北京：学习出版社，2011.

20. 靖继鹏，张向先，李北伟. 信息经济学[M]. 2版. 北京：科学出版社，2020.

21. 张润彤. 电子商务概论[M]. 3版. 北京：中国人民大学出版社，2018.

22. 华为区块链技术开发团队. 区块链技术及应用[M]. 2版. 北京：清华大学出版社，2021.

23. 德雷舍. 区块链基础知识25讲[M]. 马丹，王扶桑，张初阳，译. 北京：人民邮电出版社，2018.

24. 格里菲思. 数字电视战略：商业挑战与机遇[M]. 罗伟兰，译. 北京：中国传媒大学出版社，2006.

25. 全国广播电视标准化技术委员会. 广播电视音像资料—编目规范：第1部分电视资料：GY/T 202.1—2004[S]. 北京：国家广播电影电视总局广播电视规划院，2004.

26. 中央电视台中国广播电视音像资料馆工艺设计工作组. 中国广播电视音像资料馆：媒体资产管理的理论与实践[M]. 北京：中国广播电视出版社，2007.

27. 叶雅珍，朱扬勇. 数据资产[M]. 北京：人民邮电出版社，2021.

28. 丁汉青. 传媒版权管理研究[M]. 北京：中国人民大学出版社，2017.

29. 安德森. 长尾理论：为什么商业的未来是小众市场[M]. 北京：中信出版社，2015.

30. KEATHLEY E. Digital asset management: content architectures, project management, and creating order out of media chaos[M]. Berkeley: Apress, 2014.

31. SHIVAKUMAR S K. Enterprise content and search management for building digital

platforms[M]. New York: Wiley–IEEE Press, 2016.

32. KUNG L. Strategic management in the media from theory to practice[M]. Los Angeles: SAGE Publications Ltd, 2008.

33. NOAM E M. Media and digital management[M]. New York: Palgrave Macmillan, 2018.

34. NOAM E M. Managing media and digital organizations[M]. New York: Palgrave Macmillan, 2019.

35. SHAPIRO C, VARIAN H R. Information rules: a strategic guide to the network economy[M]. Cambridge: Harvard Business School Press, 1998.

36. HANNAK A, SOELLER G, LAZER D, et al. In Proceedings of the 2014 conference on internet measurement conference[C]. New York: Association for Computing Machinery, 2014.

37. 宋培义，黄昭文．中国广播影视数字内容产业价值链模式构建［J］．现代传播，2014（5）：107-110.

38. 宋培义，曹树花，孙江华．数字媒体内容资产的版权定价方法研究［J］．价格理论与实践，2014（10）：111-113.

39. 宋培义，曹树花，黄昭文．提高媒体资产管理系统的投资回报分析［J］．电视研究，2013（3）：38-40.

40. 傅湘玲，赖茂生，黄崑．企业内容服务的战略设计与实施［J］．情报学报．2005（3）：363-370.

41. 李静萍．数据资产核算研究［J］．统计研究，2020，37（11）：3-14.

42. 许宪春，张钟文，胡亚茹．数据资产统计与核算问题研究［J］．管理世界，2022，38（2）：16-30.

43. 张俊瑞，危雁麟，宋晓悦．企业数据资产的会计处理及信息列报研究［J］．会计与经济研究，2020，34（3）：3-15.

44. 何苏燕．数据生产要素化及其价值创造机制研究［J］．企业经济，2023，42（1）：79-87.

45. 黄丽华，郭梦珂，邵志清，等．关于构建全国统一的数据资产登记体系的思考［J］．中国科学院院刊，2022，37（10）：1426-1434.

46. 夏义堃．开放数据开发利用的产业特征与价值链分析［J］．电子政务，2016（10）：41-50.

47. 金春阳，邢贺通. 区块链在数字音乐版权管理中应用的挑战与因应［J］. 科技管理研究，2022，42（9）：143-151.

48. LANTZ R, HUNKING S. Holistic digital asset management: how a small team scales big at showtime networks[J]. Journal of digital media management, 2019, 8(1): 29–36.

49. MINKARAH R. From digital asset management to audience: bringing content intelligence into the realm of business impact[J]. Journal of digital media management, 2019, 8(1): 58–67.

50. JORDAN J, ELLEN C. Business need, data and business intelligence[J]. Journal of digital asset management, 2009, 5(1): 10–20.

51. ALTMAN E, GOYAL S, SAHU S. A digital media asset ecosystem for the global film industry[J]. Journal of digital asset management, 2006, 2(1): 6–16.

52. HYYSALO J, LIUKKUNEN K. Fenix: a platform for digital partnering and business ecosystem creation[J]. IT professional, 2019, 21(1): 74–81.

53. KHAN I, DONGPING H. Variations in the diffusion of social media content across different cultures: a communicative ecology perspective[J]. Journal of global information technology management, 2017, 20(3): 156–170.

54. BODILY E S, Mohammed A R. I can't get no satisfaction: how bundling and multi-part pricing can satisfy consumers and suppliers[J]. Electronic commerce research, 2006, 6:187–200.

55. KOCHO K. Content service management: turning digital assets into commercial services[J]. Journal of digital asset management, 2005, 1(6): 412–419.

56. KIM H, LEE J, HAN J. The role of IT in business ecosystems[J]. Communications of the ACM, 2010, 53(5): 151–156.

57. ZAHRA S, NAMBISAN S. Entrepreneurship and strategic thinking in business ecosystem[J]. Business horizons, 2012, 55(3):219–229.

58. YE Y, ZHANG Y, LIU G, ZHU Y. A measure based pricing framework for data products[J]. Web intelligence, 2020, 18(4): 249–260.

59. 普华永道，上海数据交易所. 数据要素视角下的数据资产化研究报告［R/OL］.（2022-12-07）［2023-01-01］. https://roll.sohu.com/a/618303198_483389.

60. 中国信息通信研究院. 数据资产管理实践白皮书（5.0 版）［R/OL］.（2021-12-20）［2023-01-01］. https://mp.weixin.qq.com/s/cDtzay0veoufwy7utcjJXg.

61．普华永道．数据资产化前瞻性研究白皮书［R/OL］．（2023-07-25）［2023-08-01］．https://www.digitalelite.cn/h-nd-7282.html.

62．普华永道．数据资产生态白皮书［R/OL］．（2020-11-09）［2023-01-01］．https://mp.weixin.qq.com/s/ajZBfgytB0-NKGSGrwMqJQ.

63．上海金融信息行业协会．2021全球区块链创新应用示范案例集［R/OL］．（2021-07-23）［2023-01-01］．https://www.cbdio.com/BigData/2021-07/23/content_6166124.htm.

64．刘忠阳，黄穗斌．线上音乐定价之研究［EB/OL］．（2009-12-31）［2023-01-01］．https://www.docin.com/p-102499448.html/.